보육교사인성론

보육교사인성론

Childcare Teacher Humanity

김우호 · 정정란 · 전대성 · 박영주 · 이용환 공저

동 문 사

머리말 Preface

보육교사인성론은 예비보육교사들이 어린이집에서 보육교사로서 영유아의 건강한 성장과 발달을 지원하는 직무를 이해하고, 영유아의 전인적인 발달을 위해 갖추어야 하는 인성과 자질을 살펴볼 수 있는 교과목이다.

오랜 현장 경력과 대학에서의 지도 경험을 바탕으로 바람 잘 날 없는 보육현장에서 일하게 될 미래의 보육교사들 손에 꼭 쥐어주고 싶은 올바른 보육철학과 중요한 내용들을 이 책에 차곡차곡 채워 넣고자 노력했다. 보육교사의 역할은 보호자로서의 역할과 더불어 전문적 지식과 기술을 가진 교수자이고, 상담자이며, 연구자로서의 여러 가지 역할을 담당하는 전문가라고 할 수 있다.

이 책은 총 13장으로 구성되어 있으며, 구체적으로 살펴보면 다음과 같다.

1장 보육인성의 이해, 2장 보육교사인성의 이해, 3장 보육교직원 자격관리 및 양성과정, 4장 보육교사의 임용, 복무, 보수, 5장 보육교사의 교직윤리, 6장 보육교사의 직무, 7장 보육교사의 성장과 발달, 8장 보육교사의 정신건강, 9장 보육교사의 MBTI, 10장 보육교사의 인간관계, 11장 보육교사의 인성교육, 12장 보육교사와 지역사회 협력, 13장 보육교사의 인성교육 평가 및 강화로 구성하였다.

보육교직원의 자격 및 자격기준에 대한 규정은 1991년 「영유아보육법」에 처음으로 명시된 것을 시작으로 지속적인 개선 노력이 이루어져 왔다. 좀 더 구체적으로 2005년 보육교사에 국가자격증 제도를 도입하고, 학점이수를 통해 자격을 취득하도록 규정을 변경함으로써 다양한 경로를 통한 보육교사 진입의 문을 열어놓은 계기를 마련하였다. 이를 통해 보육교사의 수급문제를 해결하기는 하였으나, 보육교사 과잉공급과 전문성 및 질 저하라는 또 다른 문제를 야기하였다는 평가도 받게 되었다.

처음부터 의욕 차게 출발한 집필을 마치고 나니 과연 처음에 의도했던 대로 이 책을 통해 모든 사람들이 기대하는 보육교사의 인성과 자질 및 역량을 길러주는데 만족할지 의구심을 갖게 되었다. 부족한 부분은 계속적으로 수정, 보완하기로 아쉬운 마음을 달래본다.

이 책을 통해 예비보육교사와 현장의 보육교사들의 전문성이 조금이라도 향상되기를 간절히 기도해 본다. 끝으로 이 책의 출판을 맡아 주신 동문사 이중수 사장님을 비롯해 모든 직원 여러분에게 감사의 마음을 전한다.

2019. 02

저자 일동

차례 Contents

CHAPTER **01**

보육인성의 이해

01 보육인성의 의의

1. 의의

보육인성의 의의는 최근까지도 많은 변화과정을 거쳤고, 아직도 현장의 보육 실천은 과도기적 성격을 띠고 있는 측면이 있다.

보육이란 용어를 한자로 풀이하면 '保育', 즉 '보호하여 기른다'는 의미가 있다.

어원을 살펴보면 다음과 같다. '保'라는 한자가 만들어진 원리에는 '사람이 아이를 업거나 안은 형상으로, 아이를 보살핀다'라는 의미가 있고, '育'이라는 글자에는 '아이를 몸에 업다'의 의미가 담겨 있다. 결국 '保育'이란 '아직 자립하지 못하는 어린아이를 따뜻하게 안아서 보호하면서 기른다'라는 의미가 담겨 있는 것으로 생각할 수 있다.

현대사회의 보육은 취업여성들의 사회활동 참여가 증대되면서 필수불가결한 사항이 되었으며, 국가에서 적극적으로 개입하는 중요한 복지정책이 되었다.

현대사회의 특징 중 하나는 세계화의 경쟁 속에서 여성의 사회적 역할을 강조하게 되었으며, 정보화·다원화된 현대 산업사회에서는 과거 농·공업사회에서 요구하던 신체적 힘보다는 창조적이며 유연한 사고를 가지고 있는 여성인력을 필요로 함으로써 여성의 사회참여는 사회의 다양한 분야에서 이루어지게 되었다.

여성의 사회적 참여는 자녀양육의 사회화와 함께 출산율 감소로 이어졌으며, 출산율 감소는 부모의 자녀양육에 관한 관심을 증대시키는 요인이 되었고, 영유아기의 경험과 발달의 중요성에 관한 인식이 확대되면서 보다 전문적인 영유아 보육서비스를 요구하게 되었다.

이와 같이 보육은 여성의 경제적·사회적 활동에서의 참여, 가족구조의 변화, 자녀양육의 사회화에 따른 포괄적 보육, 자녀양육의 공적 책임, 보육의 공공성과 보육서비스의 질 향상 등의 과제를 중심으로 급속한 제도적 발전을 이루게 되었다.

영유아기는 인간의 생애 중 가장 왕성한 발달이 이루어지는 시기이며, 이러한 발달은 사회, 정서, 언어, 인지, 신체 등 전 발달영역에 해당한다.

영유아기는 인간의 생애 중 그 시기가 지나가면 발달이 이루어질 수가 없거나 회복되기 어려운 발달에 있어서의 결정적 시기이다. 이런 영유아기에 적절한 프로그램을 제공하는 것은 각 영역의 발달을 촉진시켜 발달 가능성을 최대화한다.

이제 보육은 부모의 사회적 계층이나 어머니의 취업 여부와 상관없이 모든 영유아의 건전하고 바람직한 발달을 추구할 수 있도록 국가와 사회 그리고 가정이 공동책임을 갖고 노력해야 하는 사회적 차원의 공적 활동이자 책무라고 할 수 있다.

표 1-1 보육인성에 대한 인식의 변화

과거의 인식	현재의 인식
보육은 사회적 서비스이다.	보육은 대중사회의 공익사업이다.
보육은 국가의 책임이다.	보육은 부모의 공적·사회적 지원체계의 공동책임이다.
보육은 저소득층 가정을 대상으로 한다.	보육은 필요로 하는 모든 계층의 가정을 대상으로 한다.
보육시설을 이용하는 사람은 수령인이거나 수혜자이다.	보육시설을 이용하는 사람은 소비자인 동시에 후원자이다.
보육시설은 공공기금으로 이루어진다.	보육은 공공기금만으로 이루어지는 서비스는 아니다.
보육시설 허가제도는 아동을 위한 국가의 법적 규제 장치이다.	보육시설 허가제도는 부모들이 보다 나은 보육시설을 선택하는 데 도움을 주기 위해 만들어진 소비자 보호제도이다.
보육프로그램을 통해 빈곤가정에서 요구하는 모든 서비스를 전달한다.	보육프로그램은 빈곤가정의 요구뿐만 아니라 사회계층과 무관하게 모든 부모의 요구에 서비스를 제공한다.
가족의 문제와 무능은 보육시설을 이용하는 사람들의 주요 특징이다.	보육은 기본적인 가정기능의 원활한 수행에 도움이 될 뿐만 아니라 치료적 역할을 하기도 한다.
보육시설은 가정에 문제가 있을 때 요구되는 '필요악'이다.	부모의 취업 유무와 관계없이 아이들에게 유익하기 때문에 보육시설과 유치원을 이용한다.
보육시설보다는 하루 종일 일하지 않는 부모가 아동을 돌보는 것이 이상적이다.	
보육시설은 학교나 사회적 서비스 체계 안에 있어야 한다.	모든 가정이 이용할 수 있는 보육시스템은 공영 또는 사립기관에 의해 운영되는 가정보육, 보육시설, 방과 후 과정 등 다양한 종류의 보호형태를 포함한다.

출처: Wilson, S. C.(1986).

현대사회에서의 보육은 영유아의 신체적 · 인지적 · 정의적 발달과 성장을 돕는 보호와 양육과 교육의 모든 활동이 포함되는 복합적이고 다면적인 하나의 '세계'이다(김은설 외, 2009).

현재 국가직무능력표준(NCS)에 의하면, 보육에 있어서 교육의 의미가 포함되면서 영유아의 보호와 양육, 보육과정 운영과 교수, 영유아의 평가 및 안내, 상담 및 정서적 지원 등의 일을 하는 직무로 정의하고 있다. 따라서 보육은 단순히 보호하는 기능을 넘어 교육의 의미를 포함하여 이해해야 할 것이다.

이와 같이 현대사회에서 보육의 의의는 다음의 세 가지 차원에서 이해해 볼 수 있다(강유정 외, 2018).

첫째, 특수계층의 문제가 아닌 모든 계층의 영유아를 포함한다.

둘째, 양육자를 대신하거나 보충한다는 소극적 관점에서 영유아의 전인적 발달을 위해 마땅히 제공되어야 하는 적극적 관점의 전환이 필요하다.

셋째, 영유아와 가족 그리고 지역사회를 지원하는 포괄적 프로그램이다.

02 보육인성의 필요성

1. 보육의 필요성

선진국의 보육 관련 조기교육 프로그램이 영유아의 인지능력 발달에 긍정적 영향을 미칠 뿐 아니라 학업성취도 향상, 청년기의 문제행동 감소, 대학입학, 성인기의 고용 및 임금수준에 긍정적인 영향을 미칠 수 있음을 실증적으로 뒷받침하고 있는 많은 연구결과가 있다.

우리나라에서 오늘날과 같은 영유아 보육이 많은 사람에게 큰 관심사가 된 것은 현대사회의 상황과 밀접한 관련이 있다. 영유아 보육사업은 다양한 원인들로 점점 더 그 필요성이 높아가고 있다.

첫째, 여성의 사회 진출과 여성인력의 확보를 위한 노력, 직업의 다양화, 자아실현을 위한 방편, 가장 역할 및 수단

둘째, 인생의 출발을 평등하게 시작하게 하고 생애 초기 투자를 통한 사회적 비용의 절감

셋째, '저출산'이나 '고령화'의 문제가 그것이다. 그리고 그러한 사회적 인식 속에서 하나의 해결책으로서의 영유아교육·보육에 관심을 기울이게 된 것이다.

양질의 보육서비스가 영유아의 발달에 중요하며, 발달의 기초를 형성하는 시기로 교육적으로 풍부한 경험이라 할 수 있다.

다음에서 그 내용에 대해 살펴보기로 한다.

1) 여성의 사회 진출과 보육

우리나라도 역시 다른 경제 선진국과 같이 이미 영유아의 환경이 복잡하게 변화하고 있다. 그 중에서 우리 주변 사회에서는 이미 나타나고 있는 기혼 여성의 사회 진출은 상당히 진전 변화되어 있는 상태이다. 이에 따라서 각 가정에서의 양육기능이 축소되고 가족들 간의 인간관계가 점점 소외되는 현상은 일선 교육기관에 대한 기대를 더욱 확대하고 있다.

여성들의 적극적 사회 진출은 산업사회 전반의 변화에 따른 것인 동시에 다양한 욕구를 실현하고자 하는 성인의 권리 확대와도 상관이 깊은 것이다. 산업사회의 경제형태가 남성 위주의 노동시장에서 서비스산업 분야의 성장과 정보화사회로 변화함에 따라 여성의 사회 진출도 활발해지고, 가정과 육아가 남녀 모두의 과업으로 인식되었다. 따라서 우리 사회가 여성인력의 사회적으로 진출을 공적으로 지원하는 모습을 띠게 된다.

이러한 사회적 변화는 국가들이 공적인 육아정책을 발전시키는 계기가 되고 있다.

영유아를 둔 여성들이 가정과 일을 조화롭게 병행하기 위해서는 국가나 사회가 신뢰할 수 있는 보육서비스를 제공해야 할 필요가 생긴 것이다.

2) 인생의 공평한 출발을 위한 보육

국가에서 보육에 대한 투자가 증가하면서 다양한 계층의 영유아에게 혜택이 가지만, 특히 저소득층의 영유아에게 효과가 있다.

대부분의 국가에서는 생의 초기부터 보육과 교육을 무상, 그들 부모의 능력에 맞는 저비용으로도 가능하게 함으로써 보육정책에 있어서 평등하게 출발할 수 있게 하고 있다. 이는 인생의 초기에 보육에 투자함으로써 더 큰 효과를 가져 오는 결과를 낳고 있다. 특히 OECD의 권고사항을 보면 저소득층의 아동을 위한 국가 차원의 공적자금 투자는 이후의 다양한 분야에서 비용을 절감하는 보육투자 효과를 가져왔다고 보고하고 있다(육아정책개발센터, 2008). 결국 국가에서의 영유아 보육정책은 사회적 정책과 노동, 경제정책, 아울러 교육적 이슈를 동시에 다루어야 하는 복합적인 영역으로서, 한 국가의 공적인 투자가 부모에게 선택권을 주고 사회의 민주적 가치를 실현하는 데 이바지하게 되는 정책인 것이다. 이는 UN의 아동권리협약 제29조에도 나와 있는 이념이기도 하다.

"영유아 서비스 제도는 민주주의 가치에 기반을 둔다. 평화, 관용, 다른 사람과의 유대, 자연환경에 대한 지식과 존중, 그리고 자유사회에서의 책임 있는 삶을 아동이 준비하도록 교육을 주관해야 한다"라고 명시하고 있다.

3) 저출산의 대책으로서의 보육

현대사회에서 인구감소의 주요한 요인으로 나타나는 것이 '저출산'이다.

여기서 우리나라의 출산율을 살펴보면 1960년대 초만 해도 6.0명으로 매우 높았다.

당시의 높은 인구증가율은 낮은 경제성장으로 감당하기 어려웠고, 따라서 출산율 감소가 중요한 사회의 정책과제가 되었다. 그러나 1980년대 중반부터 1990년대 중반까지 1.6~1.7명으로 출산율이 낮은 수준에서 유지됨에 따라 인구증가 억제정책의 존폐에 대한 논의가 치열하게 이루어졌다. 그 이후에도 출산율은 계속 떨어졌고, 1997년 외환위기를 거치면서 더 빠른 속도록 감소하였다.

특히 출산율은 1998년 처음으로 1.5명 미만으로 낮아졌고, 2001년부터는 1.3명 이하의 초저출산 현상을 지속하였고, 2005년 1.08명 쇼크를 겪고 2015년에는 1.23명을 기록하였다(보건복지부, 2016).

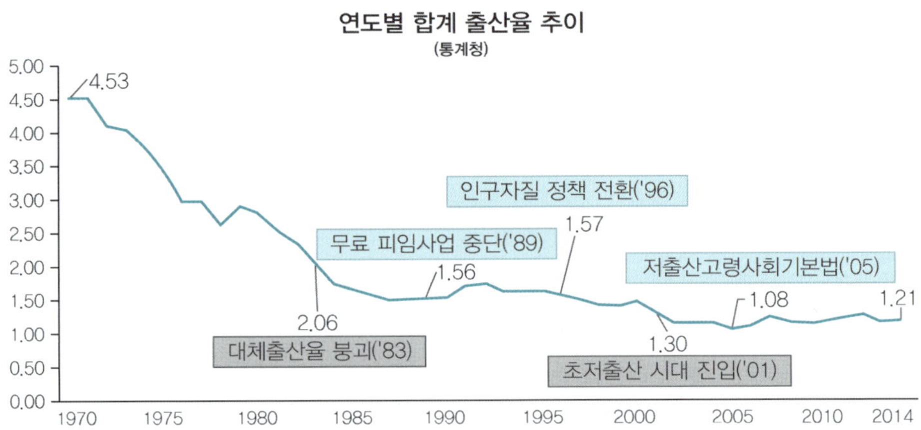

출처: www.daum.net

그림 1-1 우리나라의 합계출산율 연도별 추이

우리나라의 저출산에 영향을 미치는 경제, 사회, 문화적 원인은 복잡하다. 크게 가족, 자녀관에 대한 전통적 가치관에서의 약화, 자녀교육비 주택 마련 등 경제부담, 일·가정의 양립곤란, 실업률 증가와 비정규직 증가 등 고용과 주거의 불안정, 기타 유·사산 및 불임증가(출산건강수준 저하)이다(보건복지부, 2016).

한편, 우리 사회의 여성의 경제활동 참여 욕구는 증가하고 있으나 자녀의 육아부담으로 여성의 사회활동이 상당히 제약을 받고 있는 현실이다.

특히 우리나라는 25세부터 34세 여성의 경제활동 참가율이 다른 연령층에 비해 지속적으로 낮으며, 취학 전 영유아를 둔 기혼 여성이 영유아의 육아를 위해 취업을 포기하는 비율이 높은 현실이다. 즉, 출산과 육아를 위해 일과 양육을 병립하는 것을 포기하고 양육을 선택하는 전형적인 M자형 곡선을 유지하고 있는 국가에 속한다고 말할 수 있다.

선진국에서 출산율을 일정 수준 이상으로 회복시키기 위해서 다양한 사회적 · 정책적 노력이 필요하다는 것을 고민했던 것을 알 수 있다. 일부 저출산 국가들의 경험을 비추어볼 때, 출산율을 회복시키는 각종 대책은 소수의 특정정책보다 다면적으로 접근할 필요가 있다는 것을 보여준다.

우리 사회에서 인구정책과 가족정책, 여성정책, 복지정책, 보건정책, 교육정책, 고용정책, 주택정책, 조세정책 등 관련 정책들이 유기적으로 통합되어야 한다.

우리나라는 최근 중앙정부가 제3차 저출산 고령사회 기본계획을 설정하고, 이를 브릿지플랜(BRIDGE)이라 명명하였다.

이른 출산과 양육에 대한 국가와 사회의 책임을 강화하고 결혼출산 문화 변화와 친 결혼과 친 가족 가치와 태도 형성에 중점을 두는 종합적인 대책임을 강조하고 있다(보건복지부, 2016).

우리나라에서 영유아교육 · 보육은 우리나라의 저출산 문제와 완전히 별개로 다루어지기 어려울 것이다. 결국, 저출산 문제해결의 한 가지 방법으로서 믿고 맡기기 좋은 양질의 보육서비스의 사회적 구축이야말로 안심하고 영유아를 양육할 수 있는 일과 양육의 양립을 위해 필수적인 전제 조건이 되기 때문이다.

세계 여러 나라 중에서 프랑스가 길게 1세기 동안 심혈을 기울였다. 인접한 일본만 해도 출산율 회복을 위해 총체적으로 노력을 기울여 왔다.

어느 시대 어떤 사회이건 영유아는 미래를 책임질 중요한 자산이다.

영유아는 사회를 유지하고 존속시키는 원동력이 될 뿐 아니라 다음 시대와 사회를 짊어지고 갈 존재도 영유아이다. 그러한 의미에서 영유아의 생명과 발달을 지원하고 양육 가정을 지원하는 교사의 손에 미래의 사회가 맡겨져 있다고 해도 과언이 아니다. 보육의 중요성은 오늘날 점점 더 증대되고 있다.

2. 인성의 필요성

과거 어느 때보다도 교육의 문제, 특히 인성교육의 문제가 심각하게 거론되고 있는 것이다. 이것은 비단 우리나라만의 문제가 아니고 또 최근의 문제만은 아닐지도 모른다.

현대사회에서는 학교 내 교사-학생 간 폭력, 학생-학생 간 폭력, 살인, 성폭력, 집단따돌림 등이 빈번히 발생하고 있으며 비도덕적이고 반인륜적인 사건 보도가 끊이질 않는 등 전통적인 윤리와 도덕, 가치와 규범 등이 점점 변질되어가고 있다.

또한 2015년 1월 영아가 반찬을 먹지 않는다는 이유로 보육교사가 영아의 머리를 강하게 내리친 인천의 어린이집 사건을 시작으로 최근까지 아동학대와 관련된 사건들이 연속적으로 발생하면서 직·간접적으로 이와 관련된 보육교사의 인성교육이 초미의 사회적 관심사로 부각되었다.

이와 같은 사항들은 인성교육의 필요성을 말해 주는 좋은 예가 될 것이다.

교육의 목적이 사람을 사람답게 만드는 것이라는 생각은 예로부터 있어 왔다. 그래서 인성교육이란 말이 생겼고 동서양을 막론하고 인성교육을 위한 노력은 오랜 세월 동안 해왔다. 이에 2014년 5월 26일 '인성교육진흥법안'이 발의된 이후 이제 인성교육은 교육계를 넘어 국가 사회적 차원의 추진 과제가 되었다.

보육교사가 하나의 인격체로 갖추어야 할 인성적 자질과 교사로서 갖추어야 할 전문가적 자질은 예비 보육교사 양성과정을 통해 길러지는데, 보육교사로 입문하기 이전부터 꾸준히 긍정적인 인성을 내면화하는 과정이 절실히 필요하다(박은혜, 2016).

교육과학기술부(2012)에서는 교원양성기관 재학기간 중 2회 이상의 '교직

적성 · 인성검사'를 실시할 것을 의무화하여 단계별 지도를 강화하였다. 특히 현행 교직과목으로 개설된 '생활지도 및 상담'을 인성 관련 과목으로 대체 개설, 운영할 수 있으며, 교양 · 전공과목의 경우, 과목명에 '인성'을 포함해야 한다. 이런 사항을 반영하기 위해 법의 시행규칙을 제정하고 있으며, 2017학년도 입학자부터 적용하고 있다. 인성교육은 보육교사의 철학이나 가치관, 신념, 태도 등은 예비보육교사로서 양성교육을 받는 과정을 통해 형성되므로 보육교사 양성기관에서는 보육교사로서의 바람직한 인성 형성을 위한 교육과정을 모색할 필요가 있다.

미래의 우리나라 사회에서 인성교육은 훈육적 지식 전달형의 인성교육이 아니라 실천중심의 인성교육으로 나아가야 하며, 다양한 교과를 통해서 인성교육을 실시함과 동시에 학교에서 이루어지는 교과 및 교과 외 교육을 통해 인성교육이 총체적으로 이루어질 필요가 있다.

3. 인성교육 관련법

1) 인성교육진흥법

「인성교육진흥법」(법률 제13004호)에서는 인성교육의 방향을 다음과 같이 제시하였다.

(1) 목적

「인성교육진흥법」(이하 '진흥법'으로 정함) 제1조(목적)에서 이 법은 「대한민국헌법」에 따른 인간으로서의 존엄과 가치를 보장하고 「교육기본법」에 따른 교육이념을 바탕으로 건전하고 올바른 인성을 갖춘 국민을 육성하여 국가사회의 발전에 이바지함을 목적으로 한다.

(2) 정의

① 인성교육이란 자신의 내면을 바르고 건전하게 가꾸고 타인 · 공동체 · 자연과 더불어 살아가는 데 필요한 인간다운 성품과 역량을 기르는 것을 목적으로 하는 교육이다.

② 핵심 가치 · 덕목이란 인성교육의 목표가 되는 것으로 예(禮), 효(孝), 정직, 책임, 존중, 배려, 소통, 협동 등의 마음가짐이나 사람됨과 관련된 핵심적인 가치 또는 덕목을 말한다.

③ 핵심역량이란 핵심가치 · 덕목을 적극적이고 능동적으로 실천 또는 실행하는 데 필요한 지식과 공감 · 소통하는 의사소통능력이나 갈등해결능력 등이 통합된 능력을 말한다.

(3) 인성교육의 기본 방향

① 인성교육은 가정 및 학교와 사회에서 모두 장려되어야 한다.

② 인성교육은 인간의 전인적 발달을 고려하면서 장기적 차원에서 계획되고 실시되어야 한다.

③ 인성교육은 학교와 가정, 지역사회의 참여와 연대하에 다양한 사회적 기반을 활용하여 전국적으로 실시되어야 한다.

(4) 인성교육 5개년 종합계획

인성교육 5개년 종합계획(2016~2020)에 나타난 인성교육의 방향은 성품 및 인성역량 중심의 교육이다. 즉, 인성, 가치, 덕목에 대한 주입식 지도를 지향하고 미래사회에서의 삶에 바람직한 성품과 역량에 중점을 둔 참여형 인성교육과 '앎을 삶 속에서 실천'하는 교육활동을 체계적으로 조직, 운영하는 것을 지향한다.

03 보육인성의 역할

1. 이원화

우리나라 현장에 있는 유아교육인 유치원과 어린이집 보육은 이원화되어 운영되고 있는데, 관련 법령, 기관, 교사양성교육 등 모든 면에서 다양한 특징을 나타내고 있다.

유치원과 어린이집은 비슷한 나이를 보육·교육한다는 점에서 교육의 목표나 교육방법 등 여러 면에서 비슷한 측면을 가지고 있지만, 유아교육과 보육이 발달해온 과정이 다르다는 이유로 몇 가지 차이점을 가지고 있다.

유아교육과 보육의 그 차이점을 내용별로 제시하면 다음과 같이 구분할 수 있다(윤혜경, 2017).

표 1-2 어린이집과 유치원의 차이점

	어린이집	유치원
목적	• 보호자의 위탁을 받아 영유아를 건강하고 안전하게 보호 양육하고 영유아의 발달 특성에 맞게 교육을 제공하는 기관	• 유아를 교육하고 적절한 환경을 제공하여 그 심신의 발달을 조장하는 것 • 만 3세부터 초등학교 취학 이전의 유아들을 대상으로 심신의 발달을 조장하기 위해 교육법에 의해 설치 운영되는 교육부 담당의 교육기관
대상연령	• 만 0~5세의 취학 전 아동을 원칙으로 하며, 필요한 경우 만 12세까지 연장하여 보육할 수 있음	만 3~5세
시간	종일제	• 반일제 3~5시간 • 시간연장제 5~8시간 • 종일제 8시간 이상
자격	보육교사 1, 2, 3급 자격	유치원 종교사 1, 2급 자격증
근거가 되는 법률	영유아보육법	유아교육법
관할	보건복지부	교육과학부
직원배치기준	• 만 0세 1:3, 만 1세 1:5, 만 2세 1:7, 만 3세 1:15, 만 4세 이상 1:20명	• 만 3세 1:22명 • 만 4세 27명 • 만 5세 30명 • 시·도마다 다름

〈계 속〉

	어린이집	유치원
종류	• 설치 주체에 따라 국·공립, 사회복지법인, 법인·단체 등 민간, 가정, 직장, 부모협동 어린이집으로 구분	국공립(단설, 병설), 사립

표 1-2에서 나타난 차이점에도 불구하고 보육과 유치원교육은 공통점을 나타내고 있다.

첫째, 보육 및 유아교육의 대상 아동이 비슷한 나이라는 점이다. 이 시기의 아동은 발달적으로 유사한 특징을 가진 시기이므로 보육 혹은 교육의 방법이 놀이중심의 활동과 일과로 이루어져야 한다는 것에서 공통적이다.

둘째, 비슷한 연령의 아동을 대상으로 하는 까닭에 하루의 일과와 생활은 보호와 양호가 중심이 되어야 하고, 아울러 적절한 발달을 조장할 수 있는 교육의 내용을 함께 담아야 한다는 것이다.

셋째, 부모와 지역사회, 국가의 협조와 지원이 적극적으로 요구된다는 점이다. 특히 부모는 아동의 발달에서 교육기관과 동반자적 관계를 형성하면서 모든 활동에서 적극적인 참여와 공감이 필요한 존재라는 특징이다.

이러한 공통점에서 오늘날의 보육과 유아교육은 다른 운영체로 진행되고 있으나 결국은 그 내용이나 전반적인 교육과정 혹은 보육과정이 아동의 복지와 건전한 발달이라는 공통의 목표를 향하여 가는 접점을 가지고 있다. 이러한 흐름의 기저에는 영유아의 취학 전 시기에 있어서 발달특성과 현대사회가 요구하고 있는 사회적 공공기관으로서의 보육·교육의 공공성이 있는 것이다.

지금 우리의 보육 및 유아교육의 현실에서는 한 사람 한 사람의 아동이나 개개의 가정의 욕구에 대응하는 유아교육·보육서비스에 대한 기대가 어느 때보다 높아지는 것이 사실이다. 이러한 요구를 살펴보면 2013년 유치원과 어린이집 3~5세 아동의 공통교육과정으로서 누리과정을 시행하게 하는 계기가 되기도 하였다. 그러나 한편으로 저출산의 영향으로 출산아동의 수가 줄어듦에 따라 유아교육은 시설이 조만간 효율성의 문제에 부딪힐 수 있다는 우려가 있는 것도 사실이다.

대도시에서는 0~2세아를 위한 영유아 시설 부족이 문제로 되고 있는 한편, 지역에 따라서는 유치원과 보육시설이 너무 인접하여 설치된 문제점도 동시에 안고 있는 것이다.

결국 보육계나 유아교육계가 이원화되어 있다 하더라도 저출산과 가정의 양육능력 저하를 위기로 바라보는 공통의 문제의식을 느끼고, 이를 위하여 보육과 유아교육이 함께 가정의 양육기능을 지원하고 대체하는 역할을 해야 하는 책임을 가지고 있다.

보육과 유아교육의 관계의 질이 변화하고 있다. 따라서 다양화하는 양육 요구에 대응하기 위해 어린이집과 유치원은 상호 간의 협력을 강화하는 방향으로 나아가는 것이 더욱 중요해지게 되었다.

04 보육인성의 발달 및 과제

우리나라의 보육은 이제 단순히 일하는 엄마를 대신하여 아이를 맡아 신체적 안전과 건강에만 치중하는 것이 아닌 근본적으로 사회·경제적으로 변화해왔다고 할 수 있다. 특히 급속한 산업경제 성장과 여성의 사회진출 그리고 저출산의 영향 등이 작용된 것이다.

보육의 발달을 초기부터 현재에 이르기까지 그 주요한 것을 시기별로 구분해 보고자 한다.

1. 발달

보육의 발달적 기초를 살펴보면 18세기 산업혁명과 20세기 두 차례의 세계대전을 겪으면서 일하는 여성 혹은 가정에서 여러 가지 질병, 가난 등의 사정으로 영유아를 양육하기 힘든 경우, 이를 지원하기 위한 탁아사업으로 시작되었다. 이후 1991년 「영유아보육법」이 제정, 공포되면서 그동안 보호 기능에 그쳤던 탁아의 개념이 보호와 교육의 기능을 하게 되었고, 그 후 보호와 교육을 통합하여 '보육'으로 명명하기 시작하였다. 여성의 자아실현, 사회 진출의 증가, 핵가족화, 형제수의 감소, 미혼모나 이혼가정의 증가, 소득증대로 인한 아동의 교육에 대한 투자욕구 증가 등 사회적 변화로 인해 통합이 강조되고 있다. 또한 탁아시설에서도 단순히 여성의 근무시간 중의 영유아에 대한 보호뿐만 아니라 교육의 기능이 함께하는 질적 탁아(quality day care) 또는 발달적 탁아(developmental day care)에 대한 요구 증가로 두 관점인 유아교육과 보호의 기능이 하나로 통합된 보육(educare)이 발생되었다. 보육은 이제 광범위한 영유아의 좋은 교육받을 권리를 보장한다는 보편적 보육의 관점을 강조하면서 필요성이 대두되었다.

우리나라는 시대적·사회적 변화와 맞물려 다양한 변화의 길을 걸어왔다. 그 역사의 시작에서 1961년 이전의 법 제정 이전 시기를 살펴보면, 초기 보육사업은 구제의 목적으로 접근되었는데, 1921년 태화기독교사회관에서 빈민아동을 위한 탁아프로그램 개설을 시작으로 하게 되었다. 이후 해방과 6.25 한국전쟁을 겪으면서도 사회적 필요에 근거하여 고아나 난민을 위한 구호적 성격으로 이어지게 되었다. 이러한 보육과 관련하여 기관의 명칭 사용을 보면 법 규정의 변화와 시대적 특성의 변천에 따라 다양하게 명명되어 왔다.

1961년 제정된 「아동복리법」이 우리나라에서 보육의 문제가 복지적 측면에서 본격적으로 시작되었다. 이 법은 어린이집의 설치기준, 직원배치 기준, 보육시간, 보육내용을 법적으로 규정하면서 보육사업의 본격화를 형성하였다.

이 시기에서는 전쟁 이후의 고아와 기아 발생과 더불어 경제발전이라는 국가적 과제로 당면한 탁아 공급 부족을 해결하고자 1968년 '미인가 탁아시설 임시조치요령'이 공포되었다. 그 후 1977년 「사회복지사업법 시행규칙」 제2항의 개정 근거 '미인가 임시조치 요령'은 폐지되었다. 1978년 보건

사회부는 '탁아시설 운영 개선 방안'을 발표 탁아시설의 활성화를 꾀하고자 하였다. 또한 1980년 제5공화국은 정부의 주요 개혁시책 중의 하나로 유아교육 사업이 채택되었다. 1981년 4월 31일 「아동복리법」에서 「아동복지법」으로 전문 개정되었다. 1991년 「영유아보육법」이 1월 14일 제정 공포되었다. 2004년 평가인증 보육사업 시대로 이어져 왔다.

2004년 이후 보육업무는 여성가족부로 이관되었으며, 2005년 「영유아보육법」과 「동법 시행규칙」이 일부 개정되면서 어린이집 원장의 국가자격증제가 도입되었고, 보육시설운영위원회의 설치가 의무화되었으며, 2006년에는 표준교육과정이 만들어지게 되었으며, '새싹플랜'과 '새로마지플랜'이 구체화되어 보육사업이 획기적으로 발전할 수 있는 계기가 되었다.

여성가족부에서 주관하던 보육 업무는 2008년 보건복지가족부로 이관되었으며, 보육시설 설치 주체를 국가, 지방자치단체, 법인, 개인까지 확대하였다. 2008년 이후 양적으로 크게 팽창한 보육이 질적 수준을 향상시키고, 수요자의 욕구를 고려한 수요자 중심의 정책으로 보육정책을 전환하려는 노력의 일환으로 '새싹플랜'을 수정 · 보완한 '아이사랑플랜'을 수립하고 「영유아보육법」을 개정하여 양육수당의 지급 근거를 마련하였다(보건복지부, 2009). '아이사랑플랜'(2009~2012)은 아이와 부모가 행복한 세상을 위한 부모, 어린이집, 정부가 함께하는 미래투자전략으로 참여 정부의 공보육 강화라는 틀 위에서 보육에 대한 국가의 책임을 강화하는 방향으로 추진되었다.

2009년 하반기부터 저소득층 0세와 1세를 대상으로 한 양육수당제도가 도입되었으며, 2011년 법 개정으로 양육수당 지원 대상자가 만 2세 미만에서 만 3세 미만으로 확대 변경되었다. 그리고 보육시설, 보육시설 종사자, 시설장이란 명칭이 어린이집 보육교직원, 원장으로 변경되었으며, 보육교사 자격 취득을 위한 보육 관련 교과목 및 0~5세 영유아 모두에게 연령대별로 동일 수준이 보육료와 교육비가 제공되고 있다.

이와 같이 보육사업에 대한 정책은 많은 변화와 수정을 거쳐서 꾸준한 발전이 있었으나 부모와 영유아, 부모, 사회 모두가 만족하는 보육사업이 이루어지기 위해서는 국가의 보육 책임강화, 수요자 맞춤 보육서비스 보육이 질 관리 체계 마련, 적정 보육시간 및 보육방법, 보육환경 및 지원체계 개선 등의 정책 과제를 안고 있다.

1) 고대시대의 아동보육

고대시대에서는 그리스, 로마 시대의 교육적으로 의미 있는 업적과 사상들을 중점적으로 살펴보고자 한다.

(1) 그리스의 아동교육

인간의 이성을 신뢰하고 지식의 추구에 의해 도덕의 확립을 도모하고자 하는 이성 중심의 그리스 정신이었다. 그리스에서는 교육을 통해서 인간의 심신에 대한 미적·조화적 발전을 도모하는 것을 목적으로 하였으며, 이를 위해 음악, 체육과 함께 심신의 미적·조화적 발달을 도모하는 데 있어 중요한 교육내용으로 이루어졌다.

(2) 아테네와 스파르타의 아동기 교육

고대 그리스에서 스파르타와 아테네의 교육과 정치는 여러 가지에서 대조를 이루고 있었다.

스타르타는 국가의 통제가 모든 것에 우선되었고, 교육의 목적은 각 개인에게 이상적인 군인에 필요한 신체적 완성과 완전한 복종의 습관을 습득하게 하고, 국가 전체에 봉사하기 위한 강인한 신체와 강인한 의지를 기르는 데 중점을 두었다.

이에 반해 아테네는 국가의 조직에서 민주적이며 교육도 개인의 조화적인 완성에 있어서 교육의 그 목적, 내용, 방법 등에 그 목표를 두었다.

아테네 교육의 목적은 청년으로 하여금 민주적 이상으로, 즉 시민으로서의 신체적·군사적·지적·미적인 기초를 주어 원만하게 균형 잡힌 이른바

조화된 인간, 착하고 아름다운 인간을 육성하는 데 중점을 두었다.

(3) 로마시대의 아동교육

로마인들은 그리스 문화를 모방하는 활동을 전개하였다. 로마인들은 매우 실재적이고 지적인 국민이라는 것을 보여준 것이다. 고대 로마의 라틴어로 쓰인 문학을 로마 문학 혹은 라틴 문학이라고 한다.

2) 중세의 아동교육

중세의 아동교육은 신앙적 인간의 형성에 목적을 두었고, 자연적인 것보다는 초자연적인 것을, 인간 중심보다는 신 중심의 것을 추구하였다.

중세기에는 기독교적인 전통과 권위가 사회의 중심이었기 때문에 인간의 이성 및 감정이 교리에 의해 통제되어야 했었다.

현실보다는 내세에 가치를 존중했던 시대, 금욕주의적 생활이 추구되었던 사회에서 아동교육의 역할은 영혼의 순화를 위한 목적에 충실했다.

3) 근대의 아동교육

르네상스로부터 시작된 근대사회는 종교개혁, 과학의 발달, 시민계급의 상승 등 굵직한 현상들을 바탕으로 시대적 특성을 형성하였다.

아동 교육면에서는 르네상스의 교육이 사고의 자유, 자기 표현능력의 발달을 목적으로 하여 전인교육을 위해 기여하였다.

아동교육은 예술, 인문학, 과학 기술 등 전반적인 지식을 습득하여 전인적인 능력을 갖춘 인간을 키우는 과정이었다.

4) 현대의 아동교육

현대시대의 교육은 시대적으로 다양한 변화에 따라 교육의 제도와 방법이 다양하게 전개되었다. 산업혁명 이후 과학기술이 발달하면서 교육에서도 자연과학이 집중적으로 교과과정에 채택되었다.

아동의 창의적 발달을 위해 유아교육기관이 실시되었고, 아동보육의 다양한 형태가 풍부한 아동교육의 이론과 활동을 통해 아동보육의 현대화를 위해 괄목할 만한 성과를 이루고 있다.

2. 현황

보육교사인성교육의 현황에 대하여 우리나라와 외국으로 나누어 살펴보면 다음과 같다(김형재 외, 2016).

1) 외국 인성교육

(1) 미국의 인성교육

1980년대 이후 미국의 사회적 분위기를 살펴보면 학교 내에서의 총기사건을 비롯하여 심각한 폭력사건이 빈번히 발생하였다. 이러한 상황에서 인성교육의 부재에 대한 경각심을 더욱 부각하게 되었다.

미국의회는 더욱 인성교육의 중요성을 인식하고 1994년 '미국학교의 개선을 위한 법' 제정을 통해 '인성교육 파트너십 프로그램'을 승인하였고, 그 후 2001년 '낙오학생방지법'이 제정되면서 인성교육이 더욱 강화되었다.

현재 미국은 '안전과 마약 없는 학교국'에서 인성교육을 총괄하고 있다.

2010년 전미교육연합회에서는 모든 학교 단계에서 인성교육의 계획을 세우고 교육활동을 할 것을 지지하고 있다. 특히 학교뿐만 아니라 학부모, 지역사회 단체와의 협력을 통한 교육을 강조하고 있으며, 연방정부에서는 파트너십을 통해 인성교육 운영에 관한 보조금을 주기도 하고 있으며, 공익을 위해 앞장선 사람들의 의견을 모아 인성교육 교과과정으로 제공하는 '기린 프로젝트'를 운영하고 있다.

(2) 프랑스의 인성교육

학업실패로 인한 저소득층 출신 학생들의 학업경쟁 심화는 학생들에게 학교생활의 편안함을 빼앗으므로 자연히 스트레스를 높이고, 이런 심리상태는 학교에서 폭력으로 이어지고 있다. 프랑스 당국은 이러한 사회적 문제를 해결하기 위해서 40년이 넘는 세월 동안 중단한 도덕교육을 2013년부터 다시 추진하고 있다. 도덕을 '올바른 것을 이해하고 구분하는 것'이라고 정의하고 있으며 학교교육을 통해 학생들에게 인성과 합리 사상에 바탕을 둔 보편적 가치 개념들을 심어주고자 노력하고 있다(김용채, 2012).

1995년부터 프랑스는 초등학교와 중등학교에 시민교육을 개설하고 교육하고 있다. 주요 학습 주제는 개인위생, 안전, 환경보호, 규칙 준수, 타인존중, 책임감, 근면, 성실, 협동 등의 실천이다(범대진, 2014).

(3) 독일의 인성교육

독일은 학교교육 전반에 걸쳐서 이루어지는 특정교과에서만 이루어지지 않는 인성교육을 실시하고 있다. 유치원에서부터 협동학습을 강조하고 경쟁 없이 참여하여 문제를 해결하는 학습을 강조하고 있다(윤남순, 2007).

독일의 인성교육을 더욱 견고하게 만들어주는 원동력이 이명준 외(2011)의 연구를 보면 독일 교육을 절대 평가 위주의 저경쟁 교육, 유년기의 훈육, 모든 시험의 논술형 시험화, 얌전한 학생들 그리고 독일 특유의 교양시민계급과 사회보장으로 나타난다고 하였다.

독일의 인성교육은 주로 종교 과목에서 다루었으나, 1970년대부터 종교교육을 거부하기 시작했으며, 최근에는 초등하교 저학년부터 정규 윤리과목으로 선택되었다.

독일의 인성교육의 특징을 살펴보면 다음과 같다(김영래, 2011).

첫째, 대화와 토론을 중요시하는 사회 풍조

둘째, 학교교육 전체를 아우르는 인성교육 풍조

셋째, 사고력 양성에 초점을 둔 수업 방식과 평가 방식

넷째, 생활 교육과 자연친화적 교육을 통한 도덕성 함양
다섯째, 문화적 예술적 소양 계발을 통한 도덕성 함양

(4) 일본의 인성교육

인성교육에 있어서 우리나라와 가장 유사한 형태로 이루어져 왔다. 일본은 제2차 세계대전 이후 소학교와 중학교에서 도덕, 고등학교에서 윤리 과목을 실시해 왔으나, 1989년 고시된 '학습지도 요령'에 따라 인성교육을 실시하고 있다.

일본에 있어서 인성교육은 중심은 '오모이야리(おもいやり)'로 이루어져 왔다. 여기서 '오모이야리'는 한자어로 '사견(私見)'이라는 뜻으로 '생각을 보내다'의 의미로 가지고 있으며, 남을 도와야 할 어떤 상황에서 자기의 마음과 남의 마음이 같게 되기 시작한 마음을 표현하는 의미이다.

일본에서는 현재 인성교육의 방향을 문부과학성을 통한 Cultivating Richness in Mind로 학업 능력의 향상과 더불어 초·중·고 학생들의 인간애와 사회성을 함양하기 위해 Kokoro no Note을 보급하고 성숙과 관련된 다양한 활동을 경험하게 하고 있다(최준환, 2009).

(5) 중국의 인성교육

급속한 사회 환경의 시장화, 정보화, 도시화 등 변화에 따라 청소년들 사이에 질투, 성격장애, 자기비하, 반항심리, 신경쇠약, 학습 불량, 흡연 및 음주, 자살, 범죄 등 각종 청소년 위기현상이 늘어가고 있다.

중국은 급속한 도시화의 빠른 진행에 따라 도시 내 노동자 자녀 문제와 부모가 도시로 일하러 나간 동안 농촌에 홀로 남겨진 아동의 교육문제가 점점 더 사회적인 이슈가 되고 있다. 또한 중국에서는 이러한 위기 학생들의 심리장애를 사전에 예방하기 위한 목적으로 심리건강교육을 시행하고 있다.

중국 초등학교와 중학교 심리건강교육의 주요 내용을 살펴보면 교사와 학생 간, 부모와 자식 간, 동료 간, 이성 간의 인간관계 측면과 학업스트레스, 학습곤란, 학업기피, 학습장애 등 학습 측면, 자아의식, 자아체험, 자기평가, 자제력 등 자아 측면의 3가지 분야를 중심으로 교육과정이 구성되어 있다. 이러한 교육과정은 놀이나 단체활동, 사회실천활동, 조별토론 등을 통해 학생들을 직접 심리체험활동에 참여시키기도 한다.

국외 대학에서의 인성교육 현황을 알아보면 다음과 같다.

표 1-3 국외 대학에서의 인성교육 현황

기관	특징	적용단계	주제	대상
펜실베이니아 주 캘리포니아 대학교	인성을 갖춘 리더 양성	실천단계	인성, 리더십, 나눔, 공동체	대학생
산타 클라라 대학교	봉사 및 공동체를 중시	실천단계	봉사, 공동체, 리더십	대학생
뉴욕 포담 대학교	신앙과 인성을 갖춘 리더 양성	실천단계	도덕, 리더십, 환경	대학생
캘리포니아 대학교	사회 다양한 분야에서 활동 가능한 리더 양성	실천단계	리더십	대학생

출처: 강보라 외(2013).

표 1-3을 정리하여 보면 외국의 인성교육은 인성증진을 위해 학교교육, 특정과목에 한정시켜 교육하기보다는 탈교과적이고, 다차원적이고, 가정과 학교, 사회가 함께 해결하기 위해 노력하고 있음이 잘 표현되고 있다.

2) 우리나라 인성교육

현재 우리나라 국내 대학에서 실시하고 있는 인성교육 현황을 살펴보면 다음과 같다.

표 1-4 우리나라 대학에서의 인성교육 현황

기관	특징	적용단계	주제	대상
서울여자대학교	공동체 교육을 통한 인성교육	실천단계	봉사, 공동체, 리더십	대학생
대구가톨릭대학교	체험활동을 통한 인성교육	실천단계	나눔, 화합, 리더십	대학생
경희대학교 후마니타스칼리지	인문학 능력 함양을 통한 인성교육	실천단계	인문, 교양, 리더십	대학생

교육부(2014)에서 제시한 우리나라 인성교육의 현황을 정리하면 다음과 같다.

첫째, 현재는 인지적 인성교육보다는 실천적 인성교육이 강조되고 있다. 2009년 개정 교육과정 총론에서도 창의, 인성수업이라는 용어를 함께 활용하고 있는데, 이는 이론적이고 관념적이던 인성교육에서 벗어나 다양한 경험과 체험을 통한 다양한 접근으로서의 인성교육을 강조하고 있다는 것이다.

둘째, 인성교육은 인지적 측면에 초점을 두고 이루어지기보다는 인지적 · 정의적 · 행동적 요소의 총합으로 전인적 교육을 추구해야 한다.

셋째, 최근 인성교육의 방법은 내용전달 위주의 전통적 교수방법을 취하기보다는 활동중심, 참여중심, 실제적 문제해결을 강조하는 등의 다양한 학습방법을 취하고 있다.

넷째, 현재 인성교육은 학교교육에서는 도덕 교과에서 주로 이루어지고 있고, 그 밖에는 기술이나 가정과 같은 실생활과 밀접한 교과에서 이루어지는 경향이 많다.

다섯째, 현재 인성교육은 도덕과에서 이루어지는 인성교육과 일반 체험적 범교과활동을 통한 인성교육 활동이 차별화가 있음을 알 수 있다. 도덕 교과에서는 인성의 규범적 및 선언적 수준에서의 교육이 가능하고, 주로 인지적 측면을 많이 다루고 있는 반면, 다른 교과나 창의적 체험활동 등에서 이루어지는 인성교육은 체험적이고 경험적이며 행동적 수준의 인성교육에 초점을 두고 있는 경향이 있다.

2015년 9월에 「영유아보육법」이 「인성교육진흥법」의 시행으로 인해 일부 개정되었다. 인성교육과 관련된 「영육아보육법」의 개정 방향 및 개정안을 살펴보면 다음과 같다(김형재 외, 2016).

최근 어린이집에서 발생하는 아동학대사건으로 보육교사의 인성과 자질을 향상시켜야 한다는 요구가 있었고, 특히 온라인 교육으로 보육교사 자격 2급을 취득하는 데 대한 개선이 필요하다는 지적이 많았다. 또한 보육교사 3급 교육과정의 경우 최근의 보육환경 변화 및 교육 수요를 반영하여 취득 교과목을 개편해야 할 필요성이 생겼다. 이에 보육교사 2급 및 3급 교육과정을 인성 및 상호작용을 강화하도록 개편하는 등 현행 규정의 운영상 나타난 미비점을 개선·보완하려는 것이다(영유아보육법).

첫째, 대학에서 이수해야 할 교과목으로 '교사 인성 영역'이 추가되었는데 보육교사(인성)론과 아동권리와 복지로 각각 3학점씩 총 6학점을 이수해야 한다.

둘째, 대면 교과목으로 '인성영역'에서 보육교사(인성)론을 강조하고 있는데, 대면교과목은 8시간 이상 출석과 1회 이상 출석 시험을 실시해야 한다고 규정하고 있다.

3. 보육의 향후 과제

최근 우리나라는 영유아의 건강하고 건전한 발달과 취업여성의 경제활동 참여에 기여하기 위하여 중장기적 보육정책 마련이 필요하게 되었다. 그동안 자녀양육의 부담을 완화하기 위해 공통 과정인 누리과정 시행에 따른 보육료 및 유아학비 지원과 더불어 보육서비스의 확충으로 저출산 문제해결과 지속적인 경제성장에 기여해왔다.

보육정책의 일차적인 목표는 아동의 건전한 발달 도모이지만 양질의 보육서비스 제공을 통해 출산율 제고와 취업여성의 경제활동 참여 증진을 도모할 수 있다는 점에서 보육정책의 중요성이 있다.

보육은 영유아의 기본권으로서 지난 몇 년간 보육정책 예산 및 보육시설확충 등 양적측면에서 큰 변화가 있었고, 결과적으로 만 0~5세 아동까지 무상보육과 무상교육의 시대를 열었다.

보육사업을 추진함에 있어서 발견되는 문제점들이 제기되고 있다. 이에 문제점과 그에 따른 향후 과제를 3가지로 요약하여 정리하면 다음과 같다(김미영, 2016).

첫째, 어린이집 이용시간과 무관하게 무차별적인 재정지원으로 인하여 재원이 낭비되는 상황이다. 2012년 전국보육실태조사에 의하면 어린이집을 이용하는 영유아 중 하루 5시간도 채 이용하지 않는 비율이 전체의 5.7%, 5~7시간 이용자가 전체의 36.8%로 나타났다(보건복지부 · 육아정책개발센터, 2012).

즉, 어린이집을 다니는 영유아 10명 중 4명이 하루 7시간 이하로 이용하지만, 재정지원은 12시간 이용 기준으로 이루어지다보니 불필요한 예산이 지원되고 있다.

이에 취업여부에 따른 시설 이용시간의 차이를 반영하여 불필요한 지출을 막을 수 있는 보육체계 개편안(보건복지부, 2012)이 제시되기도 하였지만, 정치권과 국민의 강력한 반발에 의해 무산되고 2013년에 취업 여부와 무관하게 보편적인 지원방식이 시행되고 있다.

영유아 보육은 앞으로 매년 막대한 예산이 투입되는 만큼 재정지출의 낭비를 최소화하고, 정책의 효과성을 극대화하기 위한 방안을 강구하지 않으면 안 된다.

또한 시간제 선별제를 지원하는 방안이 적극 도입되어야 할 것으로 가정양육이 어려운 맞벌이 부부 자녀에게는 종일제인 하루 12시간을 적용하고, 전업주부 자녀에게는 반일제인 하루 7~8시간 등으로 적용하는 방안 등이 제시될 수 있어야 한다.

둘째, 우리나라는 핵가족뿐만 아니라 한부모 가족, 여성 가장 가족, 조손가족, 미혼모 가족 등 다양한 가족 형태가 있으므로 보육정책을 가족정책적 차원에서 조망할 필요성이 제기되고 있다. 인구, 가족, 경제, 사회변화에 따른 수요자의 요구를 고려한 다양한 보육서비스가 제공되어야 한다는 것이다.

셋째, 보육의 양적 팽창을 통해 무엇보다도 이제는 보육이 질에 관심을 가져야 하며, 보육의 질이 확보되지 못하는 보육정책은 더 이상 실효를 거두지 못할 것이다. 보육의 질을 확보하기 위해서는 부모의 욕구를 정확히 파악하여 이에 따른 서비스를 제공해야 함은 물론 어린이집의 질 확보와 보육교사의 전문성 확보가 우선시 되어야 한다. 보육시설의 질을 담보하고 안전관리를 강화하여 영유아가 건강하게 성장·발달할 수 있는 정책 환경을 조성해 나가야 할 것이다. 결과적으로 보육 영유아의 성장연령에 따라 차별화된 보육프로그램을 개발하고 취업여성이 안심하고 직장생활을 할 수 있도록 보육지원제도를 제공하여야 한다.

CHAPTER **02**

보육교사인성의 이해

01 보육교사인성의 의의

02 보육교사인성의 정의 및 전문성

03 보육교사인성의 변화

04 보육교사인성의 윤리

01 보육교사인성의 의의

1. 의의

어린이집의 보육교사는 한때 '교사'라는 호칭이 사용되지 않고 보육기관 '종사자'로 공식적 호칭이 사용되었으나, 지금은 '보육교사(day care teacher)'로 사용되고 있다.

즉, 보육교사란 일련의 양성과정을 통해서 영유아의 전인적 성장이 이루어지도록 지원하고 안내하는 전문가 자격을 취득하고 영유아의 신체, 언어, 인지, 정서 및 사회성 교육 및 역할뿐만 아니라 의사소통하고 이야기하며 하루 중 거의 대부분의 시간을 함께 보내는 폭넓은 업무의 보육활동과 관계하는 직업이다(전상희, 2012).

여기서 보육교사는 어린이집에서 0~만 5세까지의 영유아를 보호하고 교육하는 교사를 의미한다. 즉, 보육교사는 영유아를 대상으로 심신의 보호와 건전한 교육을 통하여 건강한 사회구성원으로 육성하고 더불어 보호자를 지원하여 궁극적으로는 가정복지 증진에 기여하는 자라고 할 수 있다(민성혜 외, 2013).

과학기술의 급속한 성장 발달로 인한 사회가 발전하고 고도산업사회가 될수록 직업과 직종이 세분화되고 전문화되어간다. 우리의 사회활동에서 현재 존재하는 많은 직업들은 사라지고 새로운 직업이 생겨날 것이라 미국의 워싱턴포스트(WP)는 보도하였다(조선일보, 2015). 즉, 워싱턴포스트(WP)는 "10년 후 미래에도 살아남을 직업 고르는 방법"을 통해서 전망하였다.

또한 하버드 대학교 교수인 하워드 가드너(Howard Gardner)는 그의 저서에서 "미래를 위한 다섯 가지 생각에서 미래에 살아남을 직업은 로봇이 대신할 수 없는 종류의 업종일 것이라고 하였다. 그리고 종합적·창조적 사고 방식 등 생각하는 기술은 직업에 있어서 오래 살아남게 하는 요인이며, 미래에는 엄청난 정보를 걸러 낼 수 있는 정보처리능력 또한 필수 요인이 될 것이라고 밝혔다.

교사라는 직업은 로봇이 대신할 수 없는 창조적이면서 인성을 갖추고 인간을 대상으로 하는 직무를 수행하는 직업이라고 볼 수 있다.

라즈 체티(Raj Chetty)는 보육교사(유아교사)직의 중요성을 경제학적으로 분석하였다. 체티는 교사의 자질이 훌륭하다고 평가된 보육교사에게 교육 받은 영유아가 27세가 되었을 때 그렇지 않은 영유아보다 1천 달러나 많은 연봉을 수령하고 있음을 밝혔다. 체티는 영유아를 대상으로 하는 교사와 아이들의 미래 소득과의 연관성을 따져 본 결과, 훌륭한 교사의 가치를 연봉 32만 달러(약 3억 2천만 원)로 제시했다. 그는 영유아를 대상으로 하는 교사가 많은 고부가가치를 생산함에도 사회적으로 낮은 인식과 경제적 처우로 자신의 일에 의미를 부여하지 못해 이직하기도 한다고 지적했다. 보육교사가 자신의 일에 의미를 부여하고 자존감을 가지고 보육활동을 수행하는 것은 매우 중요하다.

에어즈(Ayers, 1989)는 미국 전 지역에서 '좋은 보육교사'라고 알려진 여섯 명의 보육교사를 대상으로 심층면접을 통해 좋은 보육교사의 삶과 일에 대한 연구를 진행한 바 있다. 연구결과를 좀 더 자세하게 살펴보면 다음과 같다(공인숙 외, 2017).

첫째, 보육교사는 제2의 어머니라고 말하는 교사

둘째, 어린 영유아들로부터 선생님이란 말을 듣는 것만으로도 인생 최고의 성공으로 생각하고 자신의 가족들은 어떤 글을 쓰더라도 "선생님"이란 단어를 쓸 때는 대문자 "TEACHER"로 쓴다는 교사

셋째, '가르치는 일'을 하면서 보람을 느꼈던 경험으로는 '아이가 혼자서 옷을 입거나 멜빵바지를 입을 수 있게 되었을 때', '처음엔 자기밖에 모르고 투정만 부리던 아이가 몇 개월이 지나 다른 친구들을 챙겨주는 의젓한 모습을 보일 때.'

에어즈(Ayers, 1989)는 여섯 명의 좋은 교사는 '가르치는 일'의 의미와 목표를 다음과 같이 제시하였다.

첫째, 아이들에게 '힘을 갖게 하는 것'

둘째, 고통과 유머, 즐거움과 분노, 지루하면서도 무언가 기다려지는 것

셋째, 아이의 성장과 발달을 지켜보려는 심오한 열정이며 보상

넷째, 인내심이며 교육의 결과가 보이기까지는 시간이 걸리는 것

따라서 보육교사라는 직업은 로봇이 대신할 수 없는 영유아를 대상으로 하는 직업으로 미래에도 살아남을 것이라고 예측된다. 따라서 보육교사는 인성을 갖추어야 한다.

먼저 '인성'이란 마음이나 됨됨이, 하는 행동이 사람으로서 도리에 맞는 것 또는 사람의 본성과 관계되는 것, 사람에게 합당한 것이라고 할 수 있다.

보육이란 '보호'와 '교육'이다.

보육교사는 앞서 언급한 보육을 실행에 옮기는 사람이다. 즉, 어린이집 영유아를 대상으로 심신의 보호와 건전한 교육을 통하여 건강한 사회구성원으로 육성하고 더불어 보호자를 지원하여 궁극적으로는 가정복지 증진에 기여하는 자라고 할 수 있다.

영유아교육의 질은 교사의 질을 능가하지 못하므로 교육의 질을 향상시키기 위해서는 법적·행정적 기준이나 양질의 프로그램도 중요하지만, 시설을 운영하고 프로그램을 활용하며 부모를 대신하여 영유아들을 돌보고 가르치는 보육교사는 보육의 가장 중요한 질적 요인이라 할 것이다(이은상 외, 2013).

2. 보육교사인성의 이론

우리나라에서 '보육교사'라는 명칭은 1991년 「영유아보육법」이 제정·공포되면서 그동안 보호 기능에 그쳤던 탁아의 개념이 보호와 교육 기능을 통합하게 되었고, 그 이후 보호와 교육을 통합하여 '보육' 개념으로 명명하기 시작하였다.

아동의 발달이 그를 둘러싼 환경과의 지속적인 상호작용의 결과로, 아동

의 최적 발달을 위해 아동뿐만 아니라 가족, 지역사회, 사회적 가치 등 다양한 환경체계에까지 관심을 가져야 한다는 것으로 지지되고 있다.

아동에 관한 사회적 인식의 변화는 아동의 삶에 직접적 영향 및 변화를 가져오게 될 것이다. 이렇게 학자들의 아동에 대한 생각을 이론적으로 살펴보면 다음과 같다.

1) 성숙주의

루소(Rousseau), 다윈(Darwin), 홀(Hall), 게젤(Gesell), 몬테소리(Montessori) 등은 성숙주의 이론가이다. 이들은 아동이 시간에 따라 성인과 질적으로 다른 존재로 자연스럽게 적응하여 발달하며, 발달영역 중 특히 사회정서발달을 중시하고 있다.

아동의 발달에 있어서 성숙주의 관점에서 보육교사의 역할을 살펴보면 아동을 관찰하며 준비된 환경을 제공하고 아동이 자신의 욕구와 흥미를 표현하고 따르도록 안내해 주며 자유롭고 지지적인 환경을 제공하는 것이다.

성숙주의에서는 아동의 자유선택놀이를 강조하고 있으며, 의도적인 교수활동은 최소화하는 경향을 가지고 있다.

2) 행동주의

로크(Locke), 손다이크(Thorndike), 왓슨(Watson), 스키너(Skinner) 등은 행동주의 이론가이다. 이들은 아동이 성인과 동일한 학습과정을 거치며, 발달에 있어서 양적으로 이루어진다고 보았다.

기본가정에서 외부환경에 의한 경험을 중시하는 행동주의 관점에서 보육교사의 역할을 살펴보면 능동적·계획적·의도적·지시적 지식 전달자이다.

행동주의에서 교사는 아동의 바람직한 행동에 보상으로 그 행동을 강화하며, 바람직하지 않은 행동에는 벌을 주거나 무시하는 기법으로 모델링되기도 한다.

3) 상호작용주의

칸트(Kant), 듀이(Dewey), 헌트(Hunt), 블룸(Bloom), 피아제(Piaget) 등은 상호작용주의 또는 구성주의 이론가이다. 이들은 아동의 인지발달에 관심을 가져왔다. 그중에서 특히 피아제는 자신의 자녀를 관찰하여 영감을 얻은 후 다른 유아에게 탐색적 질문을 더하는 임상적 면접(clinical method)을 통해 아동과 환경 간의 상호작용 결과로 인지발달이 일어난다고 하였다.

피아제는 아동에게는 보존개념이나 공간, 시간에 대한 개념 등 물리적 지식을 획득하는 과정에 관심을 두었으므로, 발달의 사회문화적 맥락을 고려하지 않고 모든 아동은 동일한 인지발달단계를 거친다고 보았다.

상호작용주의는 아동이 환경과의 상호작용을 통해 능동적으로 지식을 구성한다. 상호작용주의에 있어서 교사는 아동이 지식을 구조화할 수 있는 경험을 제공하고 다양한 활동계획을 준비하며, 상호작용하는 시기 · 장소 · 형태를 결정한다.

4) 맥락주의

맥락주의에서는 다음의 생태학 이론과 사회적 구성주의로 살펴보고자 한다.

(1) 생태학 이론

브론펜브레너(Bronfenbrenner)는 생태학 이론가이다. 생태학 이론은 기존 아동에게 중점을 둔 관점에서 더 나아가 아동을 둘러싼 환경에 대해서도 강조한 이론이다.

브론펜브레너의 다섯 가지 체계를 살펴보면 다음과 같다.

① 미시체계: 아동이 직접 만나고 상호작용하는 체계이다. 부모, 학교, 친구, 학원 등이 있다. 미시체계는 아동에게 영향을 주기도 하지만,

아동이 미시체계에 영향을 주기도 한다. 엄마랑 싸우는 걸 생각해 볼 수 있다. 싸우고 나면 엄마가 그래도 조금은 바뀌지 않는가?

② 중간체계: 미시체계들 간의 상호작용을 말한다. 아동이 부모와 상호작용하는 것뿐만 아니라 부모가 아동의 담임 선생님과 상담을 할 수 있지 않은가? 그런 상담은 아동에게 또한 영향을 주기 마련이다.

③ 외체계: 직접적으로 아동에게 영향을 주지는 않지만 간접적으로 영향을 주는 체계이다. 즉, 아동과 직접 접촉하지는 않는 것이다. 부모의 직장을 예로 들 수 있는데, 부모가 직장에서 스트레스를 받고 돌아왔다면 간접적으로 아이에게 영향을 줄 수 있다. 또한 대중매체나 정부시설, 법률서비스 등도 마찬가지로 아이의 발달에 간접적인 영향을 준다.

④ 거시체계: 가족이든 학교든 대중매체든 모두 사회라는 틀 안에 존재하는 것이다. 그리고 사회는 동일한 문화와 가치를 공유하고 있는 집단을 의미한다. 거시체계는 이러한 포괄적인 개념을 의미한다. 즉, 마치 공기처럼 느끼지는 못하지만 우리를 둘러싸고 있는 이데올로기나 가치체계, 관습 등이 거시체계로서 아동에게 영향을 준다고 할 수 있다.

⑤ 시간체계: 이 환경은 시간의 개념을 중요시한 것으로 우리의 전 생애에서 일어나는 변화를 포함한 것이다. 즉, 학생의 발달과정에 있었던 어떤 사건이 추후에 영향을 줄 수 있다는 것이다.

브론펜브레너는 다섯 체계를 환경으로 파악하고 아동 자신을 둘러싼 체계에 영향과 동시에 환경을 재구성하는 역동적 존재로 파악하였다.

생태학 이론에서 교사는 가족 등과 함께 아동이 속한 미시체계의 하나이며, 가정이나 또래와의 관계를 구성하는 중간체계로서도 중요한 영향을 하고 있다.

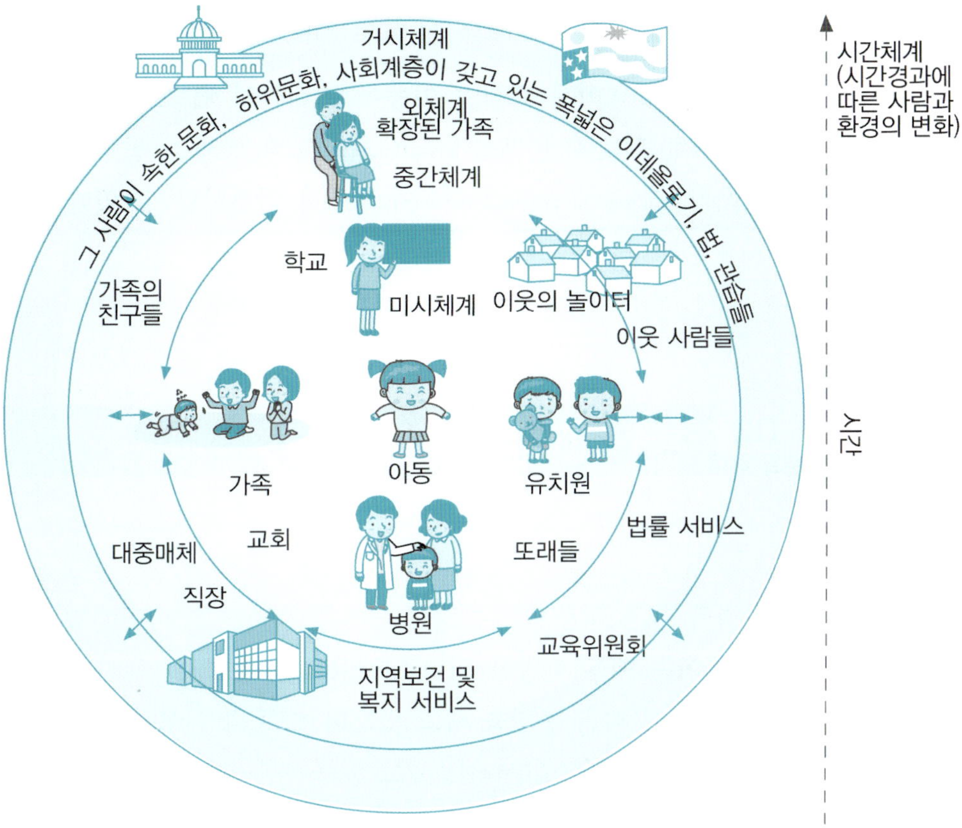

그림 2-1 **브론펜브레너의 생태학적 환경**

(2) 사회적 구성주의

비고츠키(Vygotsky)는 사회적 구성주의 이론가이다.

사회적 구성주의는 피아제의 구성주의와는 차별화된 아동의 인지발달과정에서 사회적 상호작용과 문화 역할의 중요성을 강조하였다.

비고츠키는 기억, 주의, 추론 발달 과정에는 언어, 수학, 기억 전략 등 사회에서 만들어진 도구를 사용하는 방법을 배우는 것이 포함된다고 하였다. 즉, 사회적 구성주의는 지식이 개인의 내부에서 생성되는 것이 아니라 개인이 살고 있는 문화권에 있는 타인이나 사물과의 상호작용을 통해 형성된다고 보았다. 부모나 성인은 언어를 통해 문화를 전수하는 중요한 존재로 보았다.

사회적 구성주의에 있어서 교사는 아동이 또래와의 협동적 활동에 참여하도록 격려하며, 대화와 비계설정(scaffolding) 등의 방법을 통해 아동의 역량을 근접발달지대(zone of proximal development)에서 최대화할 수 있다고 보았다.

02 보육교사인성의 정의 및 전문성

1. 정의

인성이라는 용어는 매우 다양한 의미로 사용되고 있다.

여러 학자는 제각기 다른 주장을 하고 있으며, 이들의 인성에 대한 정의를 살펴보면 다음과 같다(인성교육범국민실천연합, 2012).

표 2-1 인성에 대한 학자들의 정의

학자 \ 구분	인성의 정의
조난심(2009)	• 인성은 태어나면서 지니고 있는 성격이나 특질의 개념이 아니라, 의도적 교육이나 학습에 의해 습득하거나 변화가 가능한 인간의 성품을 지칭하는 것
조연순(2008)	• 자신의 내면적 요구와 사회 환경적 필요를 지혜롭게 잘 조화시킴으로써 세상에 유익함을 미치는 인간의 특성
현주 외(2009)	• 보다 긍정적이고 건전한 개인의 삶과 사회적 삶을 위한 심리적 · 행동적 특성
미교육부 (2007, 2008)	• 존중, 공정성, 보살핌 등의 도덕적 · 윤리적 가치와 책임감, 신뢰, 시민성 등을 망라하는 개념으로, 개인 또는 집단의 정서적 · 지적 · 도덕적 자질은 물론 이러한 자질들이 친사회적 행동으로 발현되는 것을 포함하는 것

출처: 인성교육범국민실천연합(2012).

1) 교육부 방침에 따른 인성교육

학교교육과정 개선에 따른 교육부에서는 인성교육과 교과교육이 조화를 이루도록 미래사회의 핵심역량에서 요구되는 인성교육을 “더불어 조화롭게 사는 능력”으로 새롭게 정의하고 있다.

KEDI 교육정책포럼(2012)에서 새롭게 제시한 인성교육 개념화의 방향을 살펴보면 다음과 같다.

첫째, 지식위주의 인성교육을 머리로 알고, 가슴으로 느끼고, 몸으로 실천할 수 있도록 하는 데 있다.

둘째, OECD의 DeSeCo 프로젝트(1997~2003) 등에서 제시하는 미래인재에게 요구되는 핵심역량의 접근을 따른다.

셋째, 가르칠 수 있고, 객관적이고, 신뢰롭게 측정 가능하도록 한다.

교육부에서는 미래인재에게 요구되는 친사회적 인성으로 7대 덕목을 선정하였는데, 정직, 책임, 존중, 배려, 공감, 소통, 협동 등이다.

교육부에서는 종합적인 인성교육으로 7대 핵심덕목들을 학교, 학급별, 학년 수준에 맞게 체계적으로 갖출 수 있도록 추진하고 있다(교육부, 2013).

2) 인성교육진흥법의 인성교육

「인성교육진흥법」(2016)에서 제시하고 있는 ‘인성교육’이란 자신의 내면을 바르고 건전하게 가꾸고 타인·공동체·자연과 더불어 살아가는 데 필요한 인간다운 성품과 역량을 기르는 것을 목적으로 하는 교육을 말한다.

「인성교육진흥법」에서는 인성교육을 ‘핵심가치·덕목’과 ‘핵심역량’으로 나누어 설명하고 있다. 먼저 ‘핵심가치·덕목’이란 인성교육의 목표가 되는 예(禮), 효(孝), 정직, 책임, 존중, 배려, 소통, 협동 등의 마음가짐이나, 사람됨과 관련되는 핵심적인 가치 또는 덕목을 말한다. ‘핵심역량’이란 핵심 가치·덕목을 적극적이고 능동적으로 실천 또는 실행하는 데 필요한 지식과 공감 · 소통하는 의사소통능력이나 갈등해결능력 등이 통합된 능력을 말한다.

2. 전문성

어린이집에서 등원하고 있는 영유아는 발달적으로 급격한 시기이며, 또한 또래들 간에 개인차도 큰 시기이므로, 보육교사는 반드시 영유아교육에 대한 전문성을 가지고 있어야 한다. 즉, 보육교사에게 주어지는 '전문성'이란 보육교사가 자신의 교육철학과 가치관에 의해 영유아를 이해하고 교육하며 평가할 수 있도록 전문성이 주어져야 한다는 것이다.

그러면 어린이집 보육교사는 전문직일까? 이 물음에 하나는 먼저 보육교사직은 준전문가이다. 이들은 보육교사직이 직무를 수행하는 데 필요한 지식이나 자격기준, 업무의 자율성 등이 전문직으로서의 기준에 부합하지 못한다고 주장하고 있다(김형재 외, 2016).

호샘(Howsam, 1976)에 의하면 영유아를 대상으로 하는 교사가 낮은 사회적 지위와 짧은 훈련기간, 이론적 지식과 기술의 부족, 자율성 부족 및 스스로의 낮은 인식으로 인해 준전문가에 머무른다고 하였다. 특히 여성의 비중이 높은 것도 준전문직의 특성이라고 하였다.

또 다른 학자들 중에서 아이스코비츠와 베거(Eiskovitz & Beker, 1983)는 보육교사직 자체의 독특성 때문에 준전문가 또는 도제공(craftsmanship)으로 보았다.

아이스코비츠와 베거가 보육교사직에서 도제공 의식을 강조하는 이유는 사회적 지위가 낮다거나 그 지위를 손상시키겠다는 의미가 아니라 아동학이나 유아교육학 등 보육 관련 학문뿐만 아니라 사회복지나 상담 등 모든 인간복지 관련 분야는 그 현장 자체에서 요구되는 것이 과학적이거나 체계적이기보다는 실천적이며, 표준화된 것보다는 독특성을 필요로 하는 것이다. 따라서 그 관련 직무에 종사자들에게는 이론적 과정뿐만 아니라 현장에 대한 학습이 매우 중요하므로 도제식 학습이 필수적이며, 그 가치를 높이 평가해야 한다는 것이다.

반면에 보육교사직은 전문직이다. 이들은 보육교사직을 수행하는 데 필요한 신념과 직업윤리 등이 전문가적인 기준에 부합하기 때문에 보육교사를 전문직이라 한다.

여기에서 학자들의 견해를 살펴보면 다음과 같다. 우선 보육교사직은 영유아를 보호하고 교육하는 일에서는 책임과 지식이 관련되어 있기 때문에 전문직이라고 보는 것이다(Lindberg & Swedlow, 1985). 또한 보육교사는 자신의 신념과 직업윤리뿐만 아니라 보육 대상의 기대와 사회적 기대 선까지 고려해야 하는 이중의 임무를 가지기 때문에 전문성이 있다고 본다(Rubin, 1978). 특히 보육교사는 중요한 결정에서 '보육교사로서의 전문가적 신념'에 근거하고 있다.

어린이집에서 보육교사로서의 전문가적 신념이란 보육에 대한 단편적인 지식이나 이론과는 구별되는 것으로서 일종의 보육에 대한 지혜 또는 가치관을 말한다. 결국 보육교사들은 오랜 기간 동안 이론과 실제의 경험을 통해서 형성된 전문가적 신념을 가지고 있으며, 이 신념을 토대로 많은 중요한 결정을 내리게 된다. 따라서 보육교사의 직무수행은 특수한 역할을 수행하는 전문가의 정의에 부합하며, 보육교사를 전문가로 분류하는 근거가 될 수 있다(유희정 외, 2004).

현장 어린이집에서 직무를 수행하는 보육교사들의 전문성을 갖추기 위한 기준을 여러 학자를 통해 살펴보면 다음과 같다.

카츠(Katz, 1972)의 보육교사 전문성 갖추기 위한 기준을 살펴보면 다음과 같다.

첫째, 보육교사의 전문성에 대한 사회적 필요성

둘째, 대상자 중심의 직업에서 오는 이타주의

셋째, 상황과 요구에 적절하게 대응하는 자율성

넷째, 역할수행 중 개별 아동의 특성을 존중하고 인정하며 윤리적인 자세를 가져야 하는 윤리강령

다섯째, 정확한 관찰 등에 필요한 객관성 유지를 위한 대상으로부터의

심리적 거리

여섯째 보편적인 서비스의 주체로서 지식이 바탕이 되는 과업 수행의 기준

일곱째 전문적인 자질을 갖추기 위한 장기간의 훈련 및 새로운 정보의 기회

여덟째, 특수화된 지식

이은화 외(1995)를 살펴보면 다음과 같다.

첫째, 고도의 지적 능력: 보육의 올바른 목적을 정확히 이해, 영유아기 발달 상황에 맞는 교육내용 선택·조직, 영유아의 성장과 행동의 변화를 적극적으로 돕는 능력

둘째, 사회에 대한 기여

셋째, 장기간의 사전교육과 계속적인 보수교육

넷째, 자율성

다섯째, 전문직 단체 결성

여섯째, 보육교사가 지켜야 할 윤리강령

양옥승 외(1997)를 살펴보면 다음과 같다.

첫째, 보육관련 학문의 기초 지식에 대한 이해

둘째, 보육에 대한 사명감 및 교사로서의 자신감 형성

셋째, 보육교사의 역할에 대한 이해

넷째, 윤리강령의 필요성에 대한 이해

다섯째, 보육교사의 전문성에 대한 이해

여섯째, 영유아와 가족에 영향을 미치는 정책에 대한 이해

현대사회에서 있어서 보육교사의 전문성에 대해서 좀 더 살펴보면 보육교사는 단순한 양육활동에 종사하는 자가 아니며, 가르치는 교수자의 역할, 지역사회구성원으로써 전문적 역할을 함께 수행하고 있다.

좀 더 보육교사의 전문성에 대해서 살펴보고자 한다.

① 양육자의 전문성: 전통적인 엄마와 같은 양육자의 전문성을 강조한다. 아동이 처음 경험하는 최초의 공적·사회적 기관이기 때문이며, 핵가족화, 편부·편모 슬하의 가정의 증가는 물론 여성의 사회 진출 등의 사회변화로 인해 보육이 가정의 아동의 보호, 교육의 기능을 대신 담당하게 되었기 때문이다.

② 교수자의 전문성: 현대사회에서 보육은 영유아의 전인적 성장을 위한 교육 기회를 제공해야 하기에 질 높은 교육이 이루어져야 한다. 따라서 보육교사에게 양육자의 전문성뿐만 아니라 교수자, 평가자 등의 역할을 함께 수행할 것이 요구된다.

최근에는 양육의 전문성보다 교수자의 전문성을 더욱 강조하고 있다.

③ 지역사회구성원으로 전문성의 조화: 양육과 교수자의 역할 두 가지는 때때로 상반되어 보이기도 한다. 보육전문가들은 두 전문성 사이에서 혼동과 갈등을 경험하며 조화를 이루려고 노력하게 되는데, 두 가지 전문성의 조화를 위한 핵심적인 관점은 교사의 전문성의 역할을 가정에서의 양육의 전문성과 혼동하느냐, 아니냐의 문제이다.

보육교사가 행해야 할 양육의 전문성이란 가족구성원과 똑같이 영유아를 대하라는 의미는 아니다. 교사와 가족, 구성원의 전문성에는 중대한 차이점이 있다.

카츠(1972)에 의하면 가족구성원과 교사는 영유아와의 애착관계에서 차이가 있다. 가족구성원, 특히 부모는 영유아를 그들의 분신으로 보고 끊임없는 사랑을 주며 매우 긴밀한 애착관계를 유지해야 한다. 이해 반해 교사는 영유아를 객관적으로 대하며, 적절한 관계를 유지해야 한다.

전문가로서 엄마와 다르지만 아동의 요구에 적극적으로 반응하는 양육의 전문성, 그리고 현대 보육에서 요청하는 교사로서의 전문성을 수행하는 인간 성장의 지원자라는 특별한 전문직이다. 영유아의 전인적 성장을 지원하는 전문가이며, 동시에 두 가지 전문성의 균형을 잘 조정하는 관계 전문가라는 점을 들 수 있다.

직업적 관점에서 본 보육교사의 전문성을 살펴보면 일반적으로 전문직이란 한 분야에서 특수한 기술과 소양을 갖춘 사람을 의미한다.

① 전문성: 개인적인 차원에 해당하는 것으로 그 직업에 종사하는 사람들이 보여주는 태도와 행동, 즉 자신의 일에 대한 신념, 오랫동안 자신의 직업에 헌신하는 태도

② 전문화: 직업에 관한 전체적인 개념으로 그 직업이 사회로부터 전문직으로 가치 있는 대우를 받고 있는가 하는 문제와 전문직으로써 기초가 되는 이론적인 확장을 할 수 있는 기회를 제공받는가, 그 직업이 직무의 수행에서 자율성을 인정받는가의 문제에 의해 설명된다.

전문직의 조건

첫째, 전문직은 전문화된 지식과 이를 소화할 수 있는 지적인 능력을 요구한다.
둘째, 전문직은 그 직업 종사자에게 자격증을 요구한다.
셋째, 전문직은 종사자들의 자율성을 최대로 요구한다.
넷째, 전문직은 그에 상응하는 사회적인 지위와 경제적인 보상을 요구한다.
다섯째, 전문직은 고유의 윤리강령을 가지고 있다.

끝으로 전문직은 자신들의 권익을 보호할 수 있는 단체를 구성한다. 전문직에 종사하는 사람들은 끊임없이 새로운 지식을 습득하고 자신들이 하는 일의 전문성을 유지하고 또한 자신의 권익을 보호해 줄 수 있는 단체를 필요로 한다.

1) 개인적 전문성

(1) 지적 능력에 대한 전문성

지적 능력의 전문성을 살펴보면 다음과 같다. 1950년대에 미국의 심리학자 조이 길포드(Joy Guilford)가 사고의 유형으로 확산적 사고와 수렴적 사고를 제안하였다.

첫째, 수렴적 사고는 아이디어를 분석하고 다듬어 선택하는 사고의 과정이다.

수렴적 사고는 주어진 문제를 해결하기 위한 다양한 대안을 분석 평가하여 최종적으로 가장 적합한 문제를 선택하는 사고의 유형이다. 특히 지능과 많은 관련이 있다.

수렴적 사고를 체계적으로 수행하기 위한 기법으로는 하이라이팅, PMI, PPC, 고든법 등이 있다.

둘째, 확산적 사고의 통합에 의한 사고과정이 요구된다.

확산적 사고는 문제에 대하여 가능한 여러 가지 답을 다양하게 산출하도록 하는 사고의 유형으로, 자유로운 질문과 응답을 좋아하는 창의적인 유형을 말한다.

예를 들면, 화가들이 그림을 그리거나 시인들이 시를 쓸 때 최선의 것을 선택하기 전에 가능한 여러 가지 방법을 탐색하는 것과 마찬가지이다.

- 발달에 적합한 교육과정의 계획 및 수행 능력
- 아동발달의 기초이론에 대한 이해 및 적용 가능성
- 전문지식의 이해 및 확장적 사고 능력

(2) 영유아 이해에 대한 전문성

영유아의 개별성 이해를 중심으로 온정적 태도를 유지한다.

- 개별 영유아에 대한 관찰 및 평가 능력
- 개별 영유아의 독창성을 지지하는 동기부여자로서의 능력
- 영유아의 안정적 정서와 안전한 건강관리 능력

(3) 관계지향에 대한 전문성

영유아의 주변 인물 및 환경적 요소에 대한 지지로 생산적 관계를 형성한다.

- 안전기지로서의 온정적 관계형성 능력
- 주변 성인의 모델링이나 또래와의 관계의 질 향상을 위한 개입 능력
- 가정과의 개방적이고 협력적인 동반자로서의 관계형성 능력

2) 사회적 전문성

교사라 함은 행동과 가치관이 많은 사람에게 귀감이 되어야 한다는 측면에서 일반적인 직장인과는 반드시 다른 모습이어야 한다.

(1) 외모

- 단정해야 한다.
- 품위 있는 모습이어야 한다.
- 아동을 대하는 교사이므로 화장은 너무 진하지 않게 가볍게 하는 것이 좋다.
- 헤어스타일은 풀어 헤친다거나 얼굴을 가리지 않는 것이 좋다.
- 손톱은 항상 깨끗이 정돈되어 있어야 하며, 매니큐어는 바르지 않는 것이 좋다.
- 너무 진한 향수는 피한다.
- 교사의 전체적인 분위기는 밝고 긍정적이어야 한다.

(2) 복장

- 교사의 복장은 단정한 차림이 바람직하다.
- 강렬한 색상과 모양의 옷보다는 차분하고 부드러운 색상의 복장이 바람직하다.
- 속옷이 비치거나 속살이 드러나는 것은 피한다.
- 반드시 양말을 신는다.

(3) 자세

① 바람직한 자세

- 손을 앞으로 가지런히 모은다.
- 부모의 말에 집중하며 시선을 맞춘다.
- 개별적인 행동을 자제한다.
- 발을 모으고 바르게 선다.
- 허리를 부모 쪽으로 약간 숙여 귀 기울인다.
- 작은 소리로 대화하며 대화 내용을 존중한다.
- 아이에 대한 충분한 사전 지식을 정리하여 준비한다.
- 관심어린 표정으로 주의를 기울인다.
- 미소나 고개 끄덕이기 등 비언어적인 메시지를 지속적으로 표현한다.
- 적절한 상황에 전문용어를 사용한다.

② 부적절한 자세

- 팔장을 끼고 듣는다.
- 눈동자를 이리저리 굴리며 집중하지 않는다.
- 상담 도중 외부 환경에 시선을 돌린다.
- 한쪽 다리에 힘을 주어 비스듬히 서 있는다.
- 앞치마에 양손을 넣고 벽에 기대어 선다.

- 큰 소리로 대화하여 주변 사람들이 모두 듣도록 한다.
- 부모의 질문에 모른다고 자신 있게 말한다.
- 부모의 이야기에 무표정하거나 지루함, 조급함을 표현한다.
- 아무런 반응을 보이지 않고 동상처럼 가만히 있는다.
- 은어, 속어를 사용한다.

(4) 언어

- 영유아의 발달단계에 따른 중심어휘를 사용하도록 한다.
  상담 도중 부분적으로 영유아의 발달과업이나 결정적 시기에 해당되는 전문용어를 사용하여 전문적 보육교사로서의 이미지를 확립한다.
- 일반적 언어표현보다는 전문적이고 이론적인 언어표현을 생활화한다.
  전공도서가 소설책과 판이하게 다른 이유 중 하나는 어휘 사용 때문이다.

▸▸ 피그말리온 효과(Pygmalion effect)

그리스 신화에 카프러스 왕이자 조각가인 '피그말리온'이 나오는데, 그는 자신이 조각한 미녀 조각상을 '갈라테이아'라고 이름 붙이고 조각상의 아름다움에 반에 그만 상사병에 걸린다.
상사병에 걸린 피그말리온은 미녀 조각상이 생명을 얻기를 원하여 신에게 일편단심으로 사랑이 이루어지기를 기원한다.
그의 뜨거운 사랑을 알게 된 아프로디테는 피그말리온의 소원을 들어주어 갈라테이아에게 생명을 불어넣어줬고, 살아 있는 갈라테이아를 본 순간 피그말리온도 병이 낫게 된다.
피그말리온 효과가 보육교사에게 주는 시사점은 무엇일까?

① 반성적으로 사고하기

자신의 신념이나 실천 행위에 대해 그것의 원인이나 궁극적인 결과를 적극적으로 끈기 있고 주의 깊게 고려하는 것을 반성적 사고라 한다(Dewey, 1933).

- 교육적 문제나 딜레마 인지
- 문제에 대한 반응
- 분석된 상황에 비추어 문제를 재정의
- 여러 해결책을 시도
- 결과에 대한 재검토를 하는 과정 속에서 반성적 사고를 할 수 있다.

자신이 갖고 있는 문제나 딜레마를 인지하고, 이러한 문제에 대해 자신이 어떻게 반응하고, 구체적인 사례를 통해 문제를 재정의하고, 자신이 해결할 수 있는 다양한 방법을 제시하고, 이러한 제시된 방법을 재검토하는 과정에서 좀 더 나은 나를 알아간다.

② 반성적 사고의 형태

- 실천행위에 대한 반성적 사고: 이미 일어났던 상황에 대하여 나중에 생각
- 실천행위 중의 반성적 사고: 일어나는 상황 속에서 상대방의 반응을 보고 판단하여 그 내용이나 방법을 변경
- 실천행위를 위한 반성적 사고: 상황에 대한 반응이 아니라 어떠한 것을 실천하기 위해 계획할 때 반성적 사고의 결과가 바람직하게 나타나도록 좀 더 적극적인 개념의 사고과정

  ※ 반성적 사고과정은 예비교사로서 자신을 살펴보는 과정에서뿐만 아니라 실제 교사를 하면서 자신의 감추어진 신념, 자신의 실천적인 지식 등을 살펴볼 수 있으며, 자율적인 의사결정자로서의 경험을 할 수 있도록 도와준다.

03 보육교사인성의 변화

1. 이미지

미국의 에어즈(Ayers, 1989)는 보육교사는 제2의 어머니(the other mother)라고 하였다.

보육교사는 영유아들로부터 선생님이란 말을 듣는 것만으로도 인생 최고의 성공으로 생각하고 가르치는 일을 하며 보람을 느끼는 것이다.

보육교사의 가르치는 일은 아이들에게 '힘을 갖게 하는 것(empowerment)'이며, 영유아들의 고통과 유머, 즐거움과 분노, 지루하면서도 무언가 기다려지는 것이다.

또한 아이의 성장과 발달을 지켜보려는 심오한 열정이며, 보상이며, 인내심이며, 교육의 결과가 보이기까지는 시간이 걸리는 것이다.

보육교사, 즉 영유아교사의 모습을 살펴보면 다음과 같다.

첫째, 영유아교사는 누구인가?

허정혜(2004)는 교사의 성격특성과 교사의 역할수행의 관계연구에서 유치원교사의 성향을 MBTI 검사를 통해 살펴본 결과 감각사교형이 56.6%에 달하였다고 보고하였다. 강혜숙(2002)은 가장 높은 점수를 얻은 것이 감정이입이며 충동성은 가장 낮은 경향을 보였고 외향성-내향성이 높은 수준을 보였다고 보고하고 있다.

둘째, 보육교사의 건강과 힘

보육교사는 건강하다. 아니 건강해야 한다. 그리고 힘이 세다. 아니 힘이 세야 한다. 하루를 마음 놓고 결근할 수가 없다.

셋째, 보육교사의 엄청난 능력

보육교사는 엄청난 능력을 가지고 있다. 하루 종일 보육교사들의 생활을 보면 '엄청난 능력'이라는 말밖에 안 나올 때가 있다. 모든 과목을 다 잘할 수 없고, 모든 일을 다 잘할 수 없지만 보육교사들의 일을 관찰하면 만들기, 오려 붙이기부터 시작해서 영유아들에 대한 세심한 관찰, 영유아 개개인의 실로 다양한 요구에 대해 적절하게 반응한다. 또한 다양한 학부모에 대한 능수능란한 상담 전략들, 행사 기획 및 진행에서의 능력, 적응하기 어려워하는 신입원아에 대한 전문적인 접근, 채소를 먹기 싫어하는 아이를 설득해 먹도록 지도한다. 그러면서도 보육시설 청소와 화장실 청소, 아이들 배변지도, 아픈 아이들에 대한 처치와 간혹이지만 소화가 잘 안 돼서 토하는 아이들에 대한 처리, 아이들끼리의 사회적 갈등에 대한 개입과 지도, 영유아들을 교육적으로 자극할 수 있는 교수매체 준비와 연령발달특성에 따른 교수방법의 활용 등 일일이 나열하기 어려울 정도의 업무를 수행한다. 이렇게 다양한 영역의 일을 하는 직업군은 또 없을 것이다.

넷째, 보육교사의 민감성

영유아는 언어적으로 유창하지 않다. 언어발달이 충분히 이루어진 후에도 자신의 감정을 언어로만 충분히 표현하기는 쉽지 않다. 보육교사들은 아이들이 기관에 들어설 때 얼굴을 살피고 건강상태를 살핀다.

다섯째, 보육교사의 유머

정서적 유대, 즉 안정애착을 형성하는 요인 중 하나는 즐거움 속에 있다고 본다. 재미있고 즐거운 환경 속에서 메시지를 전달하고 서로 웃고 장난치고 즐거운 경험들을 쌓아가면서 보육의 수용도를 높인다.

여섯째, 보육교사의 영유아에 대한 진정한 사랑

보육교사는 무엇보다 영유아를 사랑하는 사람들이다. 아동학과나 유아교육과, 아동복지학과를 지원하는 고등학생들에게 "왜 이 학과를 오려하나요?"라고 물으면 많은 학생이 "아이들이 예뻐요"라고 대답한다. 이 외에도 아이들의 가능성과 잠재능력을 볼 수 있으며, 아이만이 가지고 있는 순수함을 알아 볼 수 있어야 한다.

"더 나은 세상을 만드는 데 도움을 주고 싶다"고 말한 경제학자 라즈 체티는 "보육교사가 자신의 일에 의미를 부여하고 자존감을 가지고 보육활동을 수행해야 할 것이다"라고 하였다.

2. 변화

보육교사의 변화에서 각 지위와 연관된 활동들이 모여서 형성된 것으로 그 지위를 차지하는 사람에 의해 수행되는 것이며, 사회의 어느 지위에 있는 사람에게 사회구성원으로부터 공통적으로 기대되는 행동 유형이고, 사회에서 특정한 지위에 있는 사람들이 의식적으로 수행하고 다른 사람들에 의해서도 인정을 받고 있는 포괄적인 행동이다(최수아, 2005).

보육교사의 역할이란 제도 속에 규정된 지위에 부여되는 행동적 기대를 말한다. 사람은 누구나 사회체제 속에서 일정한 지위를 획득하게 된다. 지위를 점유한 사람은 그 지위와 관련하여 수행해야 하고 공동체에 의해 인정된 특정한 행위를 하게 된다. 이때 지위와 관련하여 사회공동체에 의해 제도적으로 부여된 권한과 책임을 역할이라 한다(이병환 외, 2012). 보육교사에게 기대되는 역할은 숙련된 기술에서 일상적 잡무까지 셀 수 없을 만큼 다양하다.

보육교사연구에서 보육교사의 직무가 10개 영역의 144개 내용으로 분석(강문숙, 2008)될 만큼 복잡하고 다양한 것으로 나타났다.

보육과 교육을 통합적으로 접근하는 의미에 무게를 두어, 보육교사의 역할에 대한 대표적인 이론을 제시하면 다음과 같다.

첫째, 카츠(1972)는 역할이란 교육대상자, 부모, 원장 그리고 교사 자신에 의해 기대되는 직무, 의무, 책임과 관계된 교사의 행동 측면을 언급하는 말이라고 정의하면서 보육교사의 역할을 어머니 모형, 치료모형, 교수모형으로 구분하였다.

보육교사 역할 모형을 좀 더 살펴보면 다음과 같다(보건복지부, 1997).

- 모성적 역할: 영유아들이 안전하고 편안하며 행복하게 성장하도록 하는 데 강점을 두는 모성이다.
- 치료적 역할: 영유아들이 자신의 감정을 표현하도록 돕고, 긴장을 풀어주고, 내적 갈등을 해결하도록 돕는 데 중점을 두는 역할이다.
- 교수적 역할: 지식과 정보를 전달하고 유아들이 기술을 발달시키도록 하는 역할이다.

둘째, 이연섭(1984)은 보육교사의 역할을 양육자, 교수자, 안내자, 의사결정자로 분류하였다.

- 양육자 역할: 건강과 안전을 돌보며 사랑과 위안을 줄 수 있는 책임적 역할
- 교수자 역할: 지식을 전수, 직접적, 간접적 교수 방법 지도 역할
- 안내자 역할: 상호작용을 통하여 안정감을 갖도록 풍부한 환경 제시
- 의사결정자 역할: 수업을 계획, 실천, 평가, 전과정 중요한 결정을 내리고 책임수행

셋째, 화이트(White) 외(1990)는 교사의 역할을 세 가지로 분류하였다.

- 지식전달자 역할: 지식을 구성할 수 있도록 언어적 · 비언어적으로 돕는다. 계획자 · 조직자 · 평가자로서 계획, 조직, 평가를 수행
- 훈육자: 자아존중감을 갖고 다른 영유아들과 협력, 계획, 조직하므로 문제 행동 발생 예방
- 의사결정자: 관찰하고 프로그램 수정에 반영, 언제, 어디서, 어떻게 상호작용할 것인지 결정

그 외에 김은설 외(2009)는 우리나라 어린이집의 특성과 업무에 근거하여 보육교사의 역할을 여섯 가지로 분류하였다.

- 보육교사는 영유아를 가르치는 '교사'이다.
- 보육교사는 부모를 대신하여 영유아를 돌보는 '대리양육자'이다.
- 보육교사는 부모를 대상으로 하는 '상담자'이며 '부모교육자'이다.
- 보육교사는 모든 영유아의 보편적 보육 요구에 부응하는 '사회복지실천가'이다.
- 보육교사는 부모 및 지역사회 환경과 지속적으로 의사소통하고 상호협력하는 '교류자'이다.
- 자율성과 책임감을 갖춘 보육서비스 전문가임과 동시에 「근로기준법」에 근거한 피고용된 '근로자'이다.

04 보육교사인성의 윤리

1. 인성교육

인간발달에 있어서 다른 학령기보다 영유아기는 가르치는 교사의 행동, 말투, 성격, 태도 등을 모방하는 경향이 매우 강하다. 특히 영유아의 모델로서 보육교사는 학습뿐만 아니라 인성부분에서도 많은 영향을 주고 있는 것이다. 따라서 보육교사의 인성특성은 영유아발달에 중요한 요소로 영유아의 올바른 인성교육을 위해서 보육교사는 올바른 인성을 갖추어야 한다.

인성의 사전적 의미에서는 사람의 성품으로 풀이하고 있다. '성품'이란 '성질'과 '품격'이다. '성질'은 정신적(심리적)인 바탕 또는 사물이나 현상이 본디부터 지니고 있는 독특한 바탕으로 정의하고 있으며, '품격'은 물건의 좋고 나쁨 정도 또는 품위, 기품으로 풀이하고 있다(민중국어사전). 즉, 성질은 마음의 바탕으로 보고, 품격은 사람의 참모습이라고 볼 수 있다.

인성이란 한 개인이 지니고 있는 독특한 바탕으로 그 사람의 품격 또는 사람됨을 나타내는 것이다(박의수, 2007). 따라서 사람의 인성이 어떠하다고 보는 것은 곧 그사람의 마음과 됨됨이를 평가하는 것을 의미한다. 또한 사람의 심성은 '지', '정', '의'로 구성된다. 즉, 인성을 구성하는 마음과 사람됨은 서로 밀접한 관련이 있으며, 통합된 마음은 사람 됨됨이의 바탕이 되고, 사람 됨됨이는 통합된 마음이 가치의 실현을 통해 드러난 모습인 것이다(박찬옥, 2010).

인성을 종교적인 관점에서 인간의 본성 또는 생태적으로 타고난 심성으로 설명하고 있다. 이것을 좀 더 설명하면 다음과 같다(송지선 외, 2010).

- 불교: 인간을 불성을 지니고 있는 존재로 보고, 부처가 소유한 다양한 성격적 특징을 그대로 가지고 있는 것으로 본다.
- 도교: 인간을 '덕'을 가지고 있는 존재로 인정하며, 어떤 사람이든 태어날 때부터 '도인'이 될 수 있는 능력을 선천적으로 가지고 태어난다고 본다.
- 기독교: 인간은 하나님에 의해 창조되었기 때문에 하나님이 전지전능한 능력을 가지고 있으며, 예수와 같은 성격을 모든 인간이 지니고 있다고 본다.

다니엘 핑크(Daniel H. Pink)는 미래 인재의 6가지 조건을 제시하였는데 디자인, 스토리, 조화, 공감, 놀이, 의미 등이다. 6가지 조건요소 중 인성과 관련된 부분이 있으며, 미래사회의 변화에 따라 인성요소 또한 달라질 수 있기 때문에 조화와 공감의 의미는 인성적 요소와 관련이 있다.

우리나라 국민이 가져야 할 다양한 핵심역량을 제시하면 다음과 같다(이광우 외, 2009).

표 2-2 미래 우리나라 국민의 핵심역량

핵심역량	하위요소	정의
창의력	창의적 사고기능	• 유창성, 융통성, 독창성, 정교성, 유추성 등과 같은 인지적 능력
	창의적 사고 성향	• 민감성, 개방성, 독립성, 과제집중력, 자발성 등과 같은 정의적 특성
문제해결능력	문제인식	• 해결할 문제를 확인하고 명확하게 진술하기
	해결방안의 탐색	• 문제해결을 위한 다양한 아이디어를 산출해 내고, 최적의 해결방안을 선택하기
	해결방안의 실행과 평가	• 최적의 해결 방안을 선택하여 실행하고 평가하기
	논리적 사고력	• 연역적/귀납적 과정을 통해 사고하기
	비판적 사고력	• 합리적 기준이나 근거를 갖고 현상을 분석하고 평가하는 능력
의사소통능력	말하기	• 자신의 의사를 분명하고 정확하게 말로 표현하는 능력
	듣기	• 상대방의 말을 집중하여 잘 들어주고 공감하는 능력
	쓰기	• 상황과 맥락을 고려하여 정확하고 효과적으로 글을 쓰는 능력
	읽기	• 다양한 텍스트를 이해하고 해석하고 평가하는 능력
정보처리능력	정보수집	• 다양한 자료를 탐색하고 필요한 자료를 선별하는 능력
	정보분석	• 수집된 정보를 비교, 분류, 종합하여 그 가치를 평가하는 능력
	정보활용	• 다양한 정보를 효율적으로 처리하여 활용 및 생성하는 능력
	정보윤리	• 정보에 대한 접근 및 활용에 요구되는 윤리의식
	매체활용능력	• 다양한 매체를 선택, 활용하는 능력
대인관계능력	타인 이해 및 존중	• 타인의 입장을 이해하고 배려하는 관용적인 태도
	협동	• 공동의 목적을 위해 타인과 협력하는 태도
	갈등관리	• 갈등을 의미 있고 건설적으로 해결하는 태도
	관계형성	• 타인과의 바람직한 관계를 형성, 유지하는 능력
	리더십	• 타인을 선도하고 이끄는 능력
자기관리능력	자아정체성 확립	• 자신의 적성과 특성을 발견하여 명확한 삶의 목표와 가치 그리고 역할 의식을 발전시키는 태도
	여가 선용	• 여가 시간을 생산적으로 활용하여 유익하게 즐기는 능력
	건강관리	• 생활에 필요한 체력을 보존하고 건강한 정신과 신체를 유지하기 위해 노력하기
	합리적 경제생활	• 합리적인 소비생활과 더불어 재정(돈)을 효과적으로 관리하는 능력
자기관리능력	기본 생활 습관	• 일상생활에서 요구되는 기본적인 생활 습관 및 태도를 형성하기
	자기주도적 학습능력	• 학습자 스스로 지속적으로 학습을 계획, 관리, 실행하는 능력

〈계 속〉

핵심역량	하위요소	정의
기초학습능력	기초적 읽기	• 글을 읽고 이해하는 기초적인 학습능력
	기초적 쓰기	• 생각이나 의견을 글로 표현하는 기초학습능력
	수리력	• 계산하기, 수와 도표를 읽고 이해하는 기초 수리력
시민의식	공동체 의식	• 공동체의 가치를 인식하고 존중하며, 상호 신뢰를 바탕으로 사회적 역할과 책무를 수행하려는 태도
	준법정신	• 법이나 사회규범을 존중하고 준수하려는 의식
	환경의식	• 환경보존을 위해 자신의 소비습관, 생활방식을 변화시키는 태도
	윤리의식	• 옳고 그름을 분별하여, 옳음을 지향하려는 태도
	봉사정신	• 사회 또는 남을 위해 헌신하는 태도
국제사회문화 이해	우리문화이해	• 우리의 전통 및 현대문화를 이해하고 계승 발전시키는 태도
	다문화 이해	• 다양한 문화의 차이를 이해 존중하는 태도
	문화향유능력	• 문화 및 예술에 대한 이해를 넓히고 향유하는 태도
	국제사회 이해	• 국제 사회의 여러 현상 혹은 문제들을 다양한 관점에서 이해하기
	외국어 소양	• 국제화 사회의 상호 소통에 요구되는 외국어 문해 능력(읽기, 쓰기, 말하기, 듣기)
진로개발능력	진로인식	• 진로선택에 필요한 다양한 직업 세계를 이해하는 능력
	진로탐색	• 자신의 적성과 소질에 적합한 진로를 탐색하는 능력
	진로설계	• 자신의 적성과 소질에 적합한 진로를 설정하고 이에 필요한 능력을 함양하기

2. 윤리

1) 직무에 따른 윤리

(1) 직업인의 직업윤리에서 일반 도덕의식의 중요성

직업윤리는 모든 직업인에게 필요로 하는 것이다. 즉, 직업윤리는 직업생활에서의 윤리를 말하는 것으로 사회에서 직업인에게도 요구하는 직업적 양심, 사회적 규범과 관련된 것이다(중앙경제, 2014).

모든 직업인의 직업에는 직무를 수행하면서 공통적으로 지켜야 할 행동규범과 각각의 직업에서 지켜야 할 세분화된 행동규범들이 있다. 이 두 가지를 합쳐 직업윤리라 한다.

보육교사의 직무는 '가르치고 돌보는' 특성을 갖고 있으며, 이에 따라 보육교사는 직업적인 면에서 지켜야 할 세분화된 행동규범으로는 영유아를 가르치고 돌보는 특성에서 비롯된다고 할 수 있다. 그렇다면 보육교사가 되고자 하는 학생이나 보육교사 직무를 수행하고 있는 교사는 직무를 수행하면서 지켜야 할 일반적인 행동규범을 대부분 갖추고 있다고 볼 수 있는가? 업무수행 중 발생하는 교사의 윤리적 딜레마들은 많은 경우 누구나 경험할 수 있는 일반적인 문제로서 직무종사자가 일반적인 윤리기준과 도덕적 지식을 갖추고 있다면 대체로 잘 해결할 수 있다.

황경식(2004)은 직무훈련과정에서 일반적인 도덕적 지식을 배우는 것은 도외시되는 경우가 많으며, 심지어 의사나 변호사와 같은 전문직 양성코스에서도 전문지식 및 기술훈련에 치중한 나머지 일반적인 도덕적 지식을 체계적으로 갖추는 것은 용이하지 않은 경우가 많다고 지적하고 있다. 결국 모든 직업에 있어서 직업인은 누구나 자신의 직무를 수행하는 데 필요한 일반적인 도덕적 지식과 윤리기준을 스스로 갖추어 나갈 수 있도록 지속적으로 노력할 필요가 있다.

김태길(1997)은 현대사회에서 한 개인이 맡고 있는 사적 · 공적 역할은 다양하며, 이런 다양한 역할 중에는 자신이 자발적으로 선택한 것뿐만 아니라 부모-자식의 관계처럼 운명적으로 주어진 것 혹은 상황에 이끌려 마지못해 선택한 것이 있다고 하였다. 그러므로 직업인은 전통적인 기준에서 직업윤리를 수동적으로 받아들이기보다는 철저한 자기성찰과 합리성에 기초하여 자신의 직업역할을 찾고자 노력할 필요가 있을 것이다.

김승옥(2007)은 보육교사의 도덕의식이라는 교육의 질에는 가장 중요한 영향을 미치며, 보육교사가 교사의 직무를 어떻게 인식하느냐에 따라 질적 수준은 크게 달라진다.

(2) 직무 특성을 반영한 직업윤리의 필요성

보육교사의 직업윤리를 구체화시키기 위해서 보육교사라는 직업역할에 특유한 규범이나 요구되는 직무의 특성을 파악하기 위해서는 특정 직종의 활동과 행위체계에 대한 관행을 알아볼 필요가 있다(황경식, 2004). 그런 다음 보육의 직무에 요구되는 기본적인 규범과 이를 준수하는 데 필요한 보조 규범이 있는지 살펴야 한다.

보육교사 직무의 특성과 직결되는 직무 관련 도덕적 가치는 무엇인가? 가르침과 돌봄의 속성을 갖고 있는 보육교사의 직무에서 가르침과 관련되는 도덕적 가치는 옳고 그름의 인지적 차원과 관련이 높고, 돌봄과 관련되는 도덕적 가치는 배려의 정의적 차원과 관련이 높은 것으로 나타나고 있다.

보육교사가 가르치고 돌보는 영유아는 자신의 의사를 원활하게 표현하기 어렵기 때문에 주변 성인의 민감하고 적극적인 보호를 필요로 한다. 사회에서 가장 취약한 집단 중 하나인 영유아와 함께 생활하는 보육교사는 자신의 직무에 대하여 항상 높은 윤리적 책임감과 사명의식을 가지고 있어야 한다. 여기서 미국, 캐나다, 호주 등 영유아와 함께 생활하는 보육교사가 지켜야 할 윤리강령을 제정하고 이를 보육현장에서 홍보하고 있다.

보육교사에게 윤리강령이 필요한 이유는 다음의 두 가지로 요약될 수 있다.

첫째, 영유아기는 발달적으로 매우 취약한 시기이다. 취약하고 무기력한 영유아의 권리를 보호하기 위해 자신의 직무에 대한 보육교사의 도덕적 자기무장이 요구된다.

둘째, 보육시설에는 다수의 영유아와 그들의 가족이 있고, 보육시설종사자는 영유아뿐만 아니라 영유아의 안정된 생활을 위해 가족에 대한 지원도 함께 해 줄 필요가 있다.

3. 윤리강령의 현황

1) 윤리강령 개발 과정

윤리강령은 특정 전문직 종사자들을 대상으로 적절하고 기대되는 행동에 대한 진술해 놓은 것이다. 윤리강령은 직무 혹은 우리가 노력해야 할 것에 대한 내용이며, 이는 핵심 가치나 우리가 믿는 것에 토대를 두고 있다. 윤리강령은 특정 집단의 사람들이 특히 고객이나 동료와 상호작용할 때 취해야 할 행동방식에 대해 안내해 주는 가치들을 규명하고, 이를 명료화하는 데 도움을 준다. 특정 직종에서 받아들여질 수 있는 행동들의 특징과 도덕적 원칙들에 대한 기록이 있으면 이는 그 구성원들에게 무엇이 옳고 적합한 행동인지에 대해 명백하게 알려주기 때문에 매우 도움이 된다.

미국 영유아교육협회(NAEYC)에서는 1989년 보육교사 윤리강령을 제정하였다. 이후 1992년과 1997년 두 차례에 걸쳐 사회적 변화를 수용하여 윤리강령을 개정하였다. 2005년에는 동료를 동료, 고용주, 피고용인의 세 부분으로 세분화시키는 변화가 있었고, 2011년 개정부터는 교사 윤리강령과 원장(기관 운영자) 윤리강령이 나뉘었다. 제정된 윤리강령은 책자로 만들어 전국 보육시설에 배포하였고, NAEYC의 연차대회에서는 윤리강령을 주제로 한 토론을 진행시켰다.

국립 호주 영유아교육·보육을 위한 종사자 협의회는 2003년 호주 보육교사 윤리강령을 개발하였다. 호주 AECA 윤리강령에서는 보육교사에게 전문가로서의 자질을 갖추기 위해 어떻게 하는 것이 좋을지 구체적으로 제시하고 있는 것이 특징적이다.

우리나라는 2010년 한국보육시설연합회의 의뢰로 육아정책연구소에 의해 연구 발간되었으며(김은설 외, 2010), 같은 해 10월 '전국보육인대회'에서 윤리강령으로 선포되었다(연합뉴스, 2010).

여기서 표 2-3과 같이 우리나라 보육교사 윤리강령은 보육인 윤리선언으로 시작된다.

표 2-3 보육인 윤리선언

<table>
<tr><th>보육인 윤리선언</th></tr>
<tr><td>나는 영유아의 건강한 성장과 발달을 지원하는 보육교사(어린이집 원장)로서 직무상의 윤리적 책임을 다하여 다음 사항들을 지킬 것을 다짐합니다.
I. 나는 내가 영유아에게 지대한 영향을 미치는 존재임을 잊지 않으며, 항상 스스로의 말과 행동에 신중을 기한다.
I. 나는 영유아의 인격과 권리를 존중하며, 어떠한 경우에도 영유아에게 해가 되는 일을 하지 않는다.
I. 나는 영유아 가정의 다양성을 이해하고 존중하며, 상호 신뢰하는 동반자적 관계를 유지한다.
I. 나는 동료를 존중하고 지지하며, 서로 협력하여 최상의 보육서비스를 제공하기 위해 노력한다.
I. 나는 보육의 사회적 책임과 역할을 인식하고 영유아의 권익과 복지를 위한 활동에 앞장 선다.
I. 나는 어린이집 원장 · 교사 윤리강령을 직무수행의 도덕적 규준으로 삼아 진심을 다하여 충실히 이행한다.</td></tr>
</table>

CHAPTER 03
보육교직원 자격관리 및 양성과정

영유아를 담당하는 보육교직원은 단순히 영유아를 보호하는 수동적인 역할뿐만 아니라, 영유아의 성장발달을 촉진함으로써 평생의 기초를 다지는데 지대한 영향을 미치게 된다. 특히 사회적 관심이 집중되고 있는 현 시점에서 보다 질 높은 보육서비스를 제공하기 위해서는 무엇보다도 보육교사의 전문성 확보가 절실하다. 보육교사의 질과 전문성은 다양한 요인에 의해서 결정되지만 보육교사로서 기초적이고 전문적인 지식과 기술을 배우는 양성기관의 교육과정과 내용에 따라 결정된다고 할 수 있다. 따라서 본 장에서는 이러한 보육교직원의 자격과 양성과정에 대해 살펴보고자 한다.

01 보육교직원의 자격

1. 보육교직원의 정의

영유아보육법(2007) 제1장 2조 제5항에 의하면 '보육교직원이란 어린이집 영유아의 보육, 건강관리 및 보호자와의 상담, 그 밖에 어린이집의 관리·운영 등의 업무를 담당하는 자로서 어린이집의 원장 및 보육교사와 그 밖의 직원을 말한다'고 밝히고 있다. 따라서 보육교직원이란 영유아의 보육에 관계되는 모든 사람들을 의미하며, 보육교직원의 자격은 영유아보육법 관련 법적 근거 하에서 정당성을 인정받을 수 있는 직원의 신분을 의미한다. 한편 영유아보육법 시행규칙에 의하면 어린이집에는 어린이집의 규모와 특성에 따라 의사(또는 촉탁의사), 사회복지사, 사무원, 관리인, 위생원, 운전기사, 치료사 등의 보육교직원을 둘 수 있도록 되어 있다.

2. 보육교직원의 자격

어린이집 원장 및 보육교사의 자격검정과 자격증 발급 · 재발급에 관한 업무는 한국 보육진흥원에서 수행하고 있으며, 어린이집 원장 · 보육교사의 자격검정은 무시험을 원칙으로 하며 「영유아보육법」 시행령 제21조에 의한 자격기준을 갖추었는지 여부를 신청자가 제출한 서류를 심사하여 검정한다. 자격의 검정 및 자격증 발급과 관련된 중요한 사항은 보육교직원 자격검정 위원회에서 심의 · 의결하여 결정한다.

1) 어린이집 원장

어린이집 원장의 자격에 대한 법적 근거는 영유아보육법 시행령 제21조에 제시하고 있다. 어린이집 원장의 자격은 인정제로 유지되어 왔으나, 2007년 영유아보육법 개정을 통해 국가자격증제도로 변경하여 운영하고 있으며 자격기준은 표 3-1과 같다.

표 3-1 어린이집 원장의 자격기준

기준	자격기준
일반기준	• 어린이집 원장은 보육교사 1급 자격을 취득한 후 3년 이상의 보육 등 아동복지업무 경력이 있는 사람 • 「유아교육법」에 따른 유치원정교사 1급 자격을 취득한 후 3년 이상의 보육 등 아동복지업무 경력이 있는 사람, • 유치원 원장의 자격을 가진 사람 • 「초·중등교육법」에 따른 초등학교 정교사 자격을 취득한 후 5년 이상의 보육 등 아동복지업무 경력이 있는 사람 • 「사회복지사업법」에 따른 사회복지사 1급 자격을 취득한 후 5년 이상의 보육 등 아동복지업무 경력이 있는 사람 • 「의료법」에 따른 간호사 면허를 취득한 후 7년 이상의 보육 등 아동복지업무 경력이 있는 사람 • 국가 또는 지방자치단체에서 7급 이상의 공무원으로 보육 등 아동복지업무에 5년 이상 근무한 경력이 있는 사람
가정어린이집	• 일반기준에서 정한 자격을 갖춘 사람 • 보육교사 1급 이상 자격을 취득한 후 1년 이상의 보육업무 경력이 있는 사람
영아전담어린이집	• 일반기준에서 정한 자격을 갖춘 사람 • 간호사 면허를 취득한 후 5년 이상의 아동간호업무 경력이 있는 사람

〈계 속〉

기준	자격기준
장애아전담어린이집	• 일반기준에서 정한 자격을 갖춘 사람으로서 다음의 어느 하나에 해당하는 사람 • 대학(전문대학을 포함)에서 장애인복지 및 재활관련학과를 전공한 사람 • 장애영유아 어린이집에서 2년 이상의 보육업무 경력이 있는 사람
대학 또는 교육훈련시설이 운영하는 어린이집	• 일반기준에서 정한 자격을 갖춘 사람 • 어린이집을 운영하는 대학의 전임강사 또는 교육훈련시설의 전임교수 이상으로서 보육관련교과목에 대하여 3년 이상의 교육경력이 있는 사람

출처: 한국보육진흥원 홈페이지.

어린이집 원장의 자격기준은 수용 가능한 원아 수에 따라 일반기준과 가정어린이집으로 구분하고 어린이집의 특수성에 따라 영아전담, 장애아전담, 대학 또는 교육훈련시설이 운영하는 어린이집으로 나누고 있다. 수용 가능한 원아 수에 따른 어린이집 원장의 자격기준은 20인 이하의 영유아를 수용하는 가정어린이집과 21인 이상의 영유아를 수용하는 어린이집으로 구분된다. 20인 이하 어린이집의 경우 일반기준에서 정한 자격을 갖추었거나, 보육교사 1급 자격을 취득한 후 1년 이상 보육업무 경력 후에 원장 자격을 취득할 수 있게 된다. 한편 법에서 규정한 보육 등 아동복지업무 경력이라 함은 다음을 말한다.

① 다음의 어느 하나에 해당하는 경력

- 어린이집에서 어린이집의 원장, 보육교사, 특수교사[「초·중등교육법」 제21조제2항에 따라 특수학교의 정교사, 준교사 또는 실기교사(담당과목이 재활복지과목인 경우만 해당한다)의 자격증을 가진 사람과 이에 준하는 사람으로 보건복지부장관이 인정하는 사람을 말한다. 이하 같다] 또는 치료사로 근무한 경력
- 육아종합지원센터에서 육아종합지원센터의 장, 보육전문요원, 특수교사, 대체교사 또는 일시보육 담당 보육교사로 근무한 경력
- 법 제26조의2제2항에 따른 일시보육서비스지정기관에서 기관의 장 또는 일시보육 담당 보육교사로 근무한 경력

② 「유아교육법」에 따른 유치원에서 원장, 원감, 수석교사 또는 교사로 근무한 경력
③ 「아동복지법」에 따른 아동복지시설에서 시설장, 총무, 보육사, 생활복지사, 상담지도원 또는 자립지원 전담요원으로 근무한 경력
④ 「장애인복지법」에 따른 장애 영유아 거주시설에서 장애영유아와 관련된 업무에 종사한 경력
⑤ 「유아교육법」 및 「초·중등교육법」에 따른 특수학교(유치원 과정)에서 특수학교 교원으로 근무한 경력
⑥ 법률 제7120호 「유아교육법」 제정으로 폐지되기 전 「유아교육진흥법」에 따른 새마을유아원에서 근무한 경력
⑦ ①~⑥까지의 아동복지업무를 수행하는 시설 등에서 간호사로 근무한 경력
⑧ 국가 또는 지방자치단체에서 7급 이상의 공무원으로 보육 등 아동복지에 관한 행정업무에 종사한 경력

2) 보육교사

보육교사의 자격에 대한 법적 근거는 영유아보육법 시행령 제21조에 제시하고 있으며 보건복지부장관이 검정·수여하는 국가자격증을 받은 자이어야 한다. 보육교사의 자격기준은 표 3-2와 같다.

표 3-2 보육교사의 등급별 자격기준

등급	자체기준
보육교사 1급	• 보육교사 2급 자격을 취득한 후 3년 이상의 보육업무 경력이 있는 사람으로서 보건복지부장관이 정하는 승급교육을 받은 사람 • 보육교사 2급 자격을 취득한 후 보육 관련 대학원에서 석사학위 이상을 취득하고 1년 이상의 보육업무 경력이 있는 사람으로서 보건복지부장관이 정하는 승급교육을 받은 사람
보육교사 2급	• 전문대학 또는 이와 같은 수준 이상의 학교에서 보건복지부령으로 정하는 보육관련 교과목 및 학점을 이수하고 졸업한 사람 • 보육교사 3급 자격을 취득한 후 2년 이상의 보육업무 경력이 있는 사람으로서 보건복지부장관이 정하는 승급교육을 받은 사람

〈계 속〉

등급	자체기준
보육교사 3급	• 고등학교 또는 이와 같은 수준 이상의 학교를 졸업한 사람으로서 보건복지부령으로 정하는 교육훈련시설에서 정해진 교육과정을 수료한 사람

출처: 보육사업안내(보건복지부, 2018)

앞에서 언급한 보육 관련 대학원이라 함은 ① 학과(전공) 및 학위명에 '보육, (영)유아, 아동'의 단어가 포함된 대학원, ② ①의 경우가 해당되지 않을 경우 보육관련 교과목 이수기준으로 인정 (보육관련 교과목 최소 15학점 이상 이수 여부를 확인하여 인정)하는 경우를 말한다. 보육교사 2급자격증은 아동보육관련 전문학사학위 이상이어야 하고 타 전공 시 아동보육 전공과목 17과목(51학점)을 이수한 후 1월과 7월 학위를 교부받는 시기에 맞춰 보육자격관리 사무국에 자격증을 신청해야 한다.

어린이집 원장 및 보육교사의 자격검정과 자격증 발급·재발급에 관한 업무는 한국보육진흥원에서 수행하고 있으며, 자격검정은 무시험을 원칙으로 하며 영유아 보육법 시행령 제21조에 의한 자격기준을 갖추었는지 여부를 신청자가 제출한 서류를 심사하여 검정하다. 또한 자격의 검정 및 자격증 발급과 관련된 중요한 사항은 보육교직원 자격검정 위원회에서 심의 · 의결하여 결정하고 자격신청 시의 자격기준에 따라 검정하는 것이 원칙이다. 세부기준은 어린이집 원장 · 보육교사 자격검정 업무편람에 따른다. 보육교사 국가자격증 교부신청 및 절차는 그림 3-1의 순서에 따라 진행된다.

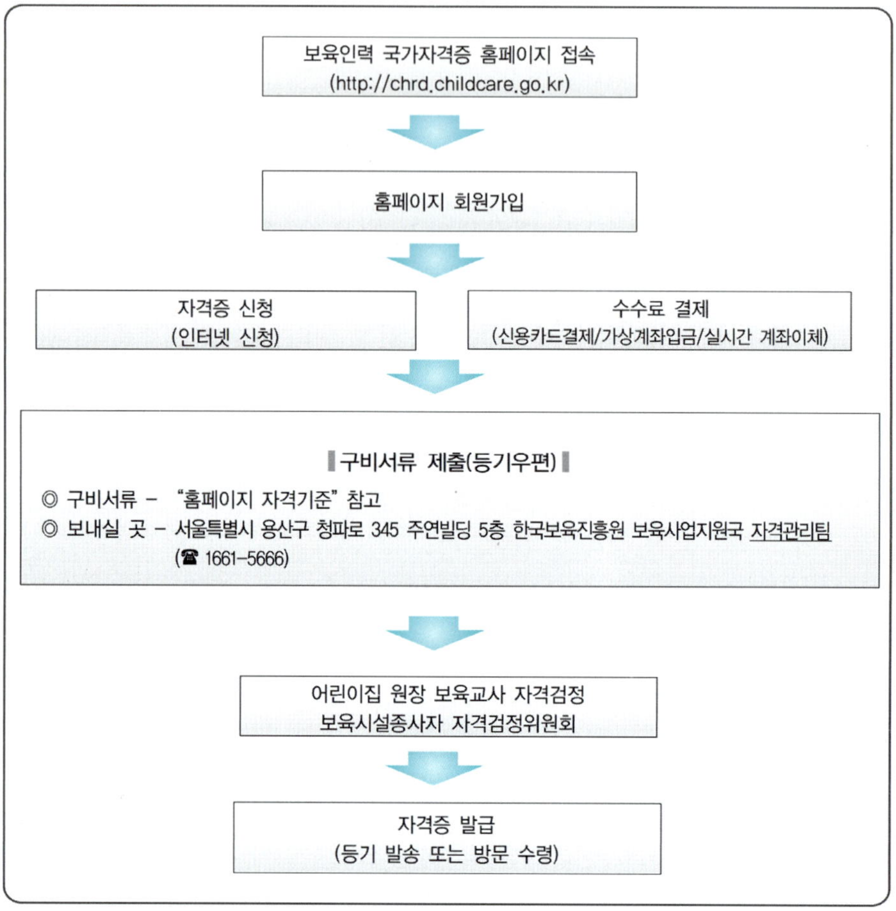

- 어린이집 원장과 보육교사 자격증 신청은 인터넷 신청만 가능 [http://chrd.childcare.go.kr]
  ※ 인터넷 신청을 했더라도 구비서류는 등기우편으로 제출
- 자격증 신청 관련 구비서류 안내는 보육인력 국가자격증 홈페이지 "자격기준"을 참고
- 자격증 신청 이후 진행현황은 홈페이지 회원가입 후 "나의 진행현황" 화면에서 조회 가능
- 접수된 구비서류 및 수수료는 홈페이지 "나의 진행현황"에서 "서류 접수 완료"로 확인되는 시점부터는 일체 반환 불가

그림 3-1 **자격증 교부신청 및 절차**

출처: 보육사업안내(보건복지부, 2018), p.150.

02 보육교직원의 자격관리

1. 일반절차

보육교직원의 채용 및 임면보고 절차는 그림 3-2와 같다.

교직원 채용 및 임면보고 절차

보육교직원 채용 (원장, 보육교사, 특수교사, 조리원 등)	◦ 채용주체 : 어린이집 설치자 ◦ 채용조건 : 자격기준을 갖춘 자 ※ 어린이집 원장 및 보육교사, 특수교사, 장애영유아를 위한 보육교사, 간호사, 영양사 등은 관련 자격증 소지자를 채용하여야 함.
↓	
교직원 임면보고	◦ 임면보고 절차 : 어린이집 → 시·군·구청장(채용 후 14일 이내) ◦ 임면보고 시 구비서류 · 인사기록카드, 채용신체검사서, 자격증사본, 성범죄경력조회결과서, 아동학대 관련범죄 전력 조회 회신서 ※ 자격증 사본은 일정자격이 필요한 자(간호사, 영양사 등)에 한하며, 원장 및 보육교사는 보육통합정보시스템으로 확인 가능한 경우 제외 ※ 인사기록카드 서식 전산화로 "임신육아종합포털(아이사랑)", "보육통합시스템"을 통해 임면보고 가능('15. 2. 2~) ※ 어린이집 및 시 군 구에서는 교직원 임면보고를 시스템을 통해 실시하고 적극 지도
↓	
교직원 자격의 적격성 확인	◦ 확인주체 : 시·군·구청장 ◦ 확인대상 : 어린이집 원장, 보육교사, 특수교사, 장애영유아를 위한 보육교사, 치료사, 간호사, 영양사, 조리원 중 조리사 ◦ 확인방법 : 각 자격별 자격증명 서류 및 보육통합정보시스템
↓	
교직원 결격사유조회 및 범죄경력조회	◦ 결격사유조회 및 범죄경력조회 주체 : 시 군 구청장 ◦ 내용 : 교직원 결격 사유(법 제20조)
↓	
경력관리시스템 입력 관리	◦ 교직원 임면 사항을 경력관리시스템에 입력 관리

그림 3-2 보육교직원의 채용 및 임면보고 절차

출처: 보육사업안내(보건복지부, 2018), p.171.

2. 보육교직원 임면

보육교사의 조건은 보육교사 국가자격증을 교부받은 자여야 하며 보육교사의 출산휴가, 육아휴직, 장기병가 등의 사유 발생 시 채용하는 대체교사도 보육교사 국가자격증을 갖추어야 한다. 어린이집채용이 결정되면 채용 후 14일 이내에 구비서류를 준비하여 해당 근무지역 시 · 군 · 구청장에게 임면보고를 해야 한다. 교직원 채용 및 임면보고 절차는 보육교직원 채용(원장, 보육교사, 특수교사, 취사부 등: 1단계), 교직원 임면보고(2단계), 교직원 자격의 적격성 확인(3단계), 교직원 결격사유조회 및 범죄경력조회(4단계), 경력관리 시스템(5단계)순으로 이루어진다(보건복지부, 2018).

먼저, 보육교직원을 채용할 경우에는 반드시 임면보고 구비서류를 제출받아 자격의 적격 여부를 판단하고, 관련 서류를 보관해야 하는데 보육교직원의 공통서류는 인사기록카드 <시행규칙 별지 제7호 서식>, 주민등록등본, 채용신체검사서(공무원 채용 신체검사서 준용 가능)이며 원장 및 보육교사 의 경우, 국가자격증 사본(국가자격증 발급 예정자는 자격증 취득 후 자격증 사본)을 구비하여야하며 장애영유아를 위한 보육교사, 특수교사 및 치료사의 경우는 장애영유아를 위한 보육교사, 특수학교 교사 자격증, 치료사 자격을 증명하는 서류와 간호사 · 영양사 · 조리사 등 자격(면허)을 요하는 교직원·자격증(면허증) 사본을 구비하여야 한다.

둘째, 성범죄 경력조회이다. 임면권자는 아동청소년의 성보호에 관한 법률 제 56조에 따라 교직원으로 채용하기 전에 또는 채용중인 경우에 성범죄 경력 조회를 경찰청 온라인시스템을 통하여 신청하고 확인할 수 있다. 또한 특별활동 강사, 노인일자리 사업 파견 인력 등 어린이집에 사실상 노무를 제공하는자, 보육실습생 및 누리과정 운영 도우미에 대해서도 필히 성범죄자 경력조회를 실시하여야 한다. 또한 어린이집을 실시 · 운영하고자 하는 자에 대해서도 지자체에서는 성범죄 경력조회를 실시하여야 한다. 성범죄 경력 조회결과 어린이집을 설치 · 운영할 수 없는 자에 대해서는 어린이집 인가를 승인하지 않도록 하며 설치 · 운영 중인 자에 대해서는 인가를 취소하여야 한다.

성범죄 조회결과 어린이집에 취업 또는 사실상 노무제공이 제한되는 자는 배제하여야 하고, 근무 중 인자에 대해서는 해임을 하여야 하며 관할 시 · 군 · 구청장은 「아동 ·청소년의 성보호에 관한 법률」 제57조에 따라 임면보고된 보육교직원에 대하여 '성범죄 경력자의 취업 점검 · 확인(연간) 계획'을 수립하고, 연 1회 (상 · 하반기, 부분 또는 전수조사 가능) 이상 점검 · 확인 실시하고 시 · 도에서 취합하여 보건복지부로 보고하여야 한다.

셋째, 아동학대 관련 범죄 전력 조회 및 관리이다. 임면권자는 「아동복지법」 제29조의4에 따라 교직원으로 채용하기 전에 또는 채용 중인 경우에 아동학대관련 범죄 전력 조회를 경찰청 온라인시스템(명칭 : 범죄경력회보서 발급 시스템, http://crims.police.go.kr)을 통하여 신청하고 확인한 후 아동학대 관련 범죄 전력 조회 결과 어린이집에 취업 또는 사실상 노무 제공이 제한되는 자는 배제하여야 하며, 근무 중인 자에 대해서는 해임하여야 한다.

어린이집을 설치 · 운영하고자 하는 자(대표자)에 대해서도 지자체에서는 아동학대범죄 관련 전력 조회를 실시하여야 하며 조회 결과 어린이집을 설치 · 운영할 수 없는 자에 대해서는 어린이집 인가를 승인하지 않아야 하고 설치 · 운영 중인 자에 대해서는 인가를 취소하여야 한다. 또한 관할 시 · 군 · 구청장은 「아동복지법」 제29조의4에 따라 임면보고 된 보육교직원에 대하여 '아동학대관련범죄전력자의 취업 점검 · 확인(연간) 계획'을 수립하고 연 1회(상 · 하반기, 부분 또는 전수조사 가능) 이상 점검 · 확인 실시하고 시 · 도에서 취합하여 보건 복지부로 보고하여야 한다.

넷째, 신원조회 방법 및 처리절차이다. 임면보고를 받은 시 · 군 · 구청장은 조회기관으로부터 회보가 된 경우 관련대장에 기록·관리하고 결격사유에 해당되는 자가 있을 경우 반드시 문서로 어린이집의 원장에게 통지하여 어린이집에서 종사하지 못하도록 조치하여야 한다.

3. 보육교직원 경력관리

보육교직원 경력관리의 일반원칙은 첫째, 교직원 임면보고를 받은 시장·군수·구청장은 교직원 자격 및 결격사유에 이상이 없는 자(주당 30시간 이상 근무하는 교직원)에 대해서는 경력관리 시스템(보육통합정보 시스템)에 임면 사항을 입력·관리한다.

둘째, 교직원의 출산휴가, 육아휴직, 자격정지, 자격취소, 퇴직 등의 사항도 경력 관리 시스템에 입력·관리한다.

셋째, 보육교사의 출산휴가, 육아휴직 등의 사유 발생 시 영유아 보육을 위해 채용된 대체교사(임시교사) 및 시간제 보육교사에 대한 임면사항도 경력관리 시스템에 입력·관리한다.

넷째, 시장·군수·구청장은 명의 대여 등의 방법으로 허위 등록하여 근무한 것으로 보고된 경력에 대하여 삭제 조치한다.

보육교직원의 경력 및 재직증명서 발급은 다음과 같다.

먼저, 보육교직원(또는 교직원으로 근무하였던 자)으로부터 경력(재직)증명서 발급 요청이 있는 경우 시장·군수·구청장은 경력(재직)증명서를 발급(발급권자 : 시장·군수·구청장. 단, 육아종합지원센터 직원의 경우 육아종합지원센터의 장도 가능)한다.

둘째, 발급대상은 원장, 보육교사, 간호사, 영양사, 조리원, 그 밖의 직원 등 보육교직원으로 관할 시·군·구청에 임면보고 된 자에 한 한다(어린이집 대표자(설치자)는 보육교직원이 아니므로 발급대상이 아님. 다만, 대표자가 해당 어린이집의 원장이나 보육교사로 근무하는 경우에는 원장 또는 보육교사의 경력증명서 발급).

셋째, 발급방법은 경력관리프로그램에 의하여 경력(재직) 증명서 발급, 온라인 홈페이지 정부24(http://www.gov.kr)에서도 발급 가능하며 시장·군수·구청장은 보육교직원 경력관리 프로그램상의 교직원 관리 대장을 비치·관리하여야 한다.

4. 보육교직원 복무관리

보육교직원의 복무관리는 교직원의 근무시간, 교직원의 겸인제한, 교직원의 휴가 등 기타 복무관리로 나누어 볼 수 있다. 먼저 어린이집 원장의 근무시간은 평일 8시간을 원칙으로 한다. 다만, 어린이집의 운영시간(평일 12시간 원칙)을 고려하여 연장 근무할 수 있으며 어린이집 원장이 1일 8시간 근무하는 경우에는 보육교사 중 원장 업무를 대행할 자를 지정하여 어린이집 운영에 지장이 없도록 하여야 한다.

어린이집 원장이 불가피한 사유로 직무를 수행할 수 없는 경우 보육교사가 그 직무를 대행할 수 있는 기간은 1개월(연속, 휴일 포함) 이내로 제한하며 1개월을 초과할 경우 대체원장을 배치하여야 한다. 다만, 교사겸직원장에 대한 보육교사의 원장 업무 대행은 실제 대행 시작 일을 기준으로 7일(연속, 휴일 포함) 이내로 제한하며, 7일을 초과할 경우 대체원장 또는 대체 보육교사를 배치하여야 하고 휴가, 병가, 연수, 보수교육 참여 등은 불가피한 사유로 인정하다.

보육교사 등 기타 교직원은 평일 8시간 근무를 원칙으로 하며, 보육교사 등 보육교직원의 근무시간 및 근로조건 등은 근로기준법 등 노동관계법령에 따라야 하며, 이를 위반하는 경우가 발생하지 않도록 주의해야 한다.

둘째, 교직원의 겸임은 동일 어린이집에서의 겸임 제한과 다른 시설의 겸임 제한 그리고 어린이집 원장의 겸임제한 으로 나누어 살펴볼 수 있다. 먼저 동일 어린이집에서의 겸임제한은 보육교직원(원장, 보육교사 등)은 전임이어야 하므로, 다른 업무를 겸임할 수 없다. 다만, 어린이집 원장이 간호사 또는 영양사 자격이 있는 때에는 간호사 또는 영양사를 겸임할 수 있고, 정원 20인 이하 어린이집의 원장은 보육교사를 겸임할 수 있으나 이 경우에도 원장이 보육교사, 간호사, 영양사를 동시에 겸임할 수 없다.

다른 시설의 겸임 제한에 대해서 살펴보면 보육교직원은 전임이어야 하며 다른 시설의 업무를 겸임할 수 없다. '전임'이란 근무시간 동안 상시 해당 직무에 종사하여야 함을 의미하고, '다른 시설의 업무'란 다른 어린이집뿐만 아니라 다른 사회복지시설 및 유치원, 종교시설 등 보육교직원의 전임 규정에 위배될 수 있는 모든 시설을 포함한다. 특히 어린이집 원장 및 보육교사는 휴일, 휴가 등으로 근무를 하지 않는 날을 제외 하고는 근무시간 동안 어린이집에 상주하며 상시 해당 직무에 종사하여야 한다(특별한 사유로 외출할 경우에는 근무상황부에 기록 · 관리).

또한 어린이집 원장은 다른 어린이집의 교직원(원장, 보육교사 등)으로 근무할 수 없으며, 전임 규정에 위배될 수 있는 어린이집이 아닌 다른 시설(아동복지시설, 유치원 등)의 종사자로 근무할 수 없다. 뿐만 아니라 어린이집 원장은 특별한 경우를 제외하고는 근무시간 중에 상시 그 업무에 종사하여야 하는 바, 근무시간 중에 대가를 받고 월 12시간을 초과하는 세미나, 공청회 토론회, 발표회, 심포지엄, 교육과정에 참석하여 강의 · 강연 · 발표 · 토론하는 행위를 할 수 없다.

종전 법(2005.1.30. 개정 전)에서는 종교시설 등에서 부설 어린이집을 설치할 경우 종교시설의 장이 어린이집 원장을 겸임할 수 있었으나, 2005년 1월 30일 개정법에서는 겸임 규정을 삭제하고 어린이집 원장은 전임이어야 한다고 규정하고 있다. 따라서 종교시설의 장 및 종교시설 종사자는 어린이집 원장을 겸임할 수 없다.

한편 교직원의 휴가 등 기타 복무 관리를 살펴보면 보육교직원의 휴가는 보육 공백을 최소화할 수 있도록 순번제로 실시하고 보수교육, 출산휴가 등으로 어린이집의 원장, 보육교사 또는 그 밖의 보육교직원의 공백이 생기는 경우에는 이를 대체할 수 있는 대체원장, 대체교사 또는 그 밖의 인력을 각각 배치하여야 한다. 교직원의 휴가, 휴일, 휴식 등 근로시간과 관련이 있는 사항에 대하여서는 「근로기준법」 등 노동관련 법령에 따라야 하며, 고용, 산전후휴가, 육아휴직 등과 관련이 있는 사항에 대하여서는 「남녀 고용평등과 일 · 가정 양립 지원에 관한 법률」의 규정 준용하여야 한다. 보육교직원의 최저임금 보장 등과 관련이 있는 사항에 대하여서는 「최저임금법」의 규정을 준용하고 기타 교직원의 복무, 근로 등과 관련하여서는 각 개별법을 준용토록 한다.

5. 보육교직원 자격정지

자격정지 대상자는 어린이집 원장 및 보육교사이며 처분권자는 시장·군수·구청장이다. 위반행위의 횟수에 따른 자격정지 기준은 그 위반행위가 있은 날 이전 최근 3년간 같은 위반행위로 자격정지처분을 받은 경우에 적용되며 위반행위가 둘 이상인 경우에는 그중 무거운 처분기준의 2분의 1까지 늘릴 수 있되, 이 경우 각 처분기준을 합산한 기간이나 1년을 초과할 수 없다. 특별자치도지사·시장·군수·구청장은 위반행위의 동기·내용 및 횟수 등을 고려하여 자격정지 기간을 2분의 1의 범위에서 늘리거나 줄일 수 있으나 늘리는 경우에도 1년을 초과할 수 없다.

시장·군수·구청장은 어린이집 원장 또는 보육교사의 자격정지 처분을 하고자 하는 경우 법 제49조 규정에 의하여 청문을 실시하여야 하여야 하는데, 이때 청문대상자가 정당한 사유 없이 이에 응하지 아니하거나 청문이 사실상 불가능한 경우에는 그러하지 아니한다. 청문결과 등을 바탕으로 시장·군수·구청장은 어린이집 원장 또는 보육교사의 자격정지 기간을 결정하여야 하고 특별자치도지사·시장·군수·구청장은 위반행위의 동기·내용 및 횟수 등을 고려하여 자격정지 기간을 2분의 1의 범위에서 늘리거나 줄일 수 있으나, 늘리는 경우에도 1년을 초과할 수 없다. 어린이집의 대표자는 어린이집 원장의 자격이 정지된 기간 동안 그 직을 대리할 어린이집 원장을 두어야 하고 어린이집 원장은 보육교사의 자격이 정지된 기간 동안 그 업무를 대행할 보육교사를 채용하여야 한다.

6. 보육교직원 자격취소

자격취소 대상자는 어린이집 원장 및 보육교사이며 처분권자는 시장·군수·구청장이다. 자격취소 사유는 첫째, 거짓이나 그 밖의 부정한 방법으로 자격증을 취득한 경우, 둘째, 자격 취득자가 업무 수행 중 그 자격과 관련하여 고의나 중대한 과실로 손해를 입히고 금고 이상의 형을 선고받은 경우, 셋째, 「아동복지법」 제3조 제7호의2에 따른 아동학대관련범죄로 처벌을 받은 경우, 넷째, 제22조의 제2호에 따른 명의대여 금지 등의 의무를 위반한 경우, 다섯째, 자격정지처분기간 종료 후 3년 이내에 자격정지처분에 해당하는 행위를 한 경우, 여섯째, 자격정지처분을 받고도 자격정지처분기간 이내에 자격증을 사용하여 자격 관련 업무를 수행한 경우, 일곱째, 자격정지처분을 3회 이상 받은 경우, 여덟째, 제46조 제4호에 해당하여 금고 이상의 형을 선고받은 경우, 거짓이나 그 밖의 부정한 방법으로 보조금을 교부받거나 보조금을 유용한 경우이다.

자격증 대여 사실의 판단기준은 타인에게 자격증을 대여한 경우, 즉 특정 어린이집에서 원장이나 보육교사의 명의를 사용하도록 허용하는 행위로 관할 시 · 군 · 구청에 교직원으로 임면보고가 되어 있으나, 실제 어린이집에 근무하지 않은 경우나 본인의 명의의 통장 원본, 도장 등을 대여하는 경우도 명의 대여로 간주한다. 또한 다른 사람이 자신의 이름을 사용하여 원장이나 보육교사로 근무할 수 있도록 허용하는 행위, 즉 관할 시 · 군 · 구청에 교직원으로 임면보고 되어 있으나, 실제로는 다른 사람이 원장이나 보육교사로 근무하는 경우이다.

자격증 대여 사실이 발생한 경우 관할 시 · 군 · 구청의 보육담당자는 어린이집 지도 · 점검 등의 절차를 통하여 사실여부를 확인하고 자격대여 사실을 확인한 경우 자격증을 대여한 자 및 대여 받은 자로부터 확인서를 제출받아야 하며 시장 · 군수 · 구청장은 청문을 실시하고 청문 결과 자격대여사실이 확인된 경우 대상자의 자격 취소를 결정한다.

03 보육교직원의 교육

최근 가족의 구조와 기능의 변화에 따라 이르면 생후 3개월부터 기관에서의 대리양육을 경험하는 영아가 증가하는 추세이다. 2017년 보육통계에 의하면 현재 보육시설을 이용하는 우리나라 영유아의 수는 1,450,243명에 이르러 2000년 686,200명에 비해 2배 가까이 증가하였으며, 이는 전체 영유아의 약 50%에 해당하는 수치이다(보건복지부, 2017). 이에 따라 국가적인 차원에서 보육에 대한 중요성이 인식되었으며 괄목할만한 양적팽창도 이루어 왔으나, 양적성장에 비해 보육의 질적 향상에 대한 문제는 끊임없이 제기되어 왔다. 특히 보육의 질적 향상을 위한 제고의 핵심으로 논의되고 있는 영역은 실제 서비스 제공자인 보육교사이다(정정란, 2016).

이러한 측면에서 본다면 영유아에 대한 전문적인 지식과 자질을 갖춘 보육교사를 양성하고 보수교육을 실시하는 일은 영유아와 부모, 나아가서 국가의 발전을 위해 매우 중요한 일이라 할 수 있다. 따라서 여기에서는 보육교직원의 보수교육 및 양성교육에 대해 자세히 살펴보도록 한다.

1. 보육교직원의 보수교육

보육교직원의 보수교육은 보육교직원의 자질향상을 위해 실시하는 교육으로써 보육에 필요한 지식과 능력을 유지 · 개발하기 위하여 보육교직원이 정기적으로 받는 직무교육과 보육교사가 상위 등급의 자격을 취득하기 위해 받아야 하는 승급교육 및 어린이집 원장의 자격을 갖추기 위하여 받아야 하는 사전직무교육을 말한다(영유아보육법 제23조). 일반직무와 특별직무 모두 40시간 이상의 교육시간으로 운영되는데, 일반직무가 보육교사와 원장에 따라 교육과정이 분리 운영되는 반면, 특별직무는 영아 보육, 장애아 보육, 방과 후 보육을 현재 담당하거나 담당하려는 보육교사나 원장 모두가 대상으로 희망자에 한해 실시한다는 특징이 있다. 보수교육의 종류는 표 3-3과 같다.

표 3-3 보육교직원 보수교육의 종류

<table>
<tr><th rowspan="2"></th><th colspan="5">직무교육</th><th colspan="2" rowspan="2">사전직무교육</th></tr>
<tr><th colspan="2">일반직무교육</th><th colspan="3">특별직무교육</th></tr>
<tr><td>원장</td><td>기본
교육</td><td>심화
교육</td><td>영유보육
직무교육</td><td>장애아보육직무
교육</td><td>방과후교육직무
교육</td><td colspan="2">어린이집 원장
사전직무교육</td></tr>
<tr><td rowspan="2">보육
교사</td><td rowspan="2">기본
교육</td><td rowspan="2">심화
교육</td><td colspan="3">특별직무교육</td><td colspan="2">승급교육</td></tr>
<tr><td>영유보육
직무교육</td><td>장애아보육직무
교육</td><td>방과후교육직무
교육</td><td>2급 보육교사
승급교육</td><td>1급보육교사
승급교육</td></tr>
</table>

출처: 보육사업안내(보건복지부, 2018)를 참고로 재구성함.

원장 및 보수교육 일반직무교육에서 기본 및 심화교육과정은 보육업무 경력 등을 감안하여 교육대상자가 선택하여 이수할 수 있으며, 보수교육은 현직 보육교직원을 대상으로 실시하므로 어린이집 원장, 보육교사 등의 자격을 소지한 자라도 교육 개시 당시 어린이집에 근무하지 않는 자는 보수교육을 받을 수 없다. 다만 현직 교직원 외에 교육비 전액 자비 부담을 전제로 보수교육을 받을 수 있다.

직무교육은 일반직무교육과 특별직무교육으로 구분되며 일반직무교육은 현직 보육교사 중 보육업무경력이 만 2년이 지난 사람 또는 보육교사 직무교육을 받은 해로부터 만 2년이 경과한 해에 보육교사 직무교육을 받아야 한다. 현직 어린이집 원장은 어린이집 원장의 직무를 담당한 때부터 만 2년이 지난 경우 또는 어린이집 원장 직무교육을 받은 해부터 2년이 경과한 해에 어린이집 원장 직무교육을 받아야 하며, 어린이집 원장 및 보육교사가 일반직무교육을 받아야 하는 연도에 일반직무교육을 받지 못한 경우에는 다음 연도 12월 31일까지 받아야 하며, 특별직무교육을 받은 경우 일반직무교육을 받은 것으로 인정한다.

특별직무교육은 영아·장애아·방과후 보육을 담당하고자 하는 보육교사 및 어린이집 원장이 받을 수 있으며 영아·장애아·방과후 보육을 담당하고 있는 일반직무교육대상자가 받을 수 있다. 또한 영아·장애아·방과후 담당 보육교사로 근무하고자 하는 자는 사전에 특별직무교육을 받아야 하는 것이 원칙이나, 불가피하게 받지 못한 경우에는 채용 후 6개월 이내에 받아야 하고 특별직무교육을 받은 사람은 일반직무교육을 이수한 것으로 간주한다.

승급교육은 보육교사 3급 자격을 취득한 후 보육업무 경력이 만 1년 이상 경과한 자는 2급 승급교육을 받을 수 있고, 보육교사 2급 자격을 취득한 후 보육업무 경력이 만 2년 이상 경과한 자는 1급 보육교사 승급교육을 받을 수 있다. 다만, 보육교사 2급 자격을 취득한 후 보육관련 대학원에서 석사 학위 이상을 취득한 자는 보육업무경력이 만 6개월 이상 경과한 경우 1급 승급교육을 받을 수 있다. 승급교육을 받은 사람은 일반직무교육을 이수한 것으로 간주하며, 어린이집 원장 사전직무교육은 일반, 가정, 영아전담, 장애아 전문 어린이집 원장 중 어느 하나의 자격을 취득하고자 할 때 받아야 한다. 교육구분별 보수교육대상자는 표 3-4와 같다.

표 3-4 교육구분 및 교육대상자

교육구분			교 육 대 상	교육시간	비 고
직무교육	일반직무교육	보육교사	현직에 종사하고 있는 보육교사로서 보육업무 경력이 만 2년을 경과한 자와 보육교사 직무교육(승급교육 포함)받은 해부터 만 2년이 경과한 자	40시간	매 3년마다
		원장	어린이집의 원장의 직무를 담당한 때부터 만 2년이 지난 경우	40시간	매 3년마다
	특별직무교육	영아보육	영아보육을 담당하고 있는 일반직무교육 대상자와 영아보육을 담당하고자 하는 보육교사 및 어린이집 원장	40시간	이수하고자 하는 자
		장애아보육	장애아보육을 담당하고 있는 일반직무교육 대상자와 장애아보육을 담당하고자 하는 보육교사 및 어린이집 원장	40시간	이수하고자 하는 자
		방과후보육	방과후보육을 담당하고 있는 일반직무교육 대상자와 방과후보육을 담당하고자 하는 보육교사 및 어린이집 원장	40시간	이수하고자 하는 자
승급교육	2급 승급교육		보육교사 3급의 자격을 취득한 후 보육업무 경력이 만 1년이 경과한 자	80시간	이수하고자 하는 자
	1급 승급교육		보육교사 2급의 자격을 취득한 후 보육업무 경력이 만 2년이 경과한 자 및 보육교사 2급의 자격을 취득	80시간	이수하고자 하는 자

〈계 속〉

교육구분		교 육 대 상	교육 시간	비 고
		한 후 보육 관련 대학원에서 석사 학위를 취득한 경우 보육업무 경력이 만 6개월이 경과한 자		
원장 사전 직무 교육	–	영유아보육법 시행령 [별표1] 제1호의 가목부터 라목 (일반, 가정, 영아전담, 장애아전담 어린이집 원장)까지 어느 하나의 자격을 취득하고자 하는 자	80시간	이수하고자 하는 자

※ 어린이집에서 특수교사나 치료사로 근무하는 자도 일반·특별직무교육대상으로서 보수교육을 이수하여야 한다(일반직무교육이나 특별직무교육 중 선택적으로 이수할 수 있음).
※ 보수교육을 연속하여 3회 이상 받지 아니하는 경우 어린이집 원장 또는 보육교사 자격이 정지 될 수 있으므로 보수교육 대상자는 필히 보수교육을 이수하여야 함

2. 보육교직원의 양성교육

양성교육은 보육교사가 되기 전에 자격을 취득하기 위한 사전교육으로써 예비 보육교사들에게 영유아에 대한 기초적인 전문성을 갖추게 하는 동시에 보육교사로서의 자긍심과 사명감을 갖출 수 있도록 해준다. 영유아의 신체, 인지, 정서 등의 발달을 도모하는 보육교사는 건전한 인성을 갖추어 영유아를 사랑으로 돌보고, 이론적 지식과 현장 실무능력을 겸비한 전문 보육교사의 자질을 지녀야 한다. 따라서 자긍심과 사명감을 가진 보육교사가 배출되기 위해서는 체계적이고 표준화된 양성과정이 필요하다(이순형 외, 2015).

「영유아보육법」 제21조에서는 보육교사 자격 취득을 위한 방법으로 두 가지 사항을 규정하고 있다. 첫째, 대학(전문대학 포함) 또는 이와 동등 이상의 학교에서 보건복지부령이 정하는 보육관련 교과목 및 학점을 이수하고 졸업한 자이며 둘째, 고등학교 또는 이와 동등 이상의 학교를 졸업한 자로서 보건복지부령이 정하는 교육훈련시설에서 소정의 교육과정을 이수한 자이다. 즉, 우리나라의 경우 보육교사 양성교육은 대학과 보육교사교육원으로 이원화되어 있다.

1) 대학에서의 양성체계와 내용

「고등교육법」에 의한 전문대학, 대학의 보육 및 아동학 관련학과에 입학하여 「영유아보육법」 시행규칙 제12조 제1항 [별표 4]에 제시된 보육관련 교과목을 이수하고 기준 학점을 이수한 후 전문학사학위 이상을 취득하게 되면 보육교사 2급 자격증을 받게 된다. 2016년 이전까지 대학에서 보육교사 2급 자격증을 취득하기 위한 관련 교과목은 보육기초, 발달 및 지도, 영유아교육, 건강·영양 및 안전, 가족 및 지역사회 협력, 보육실습으로 총 6개 영역으로 되어 있었다. 그러나 어린이집 아동학대 사건으로 보육교사의 인성 및 자질 향상이 무엇보다 중요하다는 사회적 관심과 요구가 높아짐에 따라 교과목 및 학점을 강화하게 되었다. 또한 사이버 교육만으로 보육교사 자격을 취득하는 데에 따른 부작용을 해소하고, 보육교사로서의 전문성을 높일 수 있도록 대면교육 및 현장실습 강화를 주요내용으로 하여 보육교사 자격기준을 변경하였다.

즉, 「영유아보육법」 시행규칙 개정(2016. 1. 12. 공포, 보건복지부령 제392호)으로 교사 인성(2과목), 보육지식과 기술(9과목 필수, 4과목 선택), 보육실무(2과목)의 3개영역으로 변경하고 보육교사의 인성과 자질을 향상시켜 전문성을 높이고 보육서비스의 질적 수준향상을 위해 보육교사 자격기준을 강화하였다.

따라서 보육교사 2급 자격 취득의 경우 대학을 입학하고 17과목 이상 51학점 이상(대면 교과목 8시간 이상 출석, 보육현장실습 6주 이상 240시간 이상)을 이수하여야 하며, 보육교사의 자격취득을 위한 성적 기준을 통과하여야 한다(실습교과목 80점 이상). 좀 더 구체적으로 살펴보면 표 3-5와 같다.

표 3-5 보육교사 2급 교육과정

영역		교 과 목(학점)	이수과목(학점)
교사 인성		보육교사(인성)론(3학점), 아동권리와 복지(3학점)	2과목(6학점)
보육지식과 기술	필수	보육학개론, 보육과정, 영유아발달, 영유아교수방법론, 놀이지도, 언어지도, 아동수학지도(또는 아동과학지도), 아동안전관리(아동생활지도)	9과목(27학점)
	선택	아동건강교육, 영유아사회정서지도, 아동문학교육, 아동상담론, 장애아 지도,	4과목(12학점)

〈계 속〉

영역		교 과 목(학점)	이수과목(학점)
		특수아동 이해, 어린이집 운영 관리, 영유아보육프로그램 개발과 평가, 보육정책론, 정신건강론, 인간행동과 사회환경, 아동간호학, 아동영양학, 부모교육론, 가족복지론, 가족관계론, 지역사회복지론	이상
보육 실무		아동관찰 및 실습, 보육실습	2과목(6학점)
계		17과목(51학점)	

※비고 1) 각 과목당 평가점수가 70점 이상인 경우에만 이수한 것으로 인정
2) 학점당 시간은 15시간을 기준으로 함.
3) 보육실습은 시행규칙[별표 4]의 보육실습에 관한 기준을 준용

출처: 보육사업안내(보건복지부, 2018)

앞에서 제시한 바와 같이 대면교육을 강화를 위해 대면으로 수업이 필요한 교과목을 9개로 지정하고, 대면교과목당 8시간 출석 수업 및 출석 시험 의무화를 실시하며 보육실습기준강화로 4주 160시간 정원 15인 이상 어린이집에서 6주 240시간 정원 15인 이상 평가인증을 유지하는 어린이집에서 실습이 가능하도록 하였다. 이는 2017년 1월 1일 이후 입학하는 사람부터 적용·실시하고 학점인정 기관 등은 2018년 1월 1일 이후 전문학사 이상을 취득하는 사람부터 적용된다.

2) 교육훈련시설에서의 양성과정

교육훈련시설인 보육교사교육원은 영유아보육법에 의해 보건복지부에서 지정한 전문교육기관으로 전문성과 자질을 갖춘 보육교사 양성 및 보수교육을 실시하고 있다. 고등학교를 졸업한 사람이 보육교사교육원에서 3급 보육교사 자격증을 취득하기 위해서는 65학점 이상(22과목 이상, 과목당 평균 점수 70점 이상, 보육현장실습 6주 이상 240시간 이상)을 이수하여야 한다. 보육교사 교육과정은 주간반, 야간반(혹은 오후반) 등 교육훈련기관별로 하나의 교육과정을 운영하며 구체적으로 교육훈련기간과 교육과정을 살펴보면 다음과 같다.

보육교사 3급 자격 훈련기관은 975시간 이상으로 22과목 65학점 이상을

취득해야 하며 고졸 이상의 학력을 소지한 자여야 한다(표 3-6 참조).

표 3-6 보육교사 3급 자격 교육훈련기간

과정명	교육대상	교육훈련기간	비고
보육교사 양성교육과정	교육생으로 등록한 자 (고졸 이상 학력자)	975시간 이상 (실습240시간 별도)	교육훈련지정기관 (22과목, 65학점 이상)

출처: 보육사업안내(보건복지부, 2018)

또한 교사인성 영역의 교과목과 보육지식과 기술 영역, 보육실무 등 22과목 65학점 이상을 수강하고 과목별 교육훈련 성정직 70점 이상인 경우에만 이수한 것으로 인정하고 있으며, 어린이집에서 6주 240시간 정원 15인 이상 평가인증을 유지하는 어린이집에서 실습이 가능하도록 하였다(표 3-7 참조).

표 3-7 보육교사 3급 교육과정

영역	교 과 목(학점)	이수과목(학점)
교사 인성	보육교사(인성)론(3학점), 아동권리와 복지(3학점)	2과목(6학점)
보육지식과 기술	보육학개론(3학점), 보육과정(3학점), 영유아 발달 및 지도(3학점), 아동생활지도(3학점), 영유아 문제행동지도 및 상담(3학점), 특수아동 이해와 지도(3학점), 놀이지도(3학점), 언어지도(3학점), 아동음악과 동작(3학점), 아동미술지도(3학점), 아동수학지도·아동과학지도(3학점), 영유아교수방법론(3학점), 교재교구개발(3학점), 부모교육(3학점), 영유아 건강지도(2학점), 영유아 영양지도(2학점), 아동안전관리(3학점), 어린이집 운영관리(3학점)	18과목(52학점)
보육 실무	아동관찰 및 실습(3학점), 보육실습(4학점)	2과목(7학점)
계	22과목(65학점)	

출처: 보육사업안내(보건복지부, 2018)

이상에서 살펴본 보육교사 양성교육의 기본방향은 보육서비스 확대 및 질 제고에 대한 국민의 요구에 대응하여 수준 높은 보육교사를 어린이집에 공급하고, 다양하고 질 높은 보육서비스를 제공하고 보육교직원의 전문성을 제고할 수 있도록 보육교직원에 대한 교육훈련을 강화하는 것이다.

CHAPTER 04

보육교사의 임용, 복무, 보수

01 보육교사 선택

1. 동기

우리는 많은 직업에서 먼저 왜 보육교사를 선택하는가를 생각해 보아야 할 것이다. 보육교사라는 직업을 선택하는 것은 대학 진학이나 학과 및 전공을 선택하는 것과는 또 다른 차원이라고 할 수 있다. 2년제, 4년제 대학 졸업 후에 보육교사라는 직업을 선택한다는 것은 자기실현을 통하여 그 직업으로 타인이나 사회와 관계를 맺으며 생계를 유지한다는 것을 의미한다. 이것은 대학에 진학할 당시의 선택보다 더 중요한 것은 졸업하고 실제로 보육교사로서 직업인이 되고자 하는 동기이다.

따라서 졸업을 앞두고 있는 예비교사로서 보육교사를 직업으로 선택하는 것을 생각해 보는 것이 필요하다.

보육교사라는 특정한 직업을 선택하는 것에는 그것이 갖는 매력 요인이 선택을 좌우한다. 일반적으로 가르치는 것에 중점을 두고 교직을 선택하는 사람들은 우선적으로 교육의 사회적 중요성에 대한 인식을 가지고 있다. 이 외에도 다양한 동기에서 교사가 되고자 하고 있는데(Sinclair, Dowson, & McInermey, 2006), 어떠한 매력 요인에 의해 교사를 선택했는가는 미래에 있어서 교사로서의 역할수행 능력 및 성공적인 직무수행에 영향을 미치는 중요한 요인이다.

앞으로 갖고자 하는 직업에 있어서 선택 동기는 선택의 소재가 결정하는 사람의 내부에 존재하는지 아니면 외부에 존재하는가에 따라 내재적·외재적 동기로 나누어 볼 수 있다(Reeve, 1996).

1) 내재적 동기

내재적 동기는 자신의 자발적 선택과 결정이 중요한 능동적 동기의 특성을 갖는 것으로(Huberman, 1993), 교사에 대한 소명의식을 지니고 아동에 대한 사랑과 가르치는 기쁨으로 교직을 선택하고자 하는 것과 관련이 된다. 또한 교사의 적성, 흥미, 인성, 가치관 등과 같이 개인 자신이 지니고 있는 요인들이 중요하게 작용한다. 개인이 내재적으로 동기화되어 있을 때는 활동 그 자체가 보상으로 작용한다.

다음과 같이 살펴볼 수 있다(공인숙 외, 2017).

① 아이들과의 활동: 아이들과 함께 생활하는 것이 좋아서, 아이들이 성장하고 발전하는 것을 지켜보는 것이 좋아서

② 교직의 가치: 가르치는 일이 좋아서, 교사로서의 보람이 있어서

③ 지적자극: 지적으로 도전적인 직업이어서, 지속적인 자기 갱신 및 자아실현을 할 수 있어서, 가르치고 배우는 과정 자체를 즐겨서

④ 이타주의적 성향: 사회에 공헌하는 직업이어서, 타인을 돕는 직업이어서, 봉사하고자 하는 욕구가 있어서

⑤ 자신의 성격과 맞아서: 자신의 꿈, 성격, 적성, 흥미에 맞아서

2) 외재적 동기

외재적 동기는 외부 상황의 영향을 받는 수동적 동기, 경제적 보상과 같은 물질적 동기를 포함하는 것으로(Huberman, 1993), 자발적 의지보다는 부모 등 타인의 권유나 상황적 여건과 같은 수동적 동기 또는 교사라는 직업적 조건, 직업의 안정성과 같은 물질적 동기와 관련된다. 외재적으로 동기화가 될 경우 활동 그 자체보다는 그것이 가져다줄 결과에 관심이 있다.

다음과 같이 살펴볼 수 있다.

① 부모 및 타인의 권유가 있어서: 교직에 종사하는 주변 사람의 권유로, 여성에게 적절한 직업이어서

② 사회적 인식: 사회적으로 존경받고 높은 평가를 받는 직업이어서

③ 더 좋은 직업이 없어서

④ 신분보장과 경제적 안정: 급여, 신분 보장, 장기간 근무 가능성이 있어서

⑤ 직업적 비전: 직업적 발전 가능성, 승진 가능성이 있어서

보육교사로서 발전하기 위해서는 내재적 동기와 외재적 동기 모두 중요하다.

실제로 보육교사직을 수행할 때 외재적 동기 측면도 충족되어야 지속적인 교사 생활이 이루어질 수 있으므로, 낮은 급여 및 근무조건 등 보육교사의 열악한 처우를 개선하고 지원하는 정책이 뒷받침되어야 한다. 또한 보육교사로서 어려운 점으로 수업준비, 아이들 지도, 학부모 및 동료교사와의 관계 등을 예측하고 있어서 교육과정을 통해 내재적 동기를 뒷받침할 수 있는 전문가로서의 역량을 갖추어 나가는 것이 중요하다. 표 4-1은 보육교사가 되고 싶은 동기, 좋은 점, 어려운 점을 정리하였다.

표 4-1 보육교사가 되고 싶은 동기, 좋은 점, 어려운 점

보육교사가 되고 싶은 동기	보육교사가 되면 좋은 점	보육교사로서의 어려운 점
아이들을 좋아함 어릴적 꿈 적성에 맞음 흥미를 느낌 선생님으로서의 보람 취업 안정적인 직장생활	아이들과 함께 할 수 있음 선생님으로서의 보람 원하는 일을 할 수 있음 자신의 개발에 도움 사회생활 경험 안정된 직장생활 교사라는 직업이 좋음	수업준비 어려움 아이들 지도 및 안전문제 학부모, 주변 선생님과의 관계 육체적 피로, 개인시간 부족 낮은 급여 교사에 대한 부담감

출처: 유미림 외(2010).

02 보육교사의 임용, 복무, 보수

1. 임용

보육교사들의 임용을 살펴보면 일정자격(「영유아보육법 시행령」 제21조)을 갖춘 예비보육교사 중에서 보육교사로서의 자질과 능력이 적합한 예비보육교사를 선발하여 당해 어린이집의 보육교사직을 수행하도록 맡기는 과정이다.

보육교사의 임용은 보육교사 채용공고 후 예비보육교사의 채용이 결정된 후 시·군·구청장의 적격성 확인, 신용조회, 경력관리시스템 입력관리를 거쳐 종료된다. 이러한 과정을 나타내면 표 4-2와 같다.

표 4-2 보육교사 임용절차

주관처	절차·과정	내용
어린이집	보육교직원 채용공고	• 보육교직원 채용공고, 채용조건, 제출서류, 면접 일정 등
어린이집	보육교직원 채용	• 채용주체: 어린이집 설치자 • 채용조건: 어린이집에서 제시하는 자격기준을 갖춘 자
어린이집	보육교직원 임면 보고	• 임용 보고절차: 어린이집 – 시·군·구청장 • 임용 보고 시 구비서류: 인사기록카드 외
시·군·구청장	보육교직원자격의 적격성 확인	• 확인주체: 시·군·구청장 • 확인대상: 어린이집 원장, 보육교사 외 • 확인방법: 각자격별 자격 증명서류 및 보육통합정보시스템
시·군·구청장	보육교직원 신원조회	• 신원조회주체: 시·군·구청장 • 내용: 교직원 결격사유(「영유아보육법」 제20조)
시·군·구청장	경력관리시스템 입력관리	• 교직원 임면사항을 경력관리시스템에 입력관리

출처: 보건복지부(2013).

1) 보육교직원 채용공고

어린이집 보육교사 채용은 공개경쟁을 원칙으로 한다. 따라서 보육교직원을 채용하기 위해서는 어린이집에서 제일 먼저 해야 할 일은 보육교직원 채용공고를 하여야 한다.

채용공고는 임면권자인 어린이집 원장이 채용에 관한 구체적인 내용을 예비보육교사를 배출하는 대학이나 보육교사 양성교육원 및 보육정보센터 등에 공고함으로써 시작된다.

어린이집 채용공고문에는 다음을 구체적으로 안내한다.

① 서류접수: 접수기간, 접수방법, 제출서류
② 전형방법: 1차 서류심사, 2차 면접 및 실기수업(1차 합격자에게 개별 통보)
③ 응시자격 및 제출서류 등

2) 보육교직원 채용절차

어린이집에서는 채용공고를 낸 후 공고를 접한 예비보유교사는 필요한 서류를 제출하고 면접을 거치는 등 공정하고 객관적인 채용과정을 밟는다.

(1) 서류심사

서류심사에서는 이력서, 졸업증명서, 성적증명서, 자기소개서 등을 검토한다.

(2) 면접

면접은 인터뷰나 포트폴리오 등을 활용할 수 있다. 면접을 통하여 지원자의 성품이나, 자질, 직무수행능력, 직무에 대한 흥미나 만족도, 전문직상의 목표를 파악하고, 예비보육교사와의 생각과 느낌에 대한 교류도 동시에 이루어져야 한다.

(3) 근로계약

서류심사와 면접의 과정을 통해 채용이 확정되면 임면권자와 채용 예정 예비보육교사 간에 근로계약을 체결해야 하는데 근로계약 내에는 계약 당사자 급료, 근무시간, 근로조건 등이 명시되어야 하나, 부당한 내용, 예를 들면 결혼, 출산, 육아휴직 등으로 인한 퇴직요구 등이 포함되지 않도록 한다.

(4) 구비서류 요구

임면권자는 예비보육교사 채용 시에는 인사기록카드, 주민등록등본, 채용신체검사서, 국가자격증 사본을 제출 받아 적격성을 검토한 후 보관해 둔다. 또한 성범죄 경력 조회를 관할경찰서에 요청하여 그 결과를 통보받아 문제가 있으면 채용을 유보한다.

(5) 보육교직원 임면 보고

어린이집 원장은 보육교사 채용이 종료되면 임용상황을 보육통합종합시스템에 등록하고 또한 14일 이내에 시·군·구청장에게 채용할 보육교사의 임용사항을 구비서류를 갖추어 보고하여야 한다.

임용 보고 시 구비서류는 인사기록카드, 채용신체검사서, 자격증 사본, 성범죄경력조회결과서 등이다. 자격증 사본은 일정자격이 필요한 자, 즉 간호사, 영양사 등에 한하며, 원장 및 보육교사는 보육통합정보시스템으로 확인 가능한 경우는 제외한다.

(6) 보육교직원 자격의 적격성 확인

시·군·구청장은 어린이집에서 임용대상 예비교사에 대한 채용 보고 시 접수된 관련 자료들을 통하여 보육교직원자격의 적격성을 확인한다. 확인방법은 각 자격별 자격증명서류와 보육통합정보시스템을 통하여 확인한다. 보육교직원 자격의 적격성 확인 대상은 어린이집원장, 보육교사, 치료사, 영양사, 간호사 등 모두 해당한다.

(7) 보육교직원신원조회

시·군·구청장은 관련 자료와 보육통합정보시스템을 통해 확인하고 최종적으로 교직원 결격사유(「영유아보육법」 제20조)를 확인하기 위해 관련기관에 신원조회를 의뢰한다.

또한 시·군·구청장은 조회기관으로부터 회보가 송달된 경우, 반드시 관련 대장에 기록, 관리하고 다음과 같은 결격사유가 해당되는 자가 있을 경우, 반드시 해당 어린이집 원장에게 통보하여 채용을 취소하도록 한다.

- 법 제16조 각 호의 하나에 해당하는 자(어린이집을 설치, 운영할 수 없는 자)
- 법 제46조 및 제47조의 규정에 의하여 자격이 정지 중인 자
- 법 제48조 규정에 의하여 자격이 취소된 후 1년이 경과하지 아니한 자 등이다.

(8) 경력관리시스템 입력

시·군·구청장은 교직원 임면사항을 경력관리시스템에 입력 관리한다.

2. 복무

보육교사가 유아보육기관에서 원활하게 근무하기 위해서는 당해 기관의 복무규정을 확실히 이해하고 이행해야 한다. 또한 보수의 개념과 성격, 체계를 알아야 할 것이다.

1) 복무와 복무규정의 개념

어떤 기관에서의 복무를 '어떤 직무, 임무에 힘씀', '몸 바쳐 이바지함'이라는 사전적 의미로 표현된다. 보육교사의 복무란 '당해 어린이집에서 부여받은 보육업무에 몸 바쳐 이바지하여 보육의 효율성을 도모하는 일'이라고 할 수 있다. 또한 그에 따른 복무규정이란 '어린이집의 업무운영에

관련하여 지켜야 할 사항을 정한 규칙'이다.

2) 복무규정의 기본양식자료

기관의 복무규정은 다수의 인원으로 조직되어 공동의 목표를 추구하는 모든 기관이나 조직에서 업무의 효율성을 제고시키기 위하여 소속직원의 복무규정을 제정하여 준수하도록 하고 있는데, 각 기관이나 집단의 복무규정을 제정할 때 일반적으로 기본양식자료 다음과 같다.

기관의 목적, 적용범위, 책임완수, 성실의무, 직무이탈의 금지, 청렴결백, 신고, 손해배상, 겸직금지, 질서유지, 기관의 이익을 저해하는 행위 등의 금지, 인격도야 및 인화친절, 품행, 언행, 전화예절, 복장, 두발 등, 근무시간 및 휴게시간, 출근, 휴일, 휴일근무, 휴가, 월차휴가, 연차휴가, 공가, 병가, 공상휴가, 청원휴가, 생리휴가, 포상휴가, 연월차보상수당, 휴가의 승인과 출근명령, 당직, 당직근무, 출장명령, 출장자의 의무, 출장복명, 취임, 사무인계 등이 각 기관의 업무의 성격이나 특성에 맞게 포함되어야 한다.

3) 복무규정의 제정

당해 어린이집에서는 보육교사 복무규정을 제정하여 활용해야 하는데 복무규정은 「영유아보호법」, 「근로기준법」, 공무원복무규정과 복무규정의 기본양식자료를 근간으로 하여 제정한다.

다음은 '○○어린이집'의 복무규정을 예로 들어 소개하고자 한다.

보육교사 복무규정

○○어린이집

이 복무규정은 근무 시 지켜야 할 복무기준에 관한 제반사항을 규정하여 질서를 유지하고 성실한 자세로 효과적인 보육을 달성함을 목적으로 한다.

1. 보수 및 보험
   가. 보수는 매월 25일에 지급한다. 단 지급일이 공휴일일 경우에는 그 전일에 지급한다.
   나. 1년 이상 근무하고 퇴직할 때에는 퇴직금을 지급한다.
   다. 모든 종사자는 4대 보험에 가입하며, 보험료 부담은 법정부담비율에 의한다.

2. 휴가
   가. 휴가, 휴일, 휴식 등 근로시간과 관련 있는 사항에 대해서는 근로기준법의 규정을 준용한다.
   나. 고용, 산전 후 휴가, 육아휴직 등과 관련이 있는 사항에 대해서는 남녀고용평등법의 규정을 준용한다.
   다. 휴가(월차포함)는 보육공백을 최소화할 수 있도록 순번제로 실시하고 보수교육, 출산휴가 등으로 공백이 생기는 경우에는 대체교사를 배치할 수 있다.
   라. 연차휴가는 근로기준법과 보육사업 지침상의 기준 일을 준수하되 어린이집 운영에 지장을 주지 않는 범위 안에서 여름과 겨울 일정기간을 정하여 집중적으로 사용하는 것을 원칙으로 한다.
   마. 종사자나 직계존속의 결혼, 사망 등 경조사에 대한 휴가는 원장과 협의하여 따른다.
   바. 근로자의 날(5.1)은 보육에 지장을 주지 않는 범위 내에서 교사 배치를 조정하여 운영하되 근로자의 날 근무자에 대하여 관련 법에 의거하여 휴일 근로수당을 지급한다.

3. 근무시간
   가. 보육교사 및 기타 종사자의 근무시간은 1일 8시간을 원칙으로 하고, 보육시설의 운영시간(08:30~15:30)을 고려하여 출퇴근 시간을 탄력적으로 운영할 수 있다.
      * 근무시간: 평일 09:00~18:00, 토요일 09:00~15:00
   나. 휴게시간: 근무시간 중 1시간
   다. 기준시간을 초과하여 근무하는 경우에는 근로기준법 등 관련법령 규정에 의해 시간외 수당을 지급한다.
   라. 종사자가 퇴직코자 할 때는 최소 1개월 전에 통보하여 후임자 채용에 차질이 생기지 않도록 하여야 하며 징계나 원의 운영사정상 부득이 해고될 시에도 1개월 전에 통보받는 것으로 간주한다.

4. 종사자의 겸임제한
   가. 보육시설종사자는 전임이어야 하므로 다른 시설의 업무를 겸임할 수 없다.
   나. 보육교사는 휴일, 휴가 등으로 근무를 하지 않는 날을 제외하고는 근무시간 동안 보육시설에 상주하며 상시 해당직무에 종사하여야 한다. 특별한 사유(회의 참석 등)로 외출한 경우에는 근무상황부에 기록, 관리하여야 한다

또한 보육교사 복무규정 내에 들어 있지 않은 내용은 위에 제시된 관계 법령에서 규정한 법을 준용한다. 다음은 보육교사 복무규정 내에서 중요한 내용에 대하여 살펴보고자 한다.

(1) 근무시간

근무시간에 관한 법령규정(「근로기준법」)은 다음과 같다.

제50조(근로시간)
① 1주간의 근로시간은 휴게시간을 제외하고 40시간을 초과할 수 없다.
② 1일의 근로시간은 휴게시간을 제외하고 8시간을 초과할 수 없다.

제54조(휴게)
① 사용자는 근로시간이 4시간인 경우에는 30분 이상, 8시간인 경우에는 1시간 이상의 휴게시간을 근로시간 도중에 주어야 한다.
② 휴게시간은 근로자가 자유롭게 이용할 수 있다.

보육교사의 근무시간은 「영유아보호법 시행규칙」 제10조와 「근로기준법」 제50조에 1일 근로시간은 휴게시간을 제외하고 평일 8시간을 원칙으로 하고, 「근로기준법」 제54조에는 1일 8시간 이상 근로자에게는 휴게시간을 근로시간 중에 근로자가 자유스럽게 이용할 수 있도록 규정하고 있다. 기준시간을 초과하여 근무하는 경우에는 초과 근무수당을 지급하도록 하고 있다. 그러나 실제 운영현황을 보면 법규와 실제상황이 달라 보육교사는 법 규정에 의한 보호를 받지 못하고 있고 또한 근무시간을 일률적으로 설명하기 어렵다.

① 「영유아보호법 시행규칙」 제23조에 의하면 어린이집은 주 6일 이상, 하루에 12시간 이상 운영을 원칙으로 하고 있으나, 직장어린이집의 경우 근로자의 출퇴근 시간 및 근무여건에 따라 조정하여 이루어지고 있다.
② 설립주체, 즉 국·공립사회복지법인, 법인·단체, 직장, 가정, 부모협동, 민간어린이집에 따라 근무시간이 다를 수 있다.
③ 연령이나 대상에 따라 구분되는 영아전담, 장애전문, 장애통합 어린이집 등의 특성에 따라 근무시간이 다를 수 있다.

④ 시간연장형 어린이집(24시간 어린이집, 휴일어린이집, 시간 연장 어린이집) 일시보육 등의 특성에 따라 근무시간이 다르다.

최근 자료인 육아정책연구(2013) '표준보육료산출연구' 보고서에 의하면 국·공립어린이집 1일 평균 근무시간은 9.8시간, 법인 어린이집은 10.3시간, 민간 어린이집은 9.8시간, 가정 어린이집은 9.8시간으로 나타나 법정 근로시간을 초과하고 있는 것으로 나타나고 있는 실정으로 이를 해결하는 방안으로 원장이나 대체 보육교사 투입과 초과근무수당 지급 방안 등이 강구되어야 한다.

(2) 휴가(연가, 병가, 공가)

어린이집 보육교사의 휴가에는 연가, 병가, 공가의 3종류가 있다.

① 연가

연가란 법률적인 용어로는 연차유급휴가(근로기준법 제60조)로서 쉬는 시간에도 통상임금이 지급된다.

- 제60조 제1항: 1년에 80% 이상 출근한 보육교사에게는 15일의 유급휴가를 주어야 한다.
- 제60조 제2항: 근로기간이 1년 미만 또는 1년간 80% 미만 출근한 보육교사에게는 1개월 개근 시 1일의 유급휴가를 주어야 한다.
- 제60조 제3항: 최초 1년간의 근로에 대하여 유급휴가를 주는 경우에는 제2항에 따른 휴가를 포함하여 15일로 하고 보육교사가 제2항에 따른 휴가를 이미 사용한 경우에는 14일의 유급휴가를 준다.
- 제60조 제4항: 3년 이상 계속하여 근무한 보육교사에게는 제1항에 따른 휴가에 최초 1년을 초과하는 계속 근로연수 매2년에 대하여 1일을 가산한 유급휴가를 주되 가산휴가를 포함한 총 휴가일수는 25일을 초

과해서는 안 된다.

- 제60조 제5항: 유치원 원장은 보육교사가 청구한 시기에 주어야 하고 그 기간에 대하여 통상임금 또는 평균임금을 지급하여야 하며 보육교사가 신청기간이 어린이집 운영에 막대한 영향을 주는 경우에는 그 시기를 변경할 수 있다.
- 제60조 제6항: 다음과 같은 경우에는 출근한 것으로 본다.
  - 보육교사가 업무상의 부상 또는 질병으로 휴업한 기간
  - 임신 중의 여성이 제74조의 제1항(임산부의 보호), 제74조 제2항(태아검진시간의 허용 등) 규정에 따른 휴가로 휴업한 기간 등이다.
  - 제61조(연차유급휴가의 사용촉진) 규정에서는 어린이집 원장이 6개월 전을 기준으로 10일 이내에 보육교사별로 사용하지 않은 휴가일수를 알려주고 교사가 그 사용 시기를 정하여 어린이집 원장에게 통보하도록 연차유급휴가의 사용을 촉진시키고 있으나 이 조항은 현실적으로 적용되지 않고 있다. 그러나 일반적으로 유치원, 초·중·고 교사, 보육교사들은 여름방학과 겨울방학기간을 활용하여 연가를 사용하도록 하고 있고 개인사정으로 인해 사용하지 못한 연가일수는 해당연도가 지나면 자연 소멸된다.

② 병가

병가는 정신적·육체적 질병으로 인하여 일정한 기간을 쉴 수 있도록 하는 휴가를 말하며 공무원의 병가에는 일반병가와 공무상병가의 2종류가 있다. 「근로기준법」상에는 병가에 관한 규정이 따로 없어 어린이집에서는 자체적으로 제정하여 활용하고 있는데 공무원 복무규정으로 제정된 병가 규정을 적용하는 것이 일반적이다.

③ 공가

보육교사에게 허용되는 공가는 투표에 참가할 때 천재지변, 교통차단,

전염병 전염 등으로 출근이 불가능할 때 허용된다.

(3) 특별휴가(경조사 휴가, 여성보건휴가), 육아휴직

특별휴가에는 경조사 휴가와 여성보건휴가의 2종류가 있고, 육아휴직도 할 수 있다.

① 경조사 휴가

경조사 휴가란 결혼, 출산, 입양, 사망 등 가정에서 일반적으로 일어나는 경조사에 대한 휴가로서 「근로기준법」에서는 제시된 규정 없이 각 어린이집에서는 자체적으로 제정하여 시행하는데 일반적으로 국가공무원 복무규정 제20조 제1항 관련 별표 2를 따르고 있다.

표 4-3 경조사 휴가

구분 / 경조사	대상	일수
결혼	본인	5
	자녀	1
출산	배우자	5
입양	본인	20
사망	배우자, 본인 및 배우자의 부모	5
	본인 및 배우자의 조부모, 외조부모	2
	자녀 및 그 자녀의 배우자	2
	본인 및 배우자의 형제자매	1

입양은 「입양촉진 및 절차에 관한 특례법」에 따른 입양으로 한정하며, 입양 외의 경조사 휴가를 실시할 때 원격지일 경우에는 실제 왕복에 필요한 일수를 더할 수 있다.

② 여성 보건휴가

여성 보건휴가는 여성만이 겪고 있는 특수한 어려움, 즉 생리, 출산, 태아검진, 육아시간에 대한 보호를 위한 휴가로서 「근로기준법」에 규정된 내용은 다음과 같다.

- 제73조(생리휴가): 보육교사가 신청하면 월 1일의 생리휴가를 줄 수 있다.
- 제74조(임산부의 보호): 출산 전·후로 사용할 수 있는 휴가이다.
  - 제74조 제1항: 임신 중 보육교사는 출산 전과 출산 후를 통하여 90일의 출산 전후휴가를 주어야 하고, 출산 후에 45일 이상이 배정되게 한다.
  - 제74조 제2항: 보육교사가 유산의 경험 등의 사유로 출산 전 휴가를 청구할 수 있으며, 이때 출산 후의 휴가기간은 연속하여 45일 이상이 되어야 한다.
  - 제74조 제3항: 보육교사가 유산·사산의 경우, 보육교사는 유산·사산 휴가를 신청할 수 있다.
  - 제74조 제4항: 전항에 따른 휴가 중 최초 60일은 유급으로 한다.
  - 제74조 제5항: 임신 중인 보육교사에게 시간 외 근로를 하게 해서는 안 된다.
  - 제74조 제6항: 보육교사의 출산 전후 휴가 종료 후에는 휴가 전과 동일한 업무, 임금을 지급한다.
  - 제74조 제7항: 어린이집 원장은 임신 중 보육교사가 1일 2시간의 근로시간 단축을 신청할 수 있다.
- 제74조의2(태아검진시간 허용 등): 임신교사는 정기건강진단을 받는데 필요한 시간을 청구할 수 있으며, 이에 따른 임금은 삭감하지 않는다.
- 제75조(육아시간): 보육교사는 1일 2회 각각 30분 이상의 유급 수유시간을 신청할 수 있다.

③ 육아휴직

어린이집 보육교사는 「근로기준법」 제19조에 의거 만 6세 이하 초등학교 취학자녀(입양한 자녀포함)를 양육하기 위해 1년 이내의 육아휴직을 신청할 수 있다. 육아휴직은 근속시간에 포함되며, 육아휴직을 마친 후에는 휴직 전과 같은 업무 또는 같은 수준의 임금이 지급되는 직무에 복귀할 수 있다.

3. 보수

1) 보수의 개념

보수란 일반적으로 급여, 급료, 봉급, 임금 등의 개념으로 통용된다. 「국가공무원법」 제46~49조, 「지방공무원법」 제44~46조에서는 '보수'로 표현하여 '보수'란 국가공무원 및 지방공무원의 근무의 대가로 「근로기준법」 제2조 제1항 제5호에서는 '임금'으로 표현하여 '임금'이란 사용자가 근로자의 근로의 대가로 임금, 봉급 그 밖의 어떠한 명칭으로든지 지급하는 일체의 금품으로 통화나 물품을 지급한다고 정의하고 있다. 따라서 이들 용어의 정의를 종합하면 근로자가 노동의 대가로 사용자에게서 받은 보수, 급료, 봉급, 수당, 상여금 따위가 있으며 현물 급여도 포함된다.

2) 보수의 성격

보수가 노동의 대가로 얻어진 것이라 할지라도 보육교사가 영유아를 위해 봉사하는 데 대한 대가이며, 생계유지를 위해 지급하는 생활급부의 성격을 갖는다.

보수를 올린다고 해서 반드시 직무의욕이 높아지고 조직의 생산성이 반드시 증대되는 것은 아니지만 보수는 기관구성원의 근무의욕을 고취시키고 구성원의 행동을 동기화시키는 강력한 힘을 가지고 생산성을 제고시키기 위한 가장 중요한 요소로서 보육교사들은 보육업무에 상응할 만한 적절한 보수를 받아야 함에도 현실은 그렇지 못한 실정이다. 「근로기준법」 제43조(임금지급)에서는 임금은 매월 1회 이상 날짜를 정하여 임금을 직접 지급하고 임금의 일부를 공제하거나 임금 이외의 것으로 지급할 수도 있다고 하였다.

3) 보수체계

임금은 공무원 보수규정 제4조, 「근로기준법」 제43조에 의거 기본급여와 수당(부가 급여)으로 대별된다.

(1) 기본급여

기본급여란 직무의 곤란성 및 책임의 정도와 재직기간에 따라 직종별, 호봉별로 지급되는 급여이다.

① 현행보육교직원의 보수는 사회복지시설 종사자의 봉급표를 기준으로 호봉별 기본급을 결정제시하고 있다.

② 보육교사의 초임호봉은 1호봉으로 하되 호봉승급에 필요한 기간은 1년으로 한다.

③ 보육교사의 호봉적용은 학력이나 자격급수에 상관없이 1호봉으로 시작한다. 이것을 기산호봉이라 한다.

④ 보건복지부에서 제시한 보수기준은 국고보조어린이집(정부인건비 지원 어린이집, 직장어린이집)에 근무하는 보육교사에게는 적용되지만, 그 외 어린이집에서는 어린이집의 재정형편에 따라 원장과 보육교사가 근로계약서 체결 시 보수를 협의·결정한다.

⑤ 호봉재획정 시 인정되는 호봉인정 근무경력은 다음과 같다. 호봉재획정이란 다음과 같이 호봉재산정의 요인이 발생했을 때 호봉을 다시 환산하는 것을 말한다.

- 「영유아보육법」 제정 전 새마을 유아원, 탁아시설에 근무한 경력

- 어린이집 보육교직원으로 근무한 경력
- 육아종합지원센터에서 근무한 경력(대체교사 경력 포함)
- 2005년 1월 30일 이후 보육교사 자격을 가지고 방과 후 과정을 운영하는 유치원에 근무한 경력
- 「병역법」 제18조에 따른 해당 현역병 의무복무기간 등이다. 특히 교육 · 보육관련 기관이 다양하므로 호봉재획정 시 반영되는 경력보육 보육교사가 많다.

(2) 수당(부수급여)

수당은 부수급여로서 정해진 봉급 이외에 직무여건 및 생활여건에 따라 지급되는 임금이다. 일반적으로 보수는 재직기간에 따른 호봉에 따라 지급되는 것이 원칙인 반면, 수당은 자기가 맡고 있는 업무의 성격에 따라 달리 지급되므로 보육교사, 원감, 원장별로 다르고 보육 관련직 중에도 간호사, 영양사, 특수교사, 치료사 등 맡고 있는 업무의 성격에 따라 달리 지급된다.

03 초임 보육교사

1. 기본업무

어린이집 초임 보육교사들은 임용 초기에 오랜 기간의 학교생활 경험과 실습 경험 때문에 자신의 교직관과 교사관을 정립해 보아야 한다. 특히 다른 직장에 입문하는 것에 비해 적응하는 것이 훨씬 수월해 보일 수 있다. 그러나 학생의 신분에서 교사의 신분으로 전환되는 것은 역할의 전환이라는 의미에서 볼 때, 학생 신분에서 이루어진 무의식적인 관찰만을 가지고

교사의 역할을 수행하기에는 어려움이 따를 수밖에 없다.

어린이집 보육교사로서 교직관과 교사관을 정립한다는 것은 상황에 따라서는 평생을 봉직할 보육직에서 자기가 어떻게 보육하고 봉사할 것인가에 대한 자신의 보육직에 관한 철학, 지각, 태도, 가치관, 소신, 자세, 역할을 말한다(고정근 외, 2016).

어린이집에 출근한 첫날부터 초임 보육교사는, 우선 바쁘게 돌아가는 원내 현황 및 업무내용을 가급적 빨리 이해하여야 영유아, 부모, 원장, 동료교사와의 관계를 맺어 나가야 한다. 연간 · 월간 · 일일보육계획안을 작성하여 하루 일과표에 맞추어 보육활동을 수행하고 영유아에게 필요한 교재 · 교구 제작 및 준비를 위해 많은 시간을 할애해야 한다. 또 영유아의 기본 생활습관 지도 및 안전교육에도 관심을 기울이며 지도해야 한다. 그 외 어린이집 행사 및 각종 서류, 담당 업무 등을 체크하여 정기적인 혹은 불시에 있을 지도점검에 대비하고 평가인증 준비도 해야 한다. 이것을 도상훈련이라고 해두고자 한다.

처음 접하는 익숙하지 않은 일에서 첫 1년 경험이 앞으로 보육교사 생활을 계속하게 될지 이직하게 될지를 결정하게 된다고 하였다. 이때 원장과 경력교사의 지원이 초임 보육교사가 그 조직 내에서 자리를 잡는 데 중요한 역할을 한다.

우리나라의 보육교사들이 경험하는 낮은 사회적 지위와 정체성의 부재, 인간관계 문제, 수업 및 학급 경영능력 부족 등의 문제는 초임 보육교사의 업무 적응을 더욱 어렵게 한다. 그로 인해 초임 보육교사는 교직에 대한 필요 이상의 불안감을 갖게 되고 '나는 교직에 맞는 사람인가?'라는 근본적인 물음과 함께 교직에 대한 교사로서의 자긍심마저 상실하게 될 위험이 높다. 여기서 나의 교직관과 교사관을 살펴보고자 한다.

1) 나의 교직관

교직관이란 교직의 본질을 어떻게 보느냐 하는 문제이며 교직관에는 대체적으로 성직관, 노동자관, 전문직관의 세 가지 유형이 있다. 초임 보육교사는 세 가지 유형 중 하나의 교직관을 선택하여 그 배정, 이유, 소신 등을 정리해 봄으로써 보육에 대한 자신의 철학을 가질 수 있고, 이러한 교직관에 따라 관련된 교육단체에 가입해서 활동하기도 한다.

2) 나의 교사상

교사관은 교직관과 직접적으로 연결되어 있으며 교직관의 하위개념으로 교직관을 실현하기 위한 본인의 역할과 자세로서 초임 보육교사가 영유아 지도에서 자신이 기대하는 자아상이나 역할상을 말한다.

어린이집은 소규모의 조직문화라는 환경적인 특성을 지니고 있다. 그러므로 초임 보육교사가 이러한 어린이집의 환경에 적응기간이 필요한 것은 당연하지만, 그 적응기간을 단축시킬 수 있는 방안을 생각해 볼 수밖에 없다(황해익 외, 2015).

원장과 동료교사로부터 적절한 격려를 받을 때 초임 보육교사는 직무만족도나 조직헌신도가 높게 나타난 연구가 있다(서문희 외, 2006). 즉, 어린이집에서 초임 보육교사에게 원장과 경력교사의 지지가 절대적으로 중요한 요소가 되는 것이다.

원장은 오리엔테이션을 통해 그 기관의 역사와 특성, 장단점 등에 대해 충분히 안내해 주어야 하며, 그런 다음 경력교사와 초임교사 간에는 멘토-멘티가 되어 어린이집에서의 장학과 조언 등의 분위기를 만들어 보육교사로서의 전문성을 개발할 수 있도록 해 주어야 한다. 그 외, 지역의 육아종합지원센터를 통해 보육과정 운영에 대한 어려움이나 직무에 관한 전문상담을 받을 수 있으므로 지역사회의 자원도 적극적으로 활용할 수 있어야 한다.

(1) 현황 및 업무 내용

어린이집의 각 영역에 걸쳐 초임 보육교사의 생각과 행동을 기술해 보고 체질화시키도록 노력한다.

① 기관의 이해

- 기관의 연혁, 기관의 특성을 알아본다.
- 교직원 현황(원장, 교사, 조리사, 간호사, 운전사)과 교직원의 성명, 역할에 따른 인원 수, 임무와 역할, 상호관련성을 알아본다.
- 시설현황, 시설의 배치상황, 교구현황을 알아본다.

② 기관운영방침의 이해

- 기관의 목표, 비전, 핵심과제가 무엇인지 알아본다.
- 원장의 경영관, 운영방침에 대하여 알아본다.
- 보육목표, 보육목표 구현계획, 보육 프로그램, 노력중점, 특색사업 등에 대하여 알아본다.

③ 보육과정에 대한 이해

- 보육과정의 영역별 목표를 알아본다.
- 보육과정 연간계획, 월간계획, 주간계획을 알아본다.

④ 학급편성현황에 대한 이해

- 학급편성현황, 학급별 특수성, 학급별 원아 수, 담임교사를 알아본다.

⑤ 기관의 조직문화에 대한 이해

- 원장과 원감의 리더십의 유형과 성품을 알아본다.
- 선후배 간의 관계, 특히 말씨와 태도를 알아본다.
- 기관의 분위기와 동료교사 간에 연령차에 따라 대하는 태도를 알아본다.
- 교사들 간의 협조체제를 알아본다.

⑥ 지역사회에 대한 이해

- 지역사회의 현황에 대해 알아본다.
- 지역사회의 특수성에 대해 알아본다.
- 지역사회인들의 교육에 대한 이해수준과 협조태도에 대하여 알아본다.
- 지역적 특수과제, 영유아교육기관에 대한 요구 및 기대사항을 알아본다.

⑦ 영유아에 대한 이해

- 영유아들의 특성(성별, 형제 여부, 신입생 또는 재원 여부)을 알아본다.
- 영유아들의 개인별 성격, 신체적 특징 등을 알아본다.
- 영유아들의 개인별 가족상황, 생활습관 등을 알아본다.

⑧ 학부모에 대한 이해

- 학부모 개인별 연령, 직업, 보육활동에 대한 관심도, 양육태도를 알아본다.
- 학부모의 기대, 요구를 알아본다.
- 학급활동에 잘 협조하는 학부모, 비협조적인 학부모가 누구인지 알아본다.
- 학부모들 간의 파벌이나 사조직이 있는지 알아본다.

⑨ 교사회의에 대한 이해

- 교사회의의 진행절차에 대해 알아본다.
- 교사회의의 진행형식에 대해 알아본다.
- 교사회의의 발언내용, 발언요령에 대해 알아본다.

⑩ 업무추진요령에 대한 이해

- 업무분담표를 보고 어떻게 계획되어 있는지 알아본다.
- 자기의 업무내용과 업무추진방식에 대하여 알아본다.
- 일반적인 업무추진절차에 대하여 알아본다.

⑪ 하루일과 운영에 대한 이해

- 하루일과가 어떻게 편성되고 운영되는지 알아본다.
- 영유아 등·하원 지도 시 유의할 점이 무엇인지 알아본다.
- 승하차 지도는 어떻게 이루어지는지 알아본다.

⑫ 교재 · 교구 및 자료 활용 방안에 대한 이해

- 자료실에는 어떤 교재·교구, 자료가 있는지 알아본다.
- 교재·교구 및 자료의 대출 그리고 반환하는 방법을 알아본다.
- 교재·교구 및 자료 보관관리법과 관계장부의 활용방안에 대해서 알아본다.
- 소모품, 폐품류의 관리 및 활용방안을 알아본다.

2. 기본자세

1) 사명감 가지고 일하기

초임 보육교사는 어린이집에서 영유아가 배우고 느끼는 모든 일이 우리의 미래를 만들어 가는 중요한 일임을 알고 사명감을 가지고 본인의 일을 즐기고 사랑해야 한다.

2) 보육교사로서의 전문성 계발하기

초임 보육교사는 영유아기에 습득해야 할 발달과업과 연령별로 연계되는 보육활동을 진행해 나가야 한다. 따라서 보육교사로서 보육과정의 기초과정과 심화과정을 이해하고, 다양한 교수법 및 상호작용 방법을 개발하기 위해 끊임없이 노력해야 한다. 또한 어린이집 보육교사로서 반드시 숙지하고 있어야 하는 아동학대 예방이나 영유아 권리 존중을 위한 교육, 영유아 안전교육 등에도 적극적으로 참여하여 영유아에게 질 높은 교육을 할 수 있도록 전문성을 개발해 나가야 한다.

3) 똑똑하게 일하기

초임 보육교사들에게 어린이집 일상 속에서 효율적으로 일하는 방법을 소개한 것을 살펴보면 다음과 같다. 중앙육아종합지원센터(2016)에서 초임 보육교사는 동일한 실수를 반복하지 않기, 업무시간을 효율적으로 사용하기, 집중하여 일하기, 자신의 생각과 방법으로 업무를 보다 창의적으로 하기, 체계적인 업무 능력 기르기 등을 위한 노력이 요구된다고 하였다.

04 경력 보육교사

초임 보육교사가 경력 보육교사로 되어 가기 위해서는 나름대로 노하우를 터득하여 진정한 보육교사로서 진화하고 발달해야 하는 것이다.

우리나라 보육교사를 보면 이직과 퇴직이 빈번하며 경력을 가진 보육교사의 비율이 낮은 편이다. 이것은 보육교사의 처우가 열악하여 높은 이직률과 짧은 직업생애를 보이는 것과 같은 것이다.

1. 경력 보육교사로 접근하기

1) 보육교사의 발달단계와 전문성

어린이집 경력 보육교사는 필요한 지식, 기술, 태도에 대한 인식과 이해를 기초로 하여, 이를 보다 체계적으로 적용하고 실천하는 역량을 갖추어야 할 것이다.

경력이 많아지고 직급이 높아짐에 따라 요구되고 있는 전문성의 습득으로 주임, 원감, 원장 등 직무를 맡게 되며, 그에 따라 전문적 역할을 하게 되고, 그것을 수행함으로써 직업적 자아실현을 하며 발달하는 것이다.

카츠(Katz, 1989)는 보육교사의 전문성 발달단계를 4단계로 교사의 관심에 따라 분류하였다. 카츠는 생존기, 강화기, 갱신기, 성숙기의 발달단계에 따른 과업을 제시하고 각 발달단계에 적절한 훈련이 이루어져야 보육교사의 전문성이 향상된다고 하였다.

카츠의 보육교사의 발달단계와 전문성 수준을 표 4-4로 나타냈었다.

표 4-4 보육교사의 발달단계와 전문성 수준

카츠의 발달단계	경력/직급	인지 수준	발달단계별 전문성 수준 구성
생존기 (~첫 1년)	만 0년 이상 (초임교사)	인식, 이해, 적용	보육교사에게 필요한 지식, 기술, 태도를 인식하고 이해하며, 이러한 인식과 이해를 기초로 기본적인 것을 적용하는 역량중심으로 구성함
강화기 (1년말~3년)	만 3년 이상 (경력교사)	적용	보육교사에게 필요한 지식, 기술, 태도를 인식과 이해를 기초로 체계적으로 적용하고 실천하는 역량을 중심으로 구성함
갱신기 (2~5년)	만 6년 이상 (주임교사 및 원감)	분석, 평가	새로운 이론이나 연구를 이해·분석하여 적용함으로써 역량을 확장하고, 다른 교사들을 지원하는 역량을 중심으로 구성함
성숙기 (5년 이상)	만 9년 이상 (원장)	창조	기관의 운영에 대해서 판단하여 결정하고 기관운영을 위해 개발하며 다른 교사들, 부모, 지역사회를 지원하는 역량으로 구성함

출처: Katz(1972).

카츠는 보육교사의 전문성 향상을 위해 먼저 생존기는 교사생활 첫 1년간으로 현장에서 발생하는 많은 문제를 원활하게 처리할 수 있을지가 관심사이다.

수없이 이루어지는 판단과 결정에 확신이 부족하고 불안함을 느끼며, 스스로의 자질을 의심하고 자신감을 상실하기 쉽다. 그러므로 생존기는 보육현장에서 즉시 적용하고 활용할 수 있는 구체적이고 기술적인 지원이 필요하다. 상황을 잘 알고 가까이 있는 원장이나 경력교사의 지원과 격려가 가장 필요한 것이다.

강화기는 보육교사 생활 1년 말부터 3년 정도의 시기이다. 보육교사 생활에서 기본적인 안정감과 자신감을 가지게 되어 주된 관심사는 문제 상황에 대한 해결책을 찾는 것과 개별 영유아에 대해 인식하는 것이다. 이 시기의 보육교사에게는 경력교사와 함께 문제를 해결하기 위한 방법을 탐구하는 과정에 참여하는 것이 도움이 된다.

갱신기는 약 2년부터 5년까지의 정도의 경력교사 단계이다. 이 시기에 경력교사는 익숙해진 일과에 싫증을 느끼며 새로운 발전을 모색하는 데 관심을 갖는다. 그러므로 다른 프로그램을 사용하는 교사들과 만나거나 다른 어린이집을 참관하는 것 등이 도움이 된다. 또한 저널이나 잡지, 영상자료를 보거나 전문가들과의 회의나 만남을 통해 새로운 자극을 받는 것이 필요하다.

성숙기는 경력이 5년 이상으로 이때의 교사는 많은 경험을 거치며 보육교사로서의 자신감을 갖추게 된다. 이제는 매일 직면하는 실제적인 보육상황에 대한 관심에서 나아가 보다 근본적이고 철학적인 질문과 관심을 갖게 된다. 그러나 적절한 현직 교육과 지원이 없다면 저절로 성숙기에 도달할 수 없다. 학회나 세미나 참여, 전문가와의 대화, 대학원 진학 등이 도움이 된다.

2) 경력 보육교사의 전문성 발달

(1) 경력 보육교사의 전문성 인식

어린이집 보육교사는 경력에 따라 발달단계와 보육교사 관심사에 차이가 있다(송주진, 2008). 보육교사 양성기관에서의 교육을 끝내고 생존기를 보내는 초임교사와 달리 경력교사는 주된 관심사는 생존 이후의 갱신과 성숙이다.

경력 보육교사의 관심사는 대체로 자신의 경력에 따라 초점이 달라질 뿐 모든 교사가 생존, 강화, 갱신, 성숙의 요소를 모두 가지고 있다. 경력교사는 반복되는 일상에 적응하게 되면서, 그것을 넘어서서 새로운 시도를 하고 싶어하며 보다 전문적인 지식을 얻고자 한다.

실제 전국의 경력 보육교사들의 연구 결과, 직무 효능감 조사에서 긍정 응답이 85% 이상으로 높게 나타났다(이미화 외, 2016). 즉, 교사의 전문성이 경력에 따라 발달되고 있다는 것이다. '보호자로부터 신뢰를 얻는' 부분에 대한 효능감이 가장 컸으며, '한 명 한 명의 영유아에게 적절한 놀이지도나 도움을 줄 수 있다', '영유아의 특성과 활동을 고려하여 적절한 보육환경(인적, 물적)을 준비할 수 있다'가 매우 높게 나타났다. 하지만 교사의 심리적 건강(스트레스, 피로, 우울) 등에 대해 조사한 결과, 하루 일과에 지쳐 신체적으로 힘들다는 '신체적 피로'에 대한 응답이 59.8%로 가장 컸으며, '업무피로'(56.4%), '직무스트레스'(49.4%)도 과반이 넘거나 절반 정도 되었다.

우리나라 경력 보육교사들은 스스로 전문성이 있다고 느끼고 직무효능감이 높지만 잡다한 업무들과 불안정한 미래, 제한된 지식 접근을 느끼며 신체적 · 업무적 피로도가 커서 힘들다고 느끼고 있었다. 이러한 결과를 통해 근무여건에 대한 개선이 전문성 향상과 함께 이루어져야 함을 확인할 수 있다.

(2) 경력 보육교사의 전문성

일과 평가에서 우수교사가 중시하는 점을 분석하여 우수교사의 특성을 파악한 결과, 신속 정확한 패턴인식능력과 풍부한 사례지식, 자동화에 의한 다중처리능력으로 나타났다.

우수 경력교사들은 유아에 대한 지속적인 관찰과 융통성 있는 문제해결, 자연스러운 전이활동을 중시하는 것으로 나타났다. 상황 내재적인 교사지식의 특성상 같은 현장에 있는 우수 경력교사의 역할은 초임교사의 성장과 발달에 매우 중요한 영향을 미치고 있다. 그러나 그들이 일상생활 속에서 신임교사의 양성에 기여하는 전통이 그 중요성에 비해 간과되고 있다.

일선 보육현장은 경력 보육교사에게 기여할 기회를 충분히 주지 않거나 기여를 알아주지 않는다. 오히려 경력 보육교사는 똑같은 업무를 하는 데 재정을 압박하기만 하는 요소로 여겨지기도 한다. 높은 이직률, 특별활동 중심 운영은 경력 보육교사의 설 자리, 중요성을 해치는 상황들이다. 어린이집 내에서 좋은 경력교사가 많이 생겨나고 기여하는 시스템으로의 전환이 필요하다.

우수 경력교사의 특성을 교사면담을 통해 자세히 살펴보면 다음과 같다.

① 풍부한 사례지식: 우수 경력교사는 수년에 걸친 경험에서 얻은 깊이 있고 풍부한 지식을 갖고 있다.

② 신속 정확한 패턴인식능력: 패턴인식능력이 있는 우수 경력교사는 복잡다단한 교실 상황에서 집중하여 볼 것이 무엇인지, 어떻게 대처해야 하는지를 안다.

③ 자동화에 의한 다중처리능력: 일상적인 업무를 체화한 결과가 자동화다. 자동화가 되면 매일 반복되는 일에 시간을 허비하지 않는다. 그 대신 유아를 잘 관찰하고 상황에 적절하게 일과를 진행한다.

2. 경력 보육교사의 적응하기

1) 경력 보육교사의 어려움 인식

경력 보육교사는 교수 경험이 풍부하더라도 유아발달에 적합한 프로그램과 교수자료가 부족할 경우에 어려움을 겪고 있다(서현, 2012). 이는 모든 보육교사들이 공통적으로 겪는 어려움이다. 또한 불규칙한 퇴근시간, 과다한 잡무 등으로 겪고 있는 것으로 나타났다.

경력 보육교사에게 어린이집에서 종사하며 평소에 얼마나 어려움을 느끼는지 조사한 결과, '동료 교직원과의 관계'나 '프로그램 운영'에서는 별로 어려움을 느끼지 않는 것으로 나타났다. 그러나 '업무처리'와 '개인적 문제', '부모와의 관계'에 대해서는 어렵다는 응답이 상대적으로 높게 나타났다(이미화 외, 2015).

2) 영아반 교사로서의 준비부족

경력 보육교사라 하더라도 영아반을 처음 맡으면 초임 보육교사와 다름없는 어려움을 겪게 된다. 한편 경력 보육교사는 자기가 맡은 영아반의 전문성 신장을 위해 부모와 관계를 유지하는 방법, 각종 서류를 작성하는 방법, 하루 일과를 융통성 있게 운영하는 방법 등을 더 교육 받기를 원했다.

영아반 교사로서의 준비부족으로 나타나는 것을 살펴보면 다음과 같다.

① 힘든 근무여건: 체력이 소진되며, 휴식시간이 없으며, 바쁘다.

② 이해하기 어려운 영아: 개별 영아에 맞추어 인내하고 기다리는 것은 어렵다.

③ 무관심하거나 과도하거나 부적절한 관심을 가진 부모: 부모와 적절한 소통을 하는 것에 어려움을 겪게 된다.

④ 교사역할 혼란: 경력이 쌓이면서 전문성을 인식할 수 있게 되었다고 한다.

3. 경력 보육교사 전문성 보장

경력 보육교사의 전문성을 향상하는 방안을 살펴보면 어린이집 내부에서 주도하며, 자율적으로 이루어지는 장학과 연수, 외부 전문가나 기관에 의한 장학과 연수로 나눌 수 있다.

1) 어린이집 자체 보육교사 교육

보육교사의 발달을 위해서는 교사의 자기성장 욕구를 바탕으로 적극적으로 성찰하도록 이끄는 원내 · 자율 · 동료 장학이 가장 바람직하다(조부경 외, 2001).

자체 교육의 이유는 다음과 같다.

첫째, 장학의 출발은 교사에 대한 이해를 전제로 이루어져야 하기 때문이다.

둘째, 외부 장학자와 단기간에 상호 신뢰와 친밀감을 형성하기 어렵기 때문이다.

셋째, 각 기관별로 독특한 프로그램 운영이 권장되므로 외부 장학자의 협의와 개입은 한계가 존재한다.

카츠(1989)는 교사의 전문성 향상을 위한 현직훈련 전략을 조언적 접근이라 하며 다음과 같이 규정한다.

- 교사들의 도움 요청이 있을 때만 도움을 제공
- 요청자의 목적과 목표, 요구에 따라 도움을 제공
- 정규과정, 강습회, 세미나보다는 상황적인 도움을 제공
- 교사가 무력함을 느끼고 의존적이 되게 하는 것이 아니라, 자조적이고 독립적이 될 수 있도록 도움을 제공

어린이집 자체 교사교육은 어린이집이 주도하여 자율적으로 교사 장학을 하는 것으로, 수업장학, 동료장학, 자기장학, 약식장학, 자체연수로 나눌 수 있다(김혜경, 2011).

(1) 수업장학

보육교사들의 수업기술 향상을 위하여 경력 보육교사와 원장이 주도하는 개별적이고 체계적인 지도, 조언활동으로 수업계획에 관하여 보육교사와 협의를 갖고 수업을 관찰 및 분석하며 보육교사에게 관찰 결과를 피드백하여 수업개선을 도모하려 한다.

(2) 동료장학

동료교사들끼리 교육활동의 개선을 위하여 서로 모임이나 짝을 이루어 상호 간 수업연구, 공동 과제 및 관심사 협의, 연구 등 공동으로 노력하는 과정이다.

(3) 자기장학

교사 개인이 자신의 전문적 발달을 위하여 스스로 계획하고 실천하는 장학이다.

(4) 약식장학

원장, 원감 또는 주임교사가 짧은 시간 동안 보육실을 참관한 후 교사들의 수업이나 환경 등에 대해 교사에게 지도, 조언하는 장학이다.

(5) 자체연수

어린이집 내부와 외부의 물적 · 인적 자원을 활용하여 어린이집 자체에서 실시하는 연수활동이다.

2) 외부 장학(컨설팅/수행평가)

3) 의무 보수교육

4) 대학원 진학

보육교사의 전문성 발달을 위해 현직 보육교사의 재교육을 위해 중요한 수단 중 하나이다.

5) 기타

웹 기반 토론은 바쁜 일과의 교사들 간에 경험 공유 및 반성적 사고의 기회를 제공하는 의미 있는 교사교육의 대안이 될 수 있다(오한나, 2014).

CHAPTER **05**

보육교사의 교직윤리

01 교직윤리 개념 및 제정절차

02 교직윤리 성격 및 필요성

03 교직윤리 내용

04 교직윤리 강화방안

01 교직윤리 개념 및 제정절차

보육교사가 보육전문성을 지니고 어린이집에서 보육활동을 수행하면서 스스로 실천하기를 기대하는 내부적 규범이며, 외부적으로 요구되고 있는 것이 윤리의식을 지닌 교직윤리이다.

윤리의식은 어린이집 보육교사가 보육활동을 수행하는 매일의 일상에서 수없이 부딪히는 도덕적 딜레마에 직면할 때 스스로 올바른 판단을 하도록 도와주는 것이다.

1. 개념

어린이집 보육교사의 교직윤리의 개념을 밝히기에 앞서 모든 직업인에게는 윤리, 도덕, 직업윤리(professional ethics)가 필요하다.

먼저 윤리란 법률과 비교하여 그 특성을 살펴보면, 법률이 사회질서를 유지하기 위한 공식적 통제체제라면 윤리는 바람직한 사회를 위한 당위적이고 이상적인 내적·자율적 통제체제이다(윤종건 외, 1998). 또한 윤리는 도덕성에 관한 비판적 숙고를 포함하고 있고, 강제성이 없는 내적·자율적 통제체제(권영례, 2015)에서 볼 때 도덕은 한 조직체 내에서 조직구성원들이 지닌 선과 올바름, 적합함, 의무 등에 대한 신념이며 행동규범이다.

또한 직업윤리는 직업생활에서의 윤리를 말하는 것으로 사회에서 직업인에게 요구하는 직업적 양심, 사회적 규범과 관련된 것이다(중앙경제, 2014). 즉, 모든 직업을 가진 사람은 직업의 특성에 따라 마땅히 지켜야 할 도덕적 행동규범을 가지는데 직업과 관련된 윤리를 직업윤리라고 말한다. 이렇게 본다면 교직윤리란 직업윤리의 하위개념으로 교직과 관련된 윤리라고 볼 수 있다.

다음은 여러 학자가 제시한 교직윤리에 대하여 살펴보고자 한다.

표 5-1 교직윤리의 개념

학자명	개념
김순형 외(2015)	보육교사의 역할을 수행할 때 기대되는 행동규범으로써 스스로 실천하기를 기대하는 규범
김기태 외(2003)	교직자의 실천규범
권건일(2010)	교직자가 교육활동을 행함에 있어서 스스로 실천하기를 기대하는 내부적 규범과 외부적으로 요구되는 윤리의식
박은혜(2015)	교사들이 교직을 수행하면서 스스로 실천하기를 기대하는 규범
염지숙 외(2011)	교사가 그 직무수행과 관련하여 스스로 지켜야 할 것으로 기대되는 규범으로 강제를 수반하는 법률적 성격을 갖지는 않지만 교사가 교직생활에서 마땅히 지키고 실천해야 할 행동규범 또는 도덕적 의무

이상의 교직윤리의 개념을 요약하면 '어린이집에서 보육교사가 교직생활을 영위하면서 직무수행에 관련하여 교육현장, 사회, 인간관계 속에서 마땅히 실천되기를 기대하는 자발적이며 능동적인 행동규범이나 도덕성'이라고 할 수 있다.

2. 제정절차

미국 영유아교육협회는 유아교사에게 필요한 윤리강령(code of young children)을 1989년에 제정, 1997년 수정 발표한 후 우리나라에서는 2005년 스승의 날에 모든 교직자에게 적용되는 '교직윤리헌장'을 제정하여 1954년 한국문화협회에서 제정한 '사도강령'과 1982년 대한교육연합회가 제정한 '사도헌장'을 대신하여 공포하였다.

이어 우리나라는 2010년 유아교육선진화위원회를 비롯한 유아교육단체가 공동으로 '유치원교사헌장'과 '유치원 교사강령'을 발표하였다.

더불어 어린이집 원장 보육교사 윤리강령은 한국보육시설연합회와 유아정책연구소가 개발, 연구하여 2011년 전국보육인대회에서 보육교사윤리강령과 윤리선언문이 발표된 바 있다.

02 교직윤리 성격 및 필요성

1. 교직윤리 성격

모든 교원에게 교직윤리는 다음과 같은 성격을 지니고 있다.

① 전체 구성은 4개 영역으로 구성되어 있다.

우리나라 어린이집 원장 및 보육교사 윤리강령

- 영유아에 대한 윤리
- 가정에 대한 윤리
- 동료에 대한 윤리
- 사회에 대한 윤리

② 교원윤리강령은 영유아의 권리를 존중하는 방향으로 구성되어 있다.

영유아도 인격체로서 권리를 누릴 수 있어야 하며, 교원윤리강령도 영유아의 권리를 존중하고 보장할 수 있도록 구성되어 있다.

- 생존할 권리: 기본적인 삶을 누리는 데 필요한 권리
- 보호받을 권리: 유해한 것으로부터 보호받을 권리
- 발달할 권리: 잠재능력, 교육, 여가, 문화생활, 정보취득, 생각, 양심, 종교의 자유 등 자기성장 및 발달할 권리
- 참여할 권리: 의견표현, 존중, 표현, 양심과 종교, 모임참여, 사생활 보호, 유익한 정보를 얻을 권리

③ 교직윤리는 강제성이 없는 것이다.

교직윤리는 법률과 같은 통제기능이 없다. 그러나 교직윤리를 준수하지 않으며 본인을 비롯하여 영유아, 학부모, 지역사회인에게 나쁜 영향을 끼치므로 강제성은 없으나 꼭 지키도록 많은 압력을 받는 행동규범이나 도덕성이다.

④ 교직윤리는 내적 · 자율적 통제체제이다. 개인의 자율적 판단에 의하여 행동으로 이어진다.

⑤ 교직윤리는 교원의 모든 행위와 관련이 있다

⑥ 교직윤리는 교육이 질을 좌우한다.

2. 교직윤리의 필요성

보육교사는 다양한 영유아 보육활동을 수행하는 과정에서 적절한 의사결정을 내리게 되는데, 그 기준이나 지침이 필요할 때 이러한 역할을 하는 것이 교직윤리이다.

보육교사가 교직윤리가 왜 필요한가에 대하여 알아보면 다음과 같다.

첫째, 영유아들의 인격을 존중하기 위해서이다. 교직윤리는 해당교사에게 영유아의 인격을 존중하는 다짐을 하게 한다.

둘째, 영유아와 부모와의 상충되는 요구를 적절히 조절하기 위해서이다. 영유아에게 불이익이 가지 않게 현명한 판단을 내릴 수 있게 도와준다.

셋째, 영유아의 교육 · 보육과정을 합리적으로 운영하기 위해서이다. 교사의 가치나 주관에 치우지지 않고 교육, 보육과정의 본질에 맞게 의사결정하도록 도와준다.

넷째, 다양한 학부모의 요구를 조절할 수 있게 한다. 학부모들의 기대와 요구를 조화롭고 객관적으로 선별, 수용할 수 있는 기준이 된다.

다섯째, 교사 자신의 행동에 대한 자기 통제력을 길러준다. 유혹을 거부할 수 있는 자기통제력을 길러준다.

여섯째, 사회인들로부터 존경받는 스승상을 정립시켜 준다.

보육교사는 존경받는 스승상을 정립하기 위해 교직윤리를 준수하게 된다.

03 교직윤리 내용

1. 내용

교직윤리의 내용은 어린이집 교사의 교직윤리, 미국 영유아교육협회의 윤리강령의 전체적인 구조를 비교해 보고자 한다.

표 5-2 교직윤리의 내용

어린이집 원장, 교사 윤리강령	미국 NAEYC 보육교직원 윤리강령
제1장 영유아에 대한 윤리 제2장 가정에 대한 윤리 제3장 동료에 대한 윤리(어린이집 원장)(보육교사) 제4장 사회에 대한 윤리	1. 영유아에 대한 윤리적 책임 2. 가족에 대한 윤리적 책임 3. 동료에 대한 윤리적 책임(동료)(고용주) 4. 지역공동체 및 사회에 대한 윤리적 책임(개인수준)(집단수준)

첫째, 어린이집 원장, 교사 윤리강령, 미국 보육교직원 윤리강령 등 2개 유아교육단체의 교직윤리의 명칭은 공히 윤리강령으로 제정되었다.

둘째, 2개 단체의 윤리강령은 영유아, 가정, 동료, 사회 등 4개 영역으로 구성되어 있다.

1) 어린이집 원장, 교사 윤리강령

어린이집 원장, 교사 윤리강령은 2011년 전국보육인대회에서 공포되었다.

보육시설장·교사 윤리강령

보육은 영유아를 건강하게 양육하고, 안전하게 보호하며, 발달특성에 적합한 교육을 제공하는 복지서비스이며, 보육인은 사랑과 존중과 전문지식을 바탕으로 영유아의 전인적 성장에 영향을 미치는 전문 직업인이다. 그러므로 보육인은 윤리적 의식과 태도를 가지고 사회적 본분에 임해야 한다. 이에 보육시설장과 보육교사는 스스로 책무성을 발현하여 윤리강령을 제정함을 밝힌다.

본 강령을 직무수행의 규준으로 삼아 보육현장에서 발생하는 윤리적 갈등을 해결하고 생존권, 보호권, 발달권, 참여권 등 영유아의 권리를 보장함으로써 직무상의 윤리적 책임을 다하여 전문 직업인으로서의 위상을 공고히 하고자 한다. 더불어 영유아와 그 가정, 동료와 사회의 존엄성을 존중하는 보육의 실천으로 다각적인 신뢰를 구축하고, 영유아의 잠재력을 최대한 발휘시킴으로써 영유아가 긍정적인 자아개념을 형성하고 유능한 사회인으로 성장할 수 있도록 도와, 궁정적으로는 영유아와 그 가정, 동료와 사회의 통합적·이상적 복지실현에 기여하고자 한다.

제 I 장 영유아에 대한 윤리

1. 영유아의 인격을 존중하고, 개인의 잠재력과 개성을 인정한다.
2. 영유아에게 고른 영양과 충분한 휴식을 제공하여, 몸과 마음을 건강한 사람으로 자라도록 돕는다.
3. 성별, 지역, 종교, 인종, 장애 등 어떤 이유에서도 영유아를 차별하지 않고, 공평한 기회를 제공한다.
4. 영유아는 다치기 쉬운 존재임을 인식하여 항상 안전하게 보호한다.
5. 영유아에 대한 정서적·언어적·신체적 학대를 행하지 않는다.
6. 시설 내외에서의 영유아 학대나 방임을 민감하게 관찰하며, 필요한 경우 관련 기관("아동보호전문기관" 등)에 보고하고 조치를 취한다.
7. 개별적 상호작용 속에서 영유아의 요구를 수용하기 위해 노력한다.
8. 영유아의 사회·정서·인지·신체 발달을 통합적으로 지원하는 보육프로그램을 실시한다.
9. 영유아가 특별한 도움을 필요로 하는 경우, 전문가와 협력하여 영유아의 입장에서 최선의 대안을 찾는다.
10. 보육활동을 계획, 실행, 평가하는 모든 과정에 영유아의 흥미와 의사를 반영한다.
11. 영유아의 개인적 기록과 정보에 대해 비밀을 보장한다.

제 II 장 가정에 대한 윤리

1. 상호 신뢰를 바탕으로 영유아의 가정과 동반자적 관계를 유지한다.
2. 각 가정의 양육 가치와 의사결정을 존중한다.
3. 경제적 수준, 가족 형태, 지역, 문화, 관습, 종교, 언어 등 어떤 것에 의해서도 영유아의 가정을 차별대우하지 않는다.
4. 보육활동 및 발달 상황에 관한 정보를 정확하게 제공하여 영유아에 대한 가정의 이해를 돕는다. 다문화, 심신장애 등으로 의사소통에 도움이 필요한 경우 문제를 해결할 최선의 방법을 도모한다.
5. 시설 운영에 관한 정보를 공개하여 영유아 가정의 알권리에 응한다.
6. 보육 프로그램 및 주요 의사결정에 영유아 가정이 참여하도록 안내한다.
7. 필요한 사회적 지원, 전문서비스 등 관련 정보를 제공하여 영유아 가정의 복리 증진을 돕는다.
8. 영유아 가정의 사생활을 보호하고 익명성을 보장한다.

제 III 장 동료에 대한 윤리

[보육시설장]

1. 최상의 보육서비스 제공에 필요한 인적·물적 환경의 조성 및 유지를 위해 노력한다.

2. 보육교사를 신뢰하고 존중하며 전문성과 자율성을 인정한다.
3. 성별, 학연, 지연, 인종, 종교 등에 따라 보육교사를 차별하지 않는다.
4. 업무 관련 의사결정이 필요한 경우, 보육교사의 의견 개진 기회를 보장한다.
5. 보육교사에게 지속적 재교육 등 전문적 역량제고의 기회를 부여한다
6. 보육교사에게 적정 수준의 보상(보험, 급여 등)을 안정적으로 제공하며, 복지 증진에 힘쓴다.
7. 보육교사 개인의 기록과 정보에 대한 비밀을 보장한다.

〔보육교사〕

1. 존중과 신뢰를 바탕으로 협력하여 서로의 전문성과 자율성을 인정한다.
2. 상호 간 역량 계발과 복지 증진에 부합하는 근무환경이 되도록 힘쓴다.
3. 시설장 및 동료와 영유아 보육에 대한 신념을 공유한다.
4. 보육교사로서의 전문성 함양을 위해 스스로 노력한다.
5. 시설 내에서 영유아 및 보육교사의 인권과 복지를 위협하는 비윤리적 사태가 발생한 경우, 법률 규정이나 윤리기준("한국보육시설연합회 윤리강령위원회" 참조)에 따라 조치를 취한다.

제 Ⅳ 장 사회에 대한 윤리

1. 공교육에 대한 책임을 인식하고, 항상 질 좋은 보육서비스를 제공한다.
2. 영유아의 안전을 위협하는 환경이나 정책이 발견될 시, 관계기관과 협의하여 개선한다.
3. 공적 책임이 있는 시설로서 재정의 투명성을 유지하고 부당한 방법으로 사적 이익을 취하지 않는다.
4. 영유아의 권익 보호를 위해 관련 정책 및 법률 제정에 적극 참여하여, 사회적으로 이를 널리 알리는 데 앞장선다.
5. 지역사회 실정에 맞는 시설의 책임과 역할을 인지하고 실천하고자 노력한다.

보육인 윤리 선언문

나는 영유아의 건강한 성장과 발달을 지원하는 보육인으로서, 직무상의 윤리적 책임을 다하여 다음 사항들을 지킬 것을 다짐합니다.

I. 나는 내가 영유아에게 지대한 영향을 미치는 존재임을 잊지 않으며, 항상 스스로의 말과 행동에 신중을 기한다.
I. 나는 영유아의 인격과 권리를 존중하며, 어떠한 경우에도 영유아에게 해가 되는 일을 하지 않는다.
I. 나는 영유아 가정의 다양성을 이해하고 존중하며, 상호 신뢰하는 동반자적 관계를 유지한다.
I. 나는 동료를 존중하고 지지하며, 서로 협력하여 최상의 보육서비스를 제공하기 위해 노력한다.
I. 나는 보육의 사회적 책임과 역할을 인식하고, 영유아의 권익과 복지를 위한 활동에 앞장선다.
I. 나는 '보육시설장・윤리강령'을 직무 수행의 도덕적 규준으로 삼아 진심을 다하여 충실히 이행한다.

04 교직윤리 강화방안

일선 보육현장에서 보육교사 윤리강령을 적용시키는 역량을 키우기 위해서는 스스로 지각하고 실천하는 것이 가장 이상적인 방법이지만 그것은 쉬운 일이 아니다. 따라서 현장의 보육교사들이 교직윤리내용을 이해하고 실천의지를 가지도록 보육행정당국, 보육연수기관, 보육기관, 보육교사 양성기관 등에서 보육교사 교직윤리 강화를 위한 다양한 방안을 입체적이며 체계적으로 계획하고 적용해야 한다.

다음은 여러 기관에서 할 일을 세부적으로 살펴보고자 한다.

1. 일선 행정기관에서 할 일

교육행정기관에서는 사례 발표회, 자료집 발간, 포상방법을 생각할 수 있다.

1) 보육교원윤리 실천사례발표회 및 사례집 발간

보육교원윤리 실천사례발표회를 개최하여 우수보육교원사례발표를 한 교원들에게 표창하고 우수사례를 중심으로 사례집을 발간하여 현장 어린이집에 배부하여 보육교사들의 교원윤리실천의지를 갖도록 한다.

2) 보육교사 징계처분사례집 발간

보육교사들의 징계처분사례집을 발간하여 어떤 비행이 저질러졌을 때 어떠한 처벌을 받는가를 현장보육교사들에게 주지시켜 보육교사의 윤리의식에 대한 경각심을 제고시킨다.

3) 보육교사 윤리 대상제 운영

교원윤리를 모범적으로 실천한 보육교사에게 윤리대상을 수여하고 윤리 실천가를 널리 홍보한다.

2. 연수기관에서 할 일

연수기관에서는 교원윤리과목을 개설하고 교원특별연수를 실시한다.

1) 교원윤리과목 설강

연수기관에서 주관하는 각종 연수회에 교원윤리과목을 개설한다.

2) 교원윤리특별연수

1년에 1회, 전도 보육교사를 대상으로 지구별로 교원윤리특별연수를 실시하고, 교원윤리 실천 우수사례도 발표하도록 한다.

3. 교사양성기관에서 할 일

교사양성기관에서 주관하여 실시하는 모든 연수에 교원윤리과목의 개설을 의무화한다.

4. 유아교육기관에서 할 일

유아교육기관에서는 교원윤리강령에 대한 자기성찰, 토론회, 복무지침제정, 실천내용의 홍보 등을 시행한다.

1) 자기성찰 기회제공

교사 스스로 교원윤리내용에 대하여 스스로 반성하고 되새겨 보는 자기성찰의 기회를 갖도록 한다. 교원윤리 자가평가표를 체크리스트로 작성하여 교사 스스로 자가평가해 보도록 한다.

2) 복무지침 제정활용

각 보육기관에서는 복무지침을 제정하여 소속 보육교사로 하여금 실천하도록 촉구한다. 또한 복무지침 내에 교원윤리강령의 내용을 삽입한다.

3) 교원윤리 실천내용 홍보

교원윤리 실천내용을 인쇄물로 제작하여 학부모에게 배부·게시하여 교원윤리 실천을 위해 노력하는 모습을 보여주고 이에 대한 협조방안을 마련한다.

4) 교사윤리토론회 개최

교사윤리토론회를 개최하여 윤리적 딜레마 상황에서 올바른 윤리가치를 선택하여 생활화할 수 있도록 한다. 토론회는 다음과 같은 각 과정에 대하여 간단히 설명하기로 한다.

(1) 자기생활경험의 상기

교사 개인의 윤리적 딜레마에 빠져 고민한 상황이나 해결한 상황을 발표한다.

(2) 생활경험의 분류

교사들이 발표한 윤리적 딜레마를 같은 영역끼리 분류한다.

(3) 토의문제의 초점화

교사들이 발표한 윤리적 문제 가운데 빈도가 가장 많은 윤리적 딜레마 하나를 선정하여 토의주제로 정한다.

(4) 집단토의

선정된 윤리적 딜레마에 대하여 다음과 같은 관점에서 토의한다.

첫째, 윤리적 딜레마는 무엇인가?
둘째, 윤리적 딜레마가 발생한 이유는 무엇인가?
셋째, 윤리적 딜레마를 그냥 방치한다면 어떤 결과가 초래되겠는가?
넷째, 윤리적 딜레마는 교원윤리내용과 어떤 관계가 있는가?
다섯째, 윤리적 딜레마를 어떤 방향으로 해결할 것인가?

(5) 가치화

집단 토의과정을 통하여 윤리적 딜레마에 대한 올바른 가치를 선택한다.

(6) 실천계획 수립

선택된 가치를 보육교사의 교직윤리생활에서 어떻게 적용할 것인가에 대하여 각자의 의견을 정리하고 실천하도록 한다.

5) 보육교사 특성별 지도

보육교사의 특성별 지도는 보육경력을 중심으로 초임교사와 경력교사로 구분하여 지도방법을 기술하기로 한다(이순형 외, 2015).

(1) 초임교사

- 윤리강령의 보육활동과의 관련성 지도: 영유아의 가족과 함께할 때 윤리적 입장에서 경각심을 갖도록 지도하여 윤리강령의 필요성을 절실하게 느끼도록 한다.
- 윤리강령을 윤리적 책임을 규명하거나 딜레마 해결의 방법으로 사용하는 습관을 갖도록 격려한다. 특히 초임교사 윤리의식 교육 시에는 초임교사에게 알맞은 활동으로 이루어지도록 한다. 즉,
  - 많은 경험이나 주도성을 요구하지 않으며
  - 기본적인 정보를 이용하며
  - 초임교사 삶의 경험을 이용하며
  - 초임교사가 윤리강령의 가치를 이해하도록 적극적으로 지도한다.

(2) 경력교사

① 윤리적 딜레마의 해결

경력교사에게 알맞은 윤리의식 교육은 경력교사가 지니고 있는 윤리적 딜레마를 해결하는 과정이 되어야 한다.

경력교사는 기본적 교수·학습지도 기술은 숙련되어 있으나 윤리적 요소가 담긴 다양한 문제에 대해서는 많은 의문을 가지게 될 것이다. 이러한 의문의 예를 들면,

- "내가 생각하기에 자녀에게 좋지 않은 영향을 주는 어떤 것을 해달라는 엄마를 어떻게 대해야 할까?"
- "다른 아이를 괴롭히는 우리 반 아이를 어떻게 하지?"
- "일부 동료교사가 영유아에게 부적절한 방법으로 가르치고 있는데 내가 무슨 말이든 해야 하나?" 등이다.

CHAPTER **06**

보육교사의 직무

01 표준보육과정 이해하기

1. 이해

보육의 목표를 달성하기 위한 구체적인 내용에 해당하는 보육과정은 영유아의 발달을 도모할 수 있는 내용을 포함하여 보육의 틀을 제공한다.

우리나라는 국가수준에서 제시되는 보육내용을 표준보육과정이라고 한다. 표준보육과정은 어린이집의 만 0~5세 영유아에게 국가수준에서 제공하는 보편적이고 공통적인 보육의 목표와 내용을 제시한 것이다(보건복지부, 2014).

표준보육과정에 대한 교육은 중앙육아종합지원센터에서 온라인으로 진행되며, 각 시·군·구 육아종합지원센터에서 오프라인으로 기초 및 심화교육이 진행되고 있다. 이러한 교육을 통하여 표준보육과정의 내용을 충분히 숙지하여야 한다.

영유아를 이해하기 위해서는 영유아의 학부모와 이전 반 담임교사를 통해 전반적인 영유아의 개별 특성에 대해 파악해야 한다. 신입 영유아의 경우 사전면담을 통해서 영유아의 특성을 파악할 수 있고, 재원 영유아의 경우 생활기록부, 면담기록, 포트폴리오 자료, 이전 반 담임교사와의 면담을 통해 특성 파악이 가능하다.

표준보육과정은 다시 0~2세 영아를 위한 보육과정과 3~5세 아동을 위한 유치원 공통의 누리과정으로 나뉜다. 누리과정은 어린이집 표준보육과정과 유치원교육과정 중 만 3~5세 유아에게 필요한 기본 능력과 소양을 기를 수 있는 공통내용을 선정한 과정이다.

1) 0~2세 보육과정

0~2세의 보육과정은 6개 영역 기본생활, 신체운동, 의사소통, 사회관계,

예술경험, 자연탐구 중심으로 구성된다. 6개 영역은 영유아가 건강하고 안전하며 바르게 생활하는 데 필요한 내용과 신체, 언어, 사회, 인지, 정서 등 전인적 발달을 위해서 영유아가 갖춰야 할 지식, 기술 태도를 포함한다(보건복지부, 2013).

2) 3~5세 누리과정

3~5세 누리과정은 2013년 3월부터 시행되었고, 어린이집과 유치원에 다니는 모든 3~5세 유아에게 공정한 교육의 기회를 제공하기 위한 국가가 제시하는 최적의 교육과정에 대한 지침이다. 누리과정은 기존의 유치원 교육과정과 표준보육과정을 통합한 공통과정으로서 3~5세 유아의 심신의 조화로운 발달을 도모하여 민주 시민의 기초를 형성하는 것을 목적으로 하고 있다.

3) 표준보육과정의 개발 원리

여성가족부(2006)에서 발표한 표준보육과정은 그동안 축적된 과학적 연구와 실증적 자료를 바탕으로 영유아에 대한 관점, 영유아 환경과의 관점, 학습과 발달에 대한 관점 등을 중심으로 개발되었다.

표준보육과정의 개발 원리에 해당하는 내용을 살펴보면 다음과 같다(윤혜경, 2017).

첫째, 모든 영유아는 환경과의 능동적 상호작용을 통해 자신의 발달과 경험을 적극적으로 구성해 나갈 수 있는 능력을 갖추고 있다.

둘째, 영유아의 발달과 학습은 통합적으로 이루어진다. 즉, 언어, 사회, 정서, 신체, 인지적 측면들이 서로 유기적으로 관련되어 있어 분리된 방식으로 가르치는 것은 바람직하지 않다.

셋째, 영유아는 학습속도, 기질, 상황, 사전경험, 환경에 따라 개인차를 가지고 있고, 영유아의 최적 발달을 위해 개인차를 고려한 학습활동이 제공되어야 한다.

넷째, 영유아의 성장과 발달에 영향을 미치는 중요한 요인들은 보육환경과 보육교사 그리고 또래 가족이나 지역사회 성원 등이다. 미시적인 차원에서의 환경적 관점보다 생태적인 관점에서의 환경을 제공하는 것이 바람직하다.

다섯째, 영유아는 교사 중심의 대집단 활동보다 자신의 선택에 의한 놀이와 탐색을 통해 지식, 기술 및 태도를 가장 잘 습득할 수 있다.

여섯째, 질적으로 우수한 교사는 영유아를 안전하게 보호하고 또래나 교구와 상호작용을 통해 능동적으로 탐구할 수 있도록 다양한 활동을 제공하고, 세심한 관찰로 개별적으로 적합한 지원을 제공한다.

4) 표준보육과정의 개발과정

표준보육과정은 2004년 「영유아보육법」이 개정되면서 법적 근거가 마련되었다.

개정된 「영유아보육법」(2005년 1월 30일부터 시행) 제29조 제2항에서 표준보육과정을 개발·보급하여야 함을 명시하고, 2006년 우리나라 최초의 국가수준의 '표준보육과정'이 입법화(「영유아보육법 시행규칙」)되었고 '표준보육과정의 구체적인 보육내용 및 교사 지침'이 2007년에 고시되었다. 그리고 2012년 제2차 표준보육과정 개정을 거치는데, 이는 5세 누리과정을 도입함에 따라 유치원 교육과정과 공통으로 5세 누리과정을 별도로 제정하고, 나머지 나이인 0~4세를 대상으로 한 개정이었다. 이후 2013년 3월부터 시행된 제3차 표준보육과정은 확대 도입되는 만 3~5세 누리 과정에 맞추어 개편되었다.

02 보육교사의 연간 직무

1. 연간 보육계획 수립하기

연간 보육계획은 장기간에 걸친 유아의 생활이나 성장을 바라본 것이다.

보육과정은 영유아들의 생활이나 성장의 과정을 어떻게 다루는가에 따라 연간계획이라는 표현하는 방법이 나타난다.

보육교사로서 연간 계획의 수립은 한 보육실의 담임교사로서 1년의 보육과정을 잘 운영할 수 있는 토대가 되며, 보육과정 운영에는 '계획 - 수립 - 평가'라는 규칙이 존재하는 것이다.

연간 보육과정은 보육계획을 수립하고 보육과정을 편성 · 실시한 후 정기적인 평가를 통하여 그 결과를 다음 보육계획 수립 시 반영하는 순환체계로 운영된다.

어린이집에서 연간 보육계획을 수립함에 앞서 우선적으로 고려되어야 하는 것은 어린이집의 운영철학, 원훈을 포함한 어린이집의 운영방향이다. 그리고 전년도 보육과정 운영평가를 반영하여 기본적인 보육과정을 수립할 수 있다. 그다음 영유아의 연령과 발달수준, 흥미 등 개인차를 파악하여 최대한 구체적으로 해당 반에서 1년 동안 유아에게 맞는 모든 활동의 보육과정을 수립할 수 있다. 마지막으로 표준보육과정이라는 큰 틀 안에서 전체 어린이집의 보육과정이 연령별 연계성과 계열성을 가지기 위해서는 반별 보육계획을 수립한 후 반드시 전체 어린이집 보육과정을 함께 점검해 보는 것이 필요하다.

표 6-1 2016년 만 2세 연간보육계획안

월	주제	주	소주제
3	어린이집이 좋아요	1	나는 00반이에요
		2	엄마, 아빠와 헤어질 수 있어요
		3	우리 반 선생님과 친구들이에요
		4	재미있는 놀잇감이 있어요
4	어린이집이 좋아요/ 봄 나들이가요1	1	편안하게 지내요
		2	안전하게 놀아요
		3	바깥 놀이가 재미있어요
		4	안전하게 바깥놀이해요
5	봄 나들이 가요2	1	따뜻해졌어요
		2	꽃구경은 즐거워요
		3	벌레가 꿈틀꿈틀해요
		4	봄나들이 갈까요
6	나는요	1	나는 0000이에요
		2	내 몸을 살펴보아요
		3	나는 느껴요
		4	내가 좋아하는 것이 있어요
7	재미있는 여름이에요1	1	날씨가 더워졌어요 1
		2	비가 많이 와요
		3	깨끗하게 씻어요
		4	물놀이가 재미있어요1
		5	물놀이가 재미있어요2
8	재미있는 여름이에요 2/ 나는 가족이 있어요1	1	물놀이가 재미있어요3
		2	여행을 가요
		3	엄마, 아빠가 좋아요
		4	우리 가족을 흉내 내요1
		5	우리 가족을 흉내 내요2
9	나는 가족이 있어요2/ 동물 놀이해요1	1	우리 가족을 소개해요
		2	추석이에요
		3	여러 가지 동물이 있어요
		4	엄마 동물, 아기 동물

〈계 속〉

월	주제	주	소주제
10	동물 놀이해요2/ 알록달록 가을이에요1	1	동물처럼 소리 내며 움직여요
		2	00반이 좋아하는 동물
		3	가을이에요
		4	가을나들이
11	알록달록 가을이에요2/ 겨울과 모양을 즐겨요1	1	단풍이 물들어요
		2	자연물로 놀이해요
		3	알록달록 색깔나라
		4	재미있는 그리기 나라
12	겨울과 모양을 즐겨요2	1	추워요
		2	따뜻하게 지내요
		3	신나는 겨울 놀이
		4	즐거운 성탄이에요
		5	여러 가지 모양이 있어요
1	나는 친구가 있어요1	1	내 친구가 좋아요
		2	친구와 함께하는 놀이가 있어요1
		3	친구와 함께하는 놀이가 있어요2
		4	우리는 5살(설날)
2	나는 친구가 있어요2	1	형, 언니가 되었어요1
		2	형, 언니가 되었어요2
		3	즐거웠던 우리반1
		4	즐거웠던 우리반2

출처: www.daum.net

2. 연간 지역사회 연계 계획 수립하기

어린이집에서 지역사회 연계활동은 영유아의 보육활동을 심화·확장시켜 주는 현장학습은 물론 다양한 지역기관의 자원을 활용하는 것을 포함한다.

일반적으로 어린이집에서 보육활동은 지역사회 기관과 연계한 상담 및 정보 제공, 인력자원, 서비스 이용 등을 연계한 부분이므로 이에 대한 계획도 함께 수립하는 것이 바람직하다.

연간 보육계획에서 어린이집에서 이루어지고 있는 현장학습을 좀 더 살펴보면 전체보다는 소규모(반별 또는 연령별)로 계획하는 것이 좋으며, 특히 영유아의 안전을 고려하여 1시간 미만의 차량 이용 장소를 선택하고, 많은 인적 자원(학부모, 자원봉사자, 보조교사 등)을 확보하는 것이 더욱 좋다. 다음 현장학습의 계획을 위해서 간단히 기록해 두어야 할 것이다. 그리고 미리 사전에 확인하는 것이 필요하다.

표 6-2 지역사회 연계 계획 수립한 연간 보육계획

월	주제	소주제	지역사회 연계
3 4	어린이집이 좋아요	• 나는 00반이에요 • 엄마, 아빠와 헤어질 수 있어요 • 우리 반 선생님과 친구들이에요 • 재미있는 놀잇감이 있어요 • 내가 좋아하는 놀잇감이에요 • 편안하게 지내요/안전하게 놀아요	• 어린이집 주변 산책 (지역사회 기관 찾아보기)
5	봄 나들이 가요	• 안전하게 바깥놀이 해요 • 꽃구경은 즐거워요 • 벌레가 꿈틀꿈틀해요 • 고래를 만나러 가요	• 고래 박물관(재능 기부 - 해설사 선생님 고래의 모습과 생활)
6	나는요	• 나는 0000이에요 • 내 몸을 살펴보아요/나는 느껴요 • 내가 좋아하는 것이 있어요 • 내 몸이 튼튼해져요 • 혼자서도 잘해요	• 성문화센터 방문 성교육 (내 몸은 소중해요) • 00치과 견학(구강검진, 교육) • 급식관리지원센터 방문 영양교육 (건강한 내 몸)
7	나는 가족이 있어요	• 엄마, 아빠가 좋아요 • 우리 가족을 흉내 내요 1, 2 • 우리 가족을 소개해요 1, 2	• 웨딩홀 견학(결혼식장에 갔어요) • 산부인과 병원 견학(간호사 선생님 만나기)
8	재미있는 여름이에요	• 날씨가 더워졌어요 • 비가 많이 와요/깨끗하게 씻어요 • 물놀이가 재미있어요 1, 2 • 여행을 가요	• 물놀이(자원봉사세터 연계 인력 활용)

출처: 공인숙 외(2017).

3. 연간 가정과의 연계 계획 수립하기

영유아의 활동에서 가정, 어린이집, 지역사회는 매우 중요한 환경으로 이들은 서로 연계되어야 그들의 삶에 영향을 미친다. 특히 어린이집에서 이루어지는 보육의 효과를 극대화하기 위해서는 가정과의 연계가 필수적이다.

어린이집은 영유아 부모의 참여가 활발한 열린 어린이집으로 운영하여 개방성을 증진해야 한다.

어린이집에서 부모의 참여의 종류에는 역량강화를 위한 다양한 교육(학부모오리엔테이션, 학부모교육, 워크숍, 소집단 부모학습 모임 등), 학부모와의 다양한 의사소통(알림장, 가정통신문, 홈페이지, 무기명 건의함 등), 함께하는 학부모 참여활동, 어린이집과 가정의 연계활동, 의사결정에의 참여(반모임, 의견조사, 평가회, 운영위원회)가 있다. 어린이집에서 전체적인 보육과정과 특성을 고려하려 학부모 참여의 범위와 형태를 포함한 연간 계획이 필요하다.

표 6-3 가정과의 연계 계획 수립하기

월	활동명	유형 및 방업	대상	내용	담당자	
					책임자	보조자
3	신입원아 적응 프로그램	가족참여	신입 영유아부모	연령별 적응프로그램을 통한 안정적인 어린이집 적응 돕기	김○○	박○○ 이○○
	부모교육 - 베이비마사지	워크숍	만 0세 신입 영유아부모	만 0세 발달에 적합한 베이비마사지 방법 실습	황○○	강○○
	어린이집 운영위원회	회의	학부모 운영위원	어린이집 운영 전반 회의	윤○○	
4	적응보고서 배부 및 부모 개별 면담	부모통신 및 개별면담	신입 영유아부모 및 전체 부모	어린이집 적응에 관한 교사의 관찰기록 배부(신입대상) 및 전체 면담	임○○	
5	아빠참여수업 - 나도 프랜디 대디	워크숍	전체 영유아 아빠	아빠와 함께 쉽게 할 수 있는 놀이활동 실습	윤○○	최○○ 정○○ 조○○

〈계 속〉

월	활동명	유형 및 방업	대상	내용	담당자	
					책임자	보조자
6	반별 간담회	간담회	전체 부모	반별 보육프로그램에 대한 소개 및 집단 면담	장○○	각반 교사
	어린이집 운영위원회	회의	학부모 운영위원	어린이집 운영 전반 회의	윤○○	
7	부모교육 - 발달에 적합한 그림책	강연회	전체 부모	영유아발달 및 그림책 전문가 초청 강연회	윤○○	김○○
상시	가정통신문 및 기타 공지사항	부모통신	전체 부모	매월 행사계획안 및 부모교육 자료를 담은 통신문 배부		
	재능기부 프로그램	부모참여	전체 부모	다양한 형태의 보육활동 참여 및 기여활동		

4. 연간 업무분장 계획 수립하기

어린이집에서 원활한 보육과정을 운영하기 위해 교직원의 구체적인 업무분장을 하는 것 또한 연초에 계획해야 하는 중요한 일 중 하나이다.

보육교사의 근무부담이 많을수록 전문성을 신장시킬 수 있는 기회가 상대적으로 줄어들기 때문에, 잡무 경감을 통해 보육교사들이 교육과 보육활동에 전념할 수 있도록 배려해 주는 것이 중요하다(김은영 외, 2012).

어린이집에서 교직원들의 업무분장은 구체적이고 명확할수록 좋으며, 전체 회의를 통해 논의가 이루어져야 한다.

표 6-4 전체 업무분장의 예

구분	담당	업무내용	비고
주요 업무	원장	• 원의 전반적인 교육 및 운영계획/견학 및 행사계획 • 업무분장, 감독, 근무평정 등 업무관리 • 시설설비 및 재정관리/운영 및 교육정보 수집 • 행정당국 및 단체와의 관계 유지/일지 취합 검사	전체 청소 구역 관리
	교사	• 연간, 주간, 일일 보육계획안 작성 • 보육활동 진행 및 준비/보육일지 작성 • 각 보육실의 환경 구성 및 청결 관리/학부모 상담 • 영유아에 대한 관찰 일지 및 보고서 작성 • 영유아 건강 및 안전 관리/영유아 영양 및 급식 관리	담당 교실 관리
기타 업무	교사	• 영아반, 유아반의 전반적인 교육내용 관리 • 원아관리 및 관찰지도/소모성 교재 점검 및 신청 • 시청각 기자재 관리(OHP, 빔프로젝터, 비디오 카메라 등) • 행사 일지 작성/비디오 및 테이프 정리 담당 • 안전 관리(소화기 점검), 비상 대피 훈련 담당	계단 청소 외부 청소
	교사	• 입학생담 및 자원봉사자 담당/위생소독 • 식단표 작성 및 주문 담당/화분 관리 • 게시판(주간 보육계획안, 주간식단표, 월행사)담당 및 관리	화장실 청소 화장실 수건 관리
	교사	• 사무실 도서 정리 및 관리/업무 일지 작성 • 종이, 시트지, 코팅지, 복사지(복사기) 등 지류 정리 및 관리 • 약품장 관리 및 약품 사용 대장 담당/ 생일잔치 계획 및 준비	현관 청소
	운전사	• 차량 안전 준수사항 • 차량 내 소화기 관리	차량 청결
	조리사	• 1층 물컵 관리/식자재 주문 및 관리 • 2층 정수기 물컵 관리	수족관 세탁기 관리

출처: 한국보육진흥원(2016).

03 보육교사의 월간 직무

1. 월간 보육계획 운영하기

월간 보육계획은 어린이집 보육교사들이 연초에 수립한 연간 계획을 토대로 수립하고 실행하는 것이다.

1) 월간 보육계획 수립

어린이집의 특성을 고려하여 표준보육프로그램을 수정하여 사용한 예를 보면 표 6-5와 같다.

표 6-5 월간 보육계획

<table>
<tr><td colspan="6">○월 월간 보육계획안
만 0세 이솜반 교사: 김○○, 장○○</td></tr>
<tr><td colspan="2">주제</td><td colspan="4">느껴 보아요</td></tr>
<tr><td colspan="2">목표</td><td colspan="4">• 다양한 목욕용품을 탐색하며 씻는 것에 관심을 갖는다.
• 목욕용품을 활용하여 목욕하는 놀이를 한다
• 옷을 입고 벗으며 감각적 느낌을 경험한다
• 옷의 질감이나 색깔, 모양을 탐색한다</td></tr>
<tr><td colspan="2" rowspan="2">주(기간) / 활동</td><td>1주</td><td>2주</td><td>3주</td><td>4주</td></tr>
<tr><td>씻으며 느껴요 I</td><td>씻으며 느껴요 II</td><td>입으며 느껴요 I</td><td>입으며 느껴요 II</td></tr>
<tr><td colspan="2" rowspan="2">등원 및 맞이하기</td><td>인사좌표가 있어요</td><td>엄마랑 인사좌표에서 인사해요</td><td>인사말이 있어요</td><td>웃으며 얼굴을 마주봐요</td></tr>
<tr><td colspan="4">달 인사하기: 잘 듣고 말하는 어린이가 되겠습니다.
말을 정말 잘하는 사람이 되려면 친구의 말에 먼저 귀를 기울여야 합니다. 경청은 사람을 현명하게 만들어줍니다</td></tr>
<tr><td rowspan="3">일상생활</td><td>수유 및 이유식, 간식</td><td colspan="4">컵으로 마실 수 있어요</td></tr>
<tr><td>낮잠 및 휴식</td><td colspan="4">친구랑 같이 자요</td></tr>
<tr><td>기저귀 갈이</td><td colspan="4">기저귀 부채는 시원해요</td></tr>
<tr><td rowspan="2">실내 자유 활동</td><td>신체움직임 영역</td><td>• (대근육) 오르내리기 계단이에요
• (소근육) 비누는 미끌미끌</td><td>• (대근육) 비탈산을 기어요
• (소근육) 내 얼굴에 로션을 발라요</td><td>• (대근육) 만세하고 옷을 입어요
• (소근육) 양말통에 내 양말을 넣어요</td><td>• (대근육) 앉아서 바지를 입어요
• (소근육) 옷을 바구니에 담아요</td></tr>
<tr><td>언어 · 휴식 영역</td><td>• (듣기/말하기/ 읽기) 그림책-치카치카 고로록
• (베이비 사인) 손씻자
• (쓰기) 선생님과 함께 끼적여요</td><td>• (듣기/말하기/ 읽기) 동시-엄마, 아빠가 좋아요
• (베이비 사인) 사랑해
• (쓰기) 나도 종이에 끼적여 봐요</td><td>• (듣기/말하기/읽기) 내가 입은 옷이에요
• (베이비 사인) 만세
• (쓰기) 헌 옷 위에 사인펜으로 끼적여요</td><td>• (듣기/말하기/읽기) 그림책-혼자 입어요
• (베이비 사인) 어깨를 잡아요
• (쓰기) 형아들이 끼적였어요</td></tr>
</table>

〈계 속〉

<table>
<tr><td rowspan="1">실내
자유
활동</td><td>감각 · 탐색
영역</td><td>• (음악, 동작) 손 씻기 송
• (쌓기) 연두색 수건을 무너뜨려요
• (탐색) 비누냄새가 좋아요
• (미술) 어버이날 카드 만들기</td><td>• (음악, 동작) 동요-닮은 곳이 있대요
• (역할) 아기인형과 목욕해요
• (탐색) 따뜻한 물수건이에요
• (미술) 로션 그림을 그려요</td><td>• (음악, 동작) 동요를 들으며 스카프를 흔들어요
• (쌓기) 내 기저귀를 쌓아요
• (탐색) 상추가 연두색이에요
• (미술) 뾰족 뾰족 국수산</td><td>• (음악, 동작) 딸랑이 달린 옷을 입고 흔들어요
• (역할) 모자를 쓰고 벗어요
• (탐색) 수건이 젖었어요
• (미술) 흐물흐물 국수그림</td></tr>
<tr><td colspan="2">실외활동/
일상생활활동</td><td>• (실외활동) 바람이 따뜻해요
• (대체활동) 안전봉을 잡고 설 수 있어요</td><td>• (실외활동) 연두색이 있어요
• (대체활동) 여기는 계단이에요</td><td>• (일상생활) 나뭇잎이 햇살에 반짝여요
• (실외활동) 형아반이랑 산책가요
• (대체활동) 하늘 땅 스트레칭</td><td>• (일상생활) 돗자리에 앉아봐요
• (실외활동) 웨건 타고 산책해요
• (대체활동) 형아반에 놀러가요</td></tr>
<tr><td colspan="2">기본 생활습관</td><td>• (청결) 바깥놀이 하고 손을 씻어요</td><td>• (예절) 바르게 앉아 먹어요</td><td>• (자조) 양말을 벗어 봐요</td><td>• (인성/존중) 내 이름을 듣고 대답해요</td></tr>
<tr><td colspan="2">사회관계 증진</td><td>• 선생님과 함께 손 씻기는 즐거워요</td><td>• 선생님이랑 마주 보고 치카치카해요</td><td>• 선생님과 함께 옷을 벗고 정리해요</td><td>• 거울을 보며 옷을 입어요</td></tr>
<tr><td colspan="2">건강/안전교육</td><td>• (생활안전) 나가면 안 돼요</td><td>• (성교육) 좋은 느낌과 나쁜 느낌</td><td>• (실종유괴예방) 선생님이 보이지 않으면 그 자리에 있어요</td><td>• (약물오남용) 먹기 전에 꼭 어른께 물어봐요
• (교통안전) 움직일 때 조심해요</td></tr>
<tr><td colspan="2">운동심리</td><td colspan="4">• 손뼉치기/네발로 기기/블럭 미끄럼틀 기기/하늘 땅</td></tr>
<tr><td colspan="2" rowspan="2">귀가 및 가정과의 연계</td><td>온가족이 양치해요</td><td>우리 가족 목욕하는 날</td><td>내 옷, 엄마 옷, 아빠 옷</td><td>키즈노트를 함께 봐요</td></tr>
<tr><td colspan="4">• (컬러데이) 연둣빛 새싹 채소 먹어보기</td></tr>
</table>

* 본 계획안은 어린이집 사정 및 영아의 흥미에 따라 변경될 수 있습니다.

2) 월간 보육과정 운영하기

어린이집에서 보육교사는 연간 보육계획안을 기초로 수립한 주간(또는 월간) 보육계획안을 실행하면서 다루어야 하는 주요 내용을 설정하고 활동의 내용과 목표를 감안하여 활동 형태(대 · 소집단, 자유선택활동, 실외활동)를 결정해야 한다. 단 여기서 선정된 활동은 연계성을 고려하여 실시해야 하며, 이전 활동평가를 토대로 활동을 계속해서 진행하거나, 새로운 활동을 계획하는 등 유통성 있게 실행하고 이를 기록하는 것이 필요하다.

3) 월간 보육활동 평가하기

어린이집에서 보육활동을 매일, 주간, 월간, 연간 등 정기적으로 평가하고, 이를 토대로 보육과정에 반영하는 것이 원칙으로 보육교사들은 알고 있어야 한다. 이러한 평가를 바탕으로 영유아의 흥미와 상황을 고려하여 보육계획을 수정하는 순환적인 평가과정을 통해 영유아에게 의미 있는 보육과정 운영이 가능해진다.

표 6-6 연간·월간·주간 보육활동 평가

연간 보육활동 평가	지난 1년간 진행되었던 연간주제로 검토하고 각 연간 주제가 영유아의 발달에 적합했는지, 흥미를 이끌 수 있었는지, 시기적으로 적합하였는지 등을 살펴본다. 연간보육계획에 대한 평가는 매년 새로운 학기가 시작되기 전 2월에 검토하여 그 다음해의 연간보육계획에 반영한다.
월간 보육활동 평가	한 달 동안의 보육내용이 누리과정 다섯 개 영역을 균형 있게 제시했는지, 그 달의 보육내용을 진행함으로써 영유아가 경험할 수 있는 지식, 기술, 태도 및 가치를 적절히 습득할 수 있었는지, 주간별 보육내용 간의 상호 연계와 통합을 잘 이루고 있는지 등을 검토한다. 월간 보육과정에 대한 평가는 다음 달 월간 보육계획 및 다음 해 연간보육계획에 반영한다. 월간 보육활동 평가는 매월 마지막 주 금요일(또는 토요일)에 진행한다.
주간 보육활동 평가	한 주간의 보육과정 내용의 흐름을 되돌아보고 계획된 주간 보육내용 중 실제로 진행된 내용과 진행되지 않은 내용, 주간 보육 시 계획되지 않았지만 추가로 진행된 내용을 정리해 본다. 또한 일일 보육내용이 다음날의 보육 내용과 연계성 있게 진행되었는지도 검토한다. 검토한 내용은 영유아의 반응, 흥미, 보육내용 진행 시의 상황, 활동의 균형을 고려하여 그 이유를 분석한다. 분석된 내용은 다음 주 보육계획에 반영한다. 주간보육활동 평가는 한 주의 보육이 끝나는 금요일(또는 토요일) 오후에 진행된다.

출처: 보건복지부(2013).

2. 보육환경 꾸미기

어린이집에서 보육교사는 영유아의 보육과정을 효과적으로 운영하기 위해 보육환경을 꾸민다. 영유아의 보육실은 흥미영역으로 구성하여, 자율적으로 다양한 활동을 하며 안전하게 생활할 수 있도록 하는 것이 무엇보다 중요하다.

보육환경 구성은 어린이집에서 학기 초 전체적인 보육실 환경을 구성한다는 점에서 연간 직무에 해당한다. 그러나 활동주제와 계절 영유아의 흥미 등을 고려하여 보육실 환경구성도 달라져야 한다는 검을 감안하면 월간 직무에 해당한다고 볼 수 있다.

3. 지역사회 및 가정과의 연계활동 운영하기

1) 현장체험학습 자원 활용하기

연초에 작성한 계획을 실행하기 전에 다양한 지역사회 자원을 활용하는 현장체험학습을 하기 위해서 미리 사전 답사하는 것은 매우 필수사항이다. 이때 명확하게 진행하기 위해서는 가능하면 공문으로 협조할 수 있도록 하는 것이 좋다.

현장체험학습에서 예약 상황 및 대상 인원, 연령 등을 확인하여 신속하게 활동이 이루어지도록 하는 것이 필요하다. 또한 현장체험학습 활동에서 원생들을 어떻게 이동시키고, 교사 및 봉사자들을 어떻게 배치하여 활동을 해야 하는지에 대한 구체적인 계획을 수립하기 위해 기관을 방문하거나 전화를 통해 긴밀한 논의가 필요하다. 현장체험학습의 활동장소, 비상구, 화장실, 휴식장소, 인근 병원 등의 위치를 사전에 파악하며, 위험요인이 없는지 확인해두어야 한다.

현장체험학습 시행에 앞서 담당하고 있는 보육교사는 사전에 미리 체험활동 장소를 파악하여 교육 자료로 활용할 수도 있다. 그리고 부득이 변경사항에 발생할 수 있는 것을 감안하여 대체활동을 미리 계획해 두는 것도 필요하다.

현장체험학습에 따른 안전지도에서 영유아 주변에는 위험개소들이 많이 산재해 있다. 그러나 영유아는 위험한 것인지 판단하는 능력이 낮고, 호기심이 많아 탐색하려는 욕구가 커서 자칫 안전사고로 이어질 우려가 있다. 현장체험학급에 따른 건강, 안전 생활지도 방안을 살펴보면 표 6-7과 같다.

표 6-7 현장체험학습에 따른 건강, 안전 생활지도 방안

구분	활동장소	위험요인	지도방안
물리적 시설	바닥	• 비닐 장판을 물걸레 청소한 후 보행하다 미끄러져 넘어질 수 있음 • 비닐 장판이 떨어져 있을 경우, 유아 덧신에 걸려 넘어질 우려가 있음 • 바닥이 플로어링으로 깔려 있는 경우 넘어지면 다칠 우려가 있음 • 바닥에 두꺼운 게시물을 부착했을 때 넘어질 수 있음	• 비닐 장판 청소는 유아들이 등원하기 전에 완료하고 물기가 없게 마른 걸레로 닦음 • 특히 문턱 옆의 비닐이 떨어질 염려가 있으니 떨어지면 즉시 보수함 • 플로어링 바닥 위에 카펫을 깔아줌 • 두께가 있는 게시물은 피하고 게시할 경우 아스테이트지로 싸둠
	스위치	• 물 묻은 손으로 스위치를 켜는 경우 감전 사고가 일어날 수 있음 • 스위치 접속이 잘 돼 전기 내선이 노출되는 경우, 감전사고로 이어질 수 있음	• 물 묻은 손으로 스위치를 만지지 않음 • 스위치 부근에 내선이 노출되었는지 확인함
	콘센트	• 콘센트에 젓가락 같은 전기가 흐르는 물건을 가까이 대면 감전 사고를 일으킬 수 있음 • 주변에 먼지가 쌓일 경우, 정전기를 일으켜 화재 우려	• 사용하지 않는 콘센트는 덮개를 덮어 줌 • 먼지 청소를 주기적으로 실시함
	계단	• 2층 이상 건물의 경우 오르내리다 넘어질 우려가 있음 • 호주머니에 손을 넣고 오르내리다 넘어질 우려가 있음	• 오를 때는 오른쪽 층계 난간을 내려올 때는 왼쪽 층계 난간을 꼭 잡고 내려옴 • 계단을 오르내릴 때는 반드시 주머니에 손을 넣지 않음
	출입문 과 창문	• 교실의 출입문과 창문을 열고 닫을 때 손끼임 사고가 일어날 수 있음	• 손가락 끼임 방지 처리가 되어 있거나 도어록이 설치되어야 함
	놀잇감	• 놀잇감을 입에 넣었다가 삼켜 질식으로 이어질 수 있음 • 놀잇감이 파손되는 경우, 뾰족한 모서리가 생기거나 더욱 파손되면서 상처를 줌 • 놀잇감이 더러워져 비위생적임 • 특히 천류로 제작된 놀잇감은 부패되어 비위생적임 • 놀잇감끼리 부딪치면서 신체 손상으로 이어짐	• 놀잇감의 크기를 유아 수준을 고려하여 제작 활용하도록 함 • 놀잇감을 수시로 점검하여 파손되지 않도록 함 • 놀잇감을 주말을 이용하여 물세척함 • 햇볕에 자주 말리거나 소독제를 뿌림 • 놀잇감을 가지고 장난하지 않도록 지도함
	각종 기자재	• 각종 기자재(책상, 의자, 교구장)의 겉면 처리가 잘못되어 다칠 우려가 있음 • 각종 기자재의 모서리가 날카로워 유아가 넘어지는 경우 다칠 우려가 있음 • 각종 기자재를 이동시키다가 넘어질 우려가 있음	• 비닐과 아스테이트지로 싸서 사용함 • 모든 기자재의 모서리를 원형으로 제작함 • 자주 이동해야 하고 규모가 큰 기자재에는 바퀴를 달음

〈계 속〉

구분	활동장소	위험요인	지도방안
	화장실	• 화장지가 없거나 물내리기 시설이 없어 크게 놀라는 일이 있음 • 화장실 출입문이 높은 경우 화장실 내에서 위급한 상황이 돌발하여도 이에 대처하지 못함	• 화장지 비치 유무, 물 내리기 시설 이상 유무 수시 확인 • 화장실 출입문을 낮게 하여 교사가 화장실 안을 들여다 볼 수 있게 함
등·하원	도보 등원	• 도보 등원 시 교통사고에 늘 노출되어 있음	• 보도로 걸어 다니기, 횡단보도로 건너기, 신호등 지키기 등에 대한 항상 교육이 이루어짐 • 부모와 연계하여 안전교육을 실시함
	차량 등원	• 등원의 기쁨에 흥분하여 탑승 시 넘어졌을 때 부상 우려가 됨 • 미처 나오지 못한 경우 탑승하지 못할 수도 있음	• 버스가 도착하여 교사가 내릴 때까지는 줄을 서서 기다림 • 교사가 내리면 다 함께 인사 나누고 한 명씩 탑승함 • 차량 승차 시각표를 작성하여 몇 시 몇 분에 어느 동에서 누가 타는지 명단을 작성하여 학부모에게 안내함
	차량 하원	• 하원의 기쁨에 흥분하여 내리다가 다칠 우려가 있음 • 미처 내리지 못할 경우를 대비한 계획	• 교사가 먼저 내려 한 명씩 내려주고 서로 인사한 후 다음 유아를 내려 부모에게 인계함 • 버스에서 내린 후 부모님과 귀가하는 유아, 혼자 귀가하는 유아, 길을 건너 귀가하는 유아를 표시하여 귀가 지도함 • 차량 하차 원아 명단을 몇 시 몇 분에 어느 동에서 누가 내리는지 명단을 작성하여 부모에게 통보함
응급처치	응급처치	• 응급 처치해야 할 상황을 미리 예견해 보고 대처방법, 도구 알아두기 • 놀이기구, 학용품 또는 소지품을 삼켜 목에 넘어갔을 때 • 장애물에 넘어져 코피가 터지거나 이가 부러졌을 때 • 벌레에 물려 부어오를 때 • 급체했을 때	

출처: 군산바다유치원 인용.

2) 가정과의 계획하기

현장체험학습의 원활한 수행을 위해서는 가정의 학부모 참여가 다양하게 이루어지는 것이 좋다. 서로 상호 동반자적인 관계가 강화될 것이다. 특히 어린이집 보육교사는 가정과의 연계활동에 학부모가 자발적이고 적극적으로 참여할 수 있도록 유도해야 할 것이다.

표 6-8 가정 연계 활동 실행 시 유의사항

부모교육	다양한 부모교육을 마련하여 부모와 어린이집의 상호 소통의 기반을 형성하도록 더욱 적극적인 노력을 기울여야 한다. 일방적인 지식 전달이나 일회성 교육에 그치기보다는 부모가 적극적으로 참여할 수 있는 다양한 형태의 교육을 제공하는 것이 좋다. 또한 부모교육의 계획, 실행, 평가에 걸친 전 과정에서의 부모의 요구와 의견을 수렴하는 등 적극적인 소통을 위한 노력이 필요하다. 특히 부모교육 계획 단계에서 부모가 원하는 교육내용, 실시 시기 등에 대한 사전조사를 실시하고 부모의 참여율을 높이기 위한 방안을 마련하는 것이 필수적이다.
다면적 의사소통의 기회와 통로	어린이집에서 가정으로 정보를 전달하는 일방적인 의사소통이 아닌, 어린이집과 부모 간의 양방향 의사소통이 중심이 되어야 하며, 이를 통해 바람직한 영유아보육이라는 공동의 목표를 실현시킬 수 있도록 한다. 부모가 어린이집에서 제공하는 정보를 일방적으로 수용해야 한다고 느끼지 않도록 어린이집이 부모와 소통한다는 자세를 갖는 것이 무엇보다도 필요하다. 부모의 의견 질문에 신속히 반응하고 그중 어린이집 운영방향에 적합하고 보육의 질을 높일 수 있다고 여겨지는 의견을 적극적으로 수용하는 것도 중요하다. 그러나 부모의 의견이라고 해서 아무런 검토없이 즉각 적용하는 것은 바람직하지 않다. 부모의 의견이 제시되었을 때 교직원회의를 통해 전문가적 견해에서 어린이집이 바람직한 방향으로 운영될 수 있도록 의견을 반영하고 그 결과를 다시 부모에게 알려주는 것이 필요하다.
부모참여 활동	이미 어린이집에서는 다양한 부모참여활동이 진행되고 있기 때문에 어린이집 운영자 입장에서는 기존에 실시하고 있는 부모참여활동을 어떻게 발전시켜야 할 것인지에 대한 궁금증이 있을 것이다. 기존의 부모 참여 활동과 달리 열린 어린이집에서 부모참여 활동을 계획, 실행할 때 중요하게 고려해야 하는 점은 어린이집의 자원과 노력에서 나아가 부모의 자원과 노력, 영유아의 조부모와 형제자매 등 가족 전체의 자원과 노력을 공유함으로써 어린이집과 가정의 공동양육자 관계를 강화하는 데 중점을 둔다는 것이다.
어린이집과 가정의 연계활동	가정연계활동은 어린이집의 활동이 가정으로 이어지고, 가정에서의 경험이 다시 어린이집 보육활동과 연계되는 양방향적인 순환활동으로 구성할 수 있다. 즉, 가정 입장에서 소극적이고 수동적인 참여를 넘어 보다 적극적이며 능동적으로 참여할 수 있는 활동을 의미한다. 이러한 양방향적인 순환과정을 통해 어린이집과 각 가정의 상호 이해와 소통의 수준을 높일 수 있다.
의사결정에의 참여	부모가 어린이집의 전반적인 상황을 파악하고 특정 사안에 대해 함께 고민하며 의사결정 과정에 참여함으로써 어린이집 운영에 자신의 의견을 다양하게 반영시킬 수 있다. 어린이집에서는 운영내용을 부모에게 공개하고 의견을 수용해야 한다는 부담감이 있으나, 의사결정을 부모와 함께하는 것이 부모의 책임감과 어린이집 운영의 투명성을 담보하는 장점이 있음을 잊지 말아야 한다.

출처: 보건복지부(2015).

04 보육교사의 일과 운영

1. 하루 일과 및 지도계획

2013년 영유아 무상보육 실시로 인해 가정을 떠나 어린이집에서 보내는 시간이 길어지고 있다. 어린이집에서 보내는 시간이 일일 5시간 이상이며, 길게는 12시간을 머물기도 한다. 영유아가 어린이집에서 보내는 하루 일과는 그들의 성장 발달에 있어서 중요한 요인으로 작용하고 있다.

여기서 하루 일과란 '매일 규칙적으로 하는 일정한 일'이다. 하루 일과에서 영유아는 규칙적이고 반복적인 활동으로 안정감을 느끼며 잘 적응해 간다. 그리고 하루 일과를 통한 심리적 안정감을 바탕으로 영유아는 보다 더 다양하고 질 높은 경험에 적극적으로 도전하게 된다.

보육교사의 적극적인 하루 일과는 영유아들에게 규칙적인 생활리듬을 형성하고 성장과 발달을 도모하게 되는 것이다.

어린이집의 하루 일과 중 지도계획을 살펴보면 특정 시간대에 특정 활동유형으로 패턴화된 규칙적으로 반복되는 생활로서 등원, 오전 자유선택활동, 대·소집단활동, 정리정돈, 간식, 실외놀이, 급식, 낮잠, 오후 자유선택활동, 특별활동, 하원의 순서로 구성되어 있다.

표 6-9 어린이집 하루일과 지도계획

생활 주요장면	기본생활습관 지도내용	덕목	관련 주제	비고
1. 등원 시 지도	1. 신발 바르게 정리하기	청결	어린이집과 친구	
	2. 예의 바르게 인사하기	예절	어린이집과 친구	
	3. 옷과 가방 정리하기	청결	나와 가족	
2. 화장실 사용 지도	1. 순서 지키기	질서	나와 가족	
	2. 아껴쓰기	절약	나와 가족	
3. 간식과 점심 지도	1. 식사 예절 지키기	예절	어린이집과 친구	
	2. 스스로 식사 준비하기	절제	나와 가족	

〈계 속〉

생활 주요장면	기본생활습관 지도내용	덕목	관련 주제	비고
	3. 식사 정리하기	절제	나와 가족	
	4. 편식 안하기	절제	건강과 안전	
	5. 여러분에게 감사하기	예절	우리 동네	
4. 휴식과 낮잠 지도	1. 휴식	절제	어린이집과 친구	
	2. 낮잠 지도	절제	건강과 안전	
5. 자유선택활동 지도	1. 순서 정하기	질서	나와 가족	
	2. 양보하기	예절	나와 가족	
	3. 놀이규칙 준수하기	질서	나와 가족	
	4. 놀잇감 정리정돈하기	질서	어린이집과 친구	
6. 귀가 시 지도	1. 자기 물건 스스로 챙기기	절제	나와 가족	
	2. 옷을 바르게 입기	예절	나와 가족	
	3. 예의 바르게 인사하기	예절	어린이집과 친구	
	4. 신발 바르게 정리하기	청결	어린이집과 친구	

1) 등원 시 지도

영유아가 등원할 때 보육교사가 영유아를 대하는 태도는 세 가지가 있다.

- Morning inspection: 영유아의 안색을 비롯하여 거동 상태를 점검하는 등 건강상태를 확인한다.
- Guidance: 등원 장면에서 지도할 수 있는 기본생활습관 정착 여부를 확인한다.
- Rapport: 보육교사는 영유아를 웃는 얼굴로 맞이하면서 친밀관계를 유지한다. 특히 등원시간에 지도할 수 있는 내용은 신발 바르게 정리하기, 예의바르게 인사하기, 옷과 가방 정리하기 등이다.

① 신발 바르게 정리하기

- 현장지도
- 교육관련 지도
- 계속적인 지도

② 예의 바르게 인사하기

- 과제분석법

③ 옷 걸어두기

- 유아의 옷 걸어두기 능력수준 파악
- 개별지도

④ 가방 정리하기

2) 화장실 사용 지도

① 순서 지키기

② 아껴쓰기

- 이야기 나누기
- 환경물 게시
- 사용기준량 제시

3) 간식과 점심 지도

① 간식

② 점심

- 식사예절 지키기
- 스스로 준비 및 정리하기

- 편식 안 하기
- 여러분에게 감사하기

4) 휴식과 낮잠 지도

① 휴식

② 낮잠 지도

5) 자유선택활동 지도

① 순서 정하기

② 양보하기

③ 놀이 규칙 준수하기

④ 놀잇감 정리정돈하기

6) 평가 및 귀가

① 평가

② 귀가

- 자기 물건 스스로 챙기기
- 옷을 바르게 입기
- 예의 바르게 인사하기
- 신발 바르게 정리하기

CHAPTER 07

보육교사의 성장과 발달

01 보육교사 발달의 개념

1. 개념

영유아를 이해하고 그 발달을 지지하고 촉진하는 것은 보육의 사명이다.

인간의 삶에서 개인의 가치관이나 지식, 능력은 변화와 발달의 과정을 거친다. 이러한 변화와 발달의 과정은 유아기에서 아동기로, 청소년기에서 성인기, 노년기 등으로 일련의 단계를 가진다(이문구, 2006).

발달은 인간의 현재 발달모습을 통해 과거의 발달의 모습을 추측하거나 이후의 방향을 예상할 수 있게 한다.

영유아교육기관에서 자신의 역할을 수행하는 보육교사들도 교직생활을 통해 다양한 방식으로 변화와 발달의 과정을 거친다.

모든 것을 갖춘 상태로 보육교사직을 시작하는 보육교사는 실제로 많지 않다.

예비보육교사들은 많은 시간 동안 직전교육을 통해 보육교사로서 갖추어야 할 기본적인 소양과 자질을 갖추고 있을지라도 교사생활을 하는 동안 지속적으로 다양한 형태의 재교육과 새로운 경험을 통해 발달을 계속해 나가야 한다(최윤아, 2015).

보육교사가 교직생활을 할 때 교직관과 교직에 대한 신념, 가치관을 갖추어야 한다. 또한 교과 지식, 학습지도와 생활지도 측면과 학급경영 및 업무수행, 교수방법과 수업전략 측면에서 교육과정의 구성 및 계획, 절차와 실행 등과 같은 영역에서는 기술과 지식을 갖추고자 한다.

이러한 행동이 시간적인 변화에 따라 전 영역에 걸쳐 성장하거나 발전, 혹은 퇴보하려는 현상이 나타나는 것을 '보육교사 발달'이라고 한다(김선희 외, 2010).

보육교사가 처음 발령을 받은 순간부터 퇴직에 이르는 전 과정을 통해 다양한 교직 경험을 쌓아가면서 교수방법에 대한 지식과 기술, 신념과 행동이 변화되면서 점차 적응해 나가거나 성숙해 가는 단계로 보육교사 발달을 정의하였다(이두영, 2009).

보육교사 발달은 교직생활과 관련된 가치관과 신념, 태도와 지식, 그리고 기능적인 면과 행동에 있어서 양적·질적인 변화를 의미한다(이윤식, 1999).

보육교사 발달이란 교직에 입문하는 순간부터 전 기간에 걸쳐 보육교사 개인의 교육에 대한 신념과 철학, 관심사 등 정의적 태도 및 관점, 학급 경영과 교수·학습 기술 및 방법, 업무수행 능력 등 인지적·행동적 측면이 긍정적이거나 부정적으로 변화하는 것이라 정의할 수 있다.

02 보육교사 발달의 관점

1. 발달의 관점

영국의 오언(Owen, 1816)이 세운 성격형성학원 등의 예에서 보듯이 보육은 방치되거나 위험에 처한 노동자 자녀에게 안전한 환경을 제공하고, 부모를 잃은 영유아를 돌보아 주는 것에서 시작한 것으로 보육교사는 아동에게 사랑을 주고 따뜻한 보살핌을 주는 것이라는 인식에 의한 신체적 돌봄을 중심으로 아동의 생존발달에 중점을 둔 관점이었다.

인간의 발달을 연령과 발달 특성에 따라 태아기, 영아기, 유아기, 아동기의 단계로 구분하는 것처럼, 보육교사의 발달 또한 연령과 경력에 따라 초임교사에서부터 경력교사 나아가 전문교사와 같은 단계로 보육교사의 발달 주기를 구분할 수 있다.

그러나 보육교사의 성장과 발달은 단순히 기술적인 측면의 발달을 의미하는 것이 아니라(Reiman & Thies-Sprinthall, 1999), 환경과 주어진 과제에 적응하는 과정에서 보육교사가 배우는 생각과 행동, 태도와 같이 실제 경험이 향상되고 성장하는 것을 의미한다(Katz, 1995).

영유아를 돌보는 교직에 있는 전 기간 동안 보육교사로서 변화되어 가는 일련의 과정이라고 할 수 있는 보육교사 발달은 직선적·순차적 발달 모형과 복합적·순환적 발달 모형으로 구분된다.

직선적·순차적 발달 모형은 보육교사의 발달과정이 직선적이고 순차적으로 발달해 나가는 것으로 보는 대부분 경력이 증가할수록 보육교사의 성장과 발달이 긍정적 변화하는 것으로 본다.

복합적·순환적 발달 모형은 연령 및 경력과는 상관없이 보육교사의 발달과정이 개인적·환경적 요인에 따라 앞으로 나아가기도 하고 뒤로 퇴보하기도 하는 복합적이고 순환적인 발달을 거치는 것으로 동일한 경력을 가진 보육교사라 하더라도 같은 발달단계를 거치는 것은 아니라고 본다.

좀 더 보육교사의 발달을 직선적·순차적 발달 모형과 복합적·순환적 발달 모형을 살펴보면 다음과 같다(김형재 외, 2016).

1) 직선적·순차적 발달 모형

직선적·순차적 발달 모형은 보육교사의 발달이 연령과 경력의 일정한 주기에 의해 순차적으로 발달한다는 것이다.

보육교사 발달에 관한 연구의 기초가 되는 학자인 풀러(Fuller, 1969)는 교직이전 관심사 단계와 생존에 대한 초기 관심사 단계, 교수 상황 관심사 단계 및 영유아에 대한 관심사로 나누어 제시하였다(김은주 외, 2008).

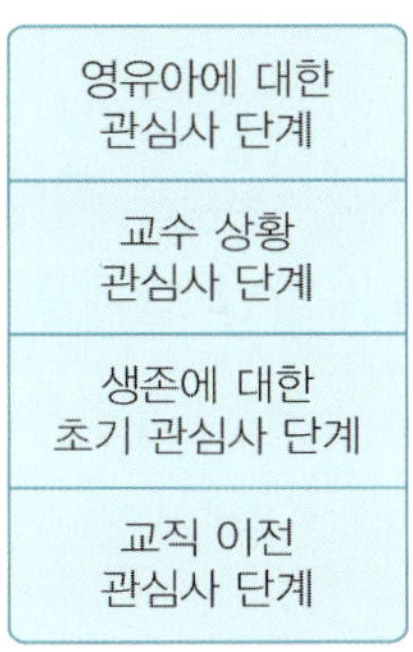

그림 7-1 직선적·순차적 발달 모형

(1) 교직 이전 관심사 단계

예비보육교사들은 영유아에 대해 관심을 보인다. 그러나 교직에 대한 경험이 없기 때문에 보육교사에 대해서는 환상적 · 이상적으로 바라보는 경향이 있다. 실제로 교육과정에 대한 비판적 기준으로 보육교사들을 적대시하기도 한다.

(2) 생존에 대한 초기 관심사 단계

보육교사들은 교직을 경험하면서 이전에 가졌던 교직에 대한 관심사가 변해 보육교사로서의 자신의 생존과 관계된 교수 · 학습방법 및 업무내용, 평가 등에 관심을 보인다.

(3) 교수 상황 관심사 단계

교수 상황에서 겪게 되는 현실적인 한계와 좌절 속에서 자신의 교수행위에 관심을 가진다.

(4) 영유아에 대한 관심사 단계

영유아의 요구와 학습, 발달 등에 관심을 기울이면서 영유아에 대한 개인적 관계 및 상호작용, 영유아에 대한 공정한 대우, 영유아에게 맞는 교수 · 학습방법 구성 등에 관심을 가진다.

보육교사 발달단계를 카츠(Kazt, 1995)는 풀러(Fuller, 1969)가 제시한 교사 관심사 이론을 더욱 확장하여 교사발달 단계를 생존, 강화, 갱신, 성숙의 4단계로 구분하였다.

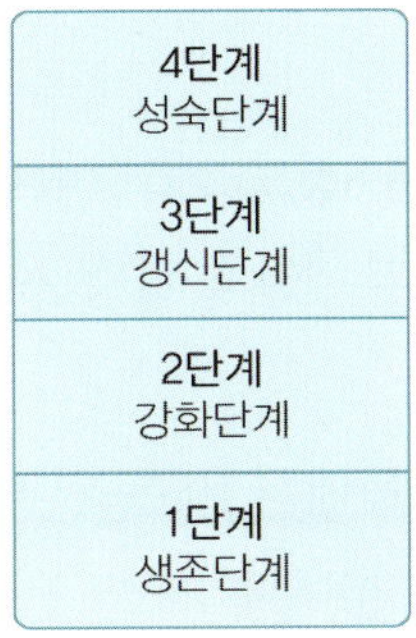

그림 7-2 교사 발달단계

① 1단계: 생존단계

보육교사라는 교직을 시작한 처음부터 1년 동안의 시기로, 자신이 보육교사로서 생존할 수 있을지에 의문점을 가진다.

이 시기의 보육교사는 어린이집 교육 현장에서 부딪치는 여러 가지 문제를 원활히 처리해 나아갈 수 있을지에 대해 많은 걱정이 생긴다. 따라서 경험이 풍부한 사람의 지원과 이해, 격려와 적절한 위로 등이 필요하고, 수업 현장에서 발생하는 문제에 대해 구체적이고 기술적인 도움이 필요한 시기이다.

② 2단계: 강화단계

보육교사 경력 1년부터 3년 정도의 시기이다. 이 시기는 어느 정도 안정감과 자신감을 갖게 된다.

교수와 관련된 업무처리나 기술을 몸에 익히는 시기이며, 문제를 가진 개별 영유아에게 관심을 갖게 된다. 이 시기의 보육교사에게는 수업현장에서의 정보제공이나 동료교사와의 수업 연구 및 자문이 필요한 시기이다. 따라서 자신의 수업분야에서 부족한 영역이 있다면 실제적인 방법으로 자기 훈련을 하는 것도 좋은 방법이다.

③ 3단계: 갱신단계

보육교사 경력 3년에서 4년 정도 시기이다. 보육교사들은 이전과 같은 방법으로 수업내용을 반복하는 것에 싫증을 내고 무엇인가 새로운 것을 시도하고자 한다.

전문단체, 워크숍, 학술지 등에서 새롭고 다양한 프로그램에 대한 정보를 얻고자 한다. 따라서 자기 분야에 대한 전문 지식확장과 전문가로서 자리매김하기 위해서는 비형식적이고 폭넓은 교육 프로그램을 지원할 필요가 있다.

④ 4단계: 성숙단계

보육교사 경력 5년 이상이 되어야 가능한 시기이다. 이 시기의 보육교사들은 교사로서의 자신감과 경험을 갖추고 성숙한 수준에 이르며 교직관에 관해 자신만의 관점과 안목을 갖게 된다. 따라서 대학원 학위 취득의 기회나 다양한 분야의 전문가들과의 만남, 세미나나 학회 참석 등이 도움이 된다.

2) 복합적 · 순환적 발달 모형

보육교사의 발달 과정은 대체적으로 첫째 단계에서부터 시작하여 순서적이고 계속적으로 일어난다. 그러나 상황에 따라 차례로 옮겨가는 것이 아니라 역동적이고 불규칙으로 진행될 수도 있다. 즉, 보육교사의 직업주기가 한 단계 지나면 다음 단계로 진행되는 일직선상의 과정이 아닌 역동적인 변화과정임을 알 수 있다. 그러므로 직선적 · 순차적 발달 모형과 복합적 · 순환적 발달 모형은 보육교사의 발달 단계를 기술하고 설명하는 데 서로 보완적으로 활용될 수 있을 것이다(이윤식, 1999).

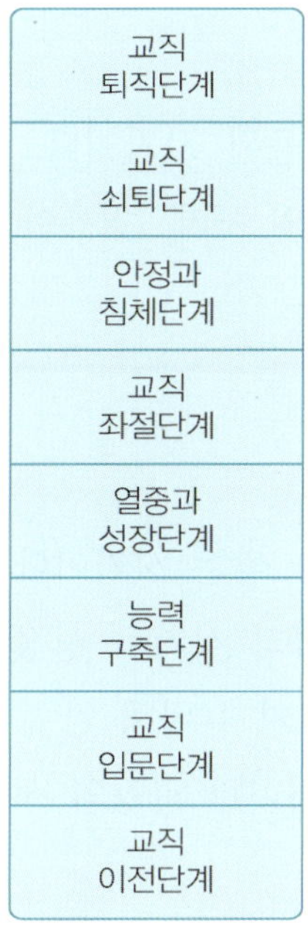

그림 7-3 **복합적 순환적 발달 모형**

8단계로 구성된 복합적·순환적 발달 모형을 제시한 버크, 크리스텐슨과 페슬러(Burke, Christensen & Fessler, 1984)는 겟젤스(Getzels)의 사회체제 이론에 근거하여 교직 주기를 교직이전, 교직입문, 능력구축, 열중과 성장, 교직좌절, 안정과 침체, 교직쇠퇴, 교직퇴직의 복합적·순환적 발달 모형을 제시하였다.

복합적·순환적 발달 모형 8단계는 순차적으로 진행되는 것이 아니라 개인적이고 환경적인 경험에 의해 역동적으로 움직인다.

(1) 교직이전단계

보육교사가 되기 위한 대안을 고려하는 것이다. 보육교사가 되기 전 시기로 보육교사 양성기관에서 직전교육을 받는 과정이나 직위에 따른 성공적인 역할수행을 위한 자격연수, 직무연수 등을 통해 새로운 준비교육이 필요하다.

(2) 교직입문단계

공식적으로 보육교사로 임용된 시기이다. 보육교사라는 직업에 사회화되는 시기로 영유아교육기관의 체제, 영유아, 동료와 새로운 조직에 적응하려는 노력이 필요하다.

(3) 능력구축단계

수업에 대한 훈련과 경험을 쌓는 시기이다. 보육교사 자신의 역할을 적극적으로 수행하기 위한 노력의 시기로 성장하고 안정되어가는 단계이다. 자신의 기술과 능력을 향상시키기 위해 연수 참여, 대학원 진학 등의 노력이 이루어지는 시기이지만, 이러한 과정의 성공 여부에 따라 좌절 및 침체단계로 넘어가기도 한다.

(4) 열중과 성장단계

문제를 분석하고 해결책을 찾으며, 적절한 수업방법과 계획안 작성, 수업전략 등을 바꾸면서 배워나가는 시기이다. 자신의 전문적 지식과 기술에 대해 자신감을 가지고 적극적으로 노력하는 시기이다. 다른 교사들을 지원해주기도 하는 긍정적인 성장의 단계이다.

(5) 교직좌절단계

더 이상 승진의 기회가 보이지 않아 교직에 대해 좌절감을 느끼는 단계이다.

(6) 안정과 침체단계

보육교사의 발달을 위해 노력하기보다 자신의 수행에 만족하는 수준이다. 자신의 일에 대한 의미 찾기가 어렵고 지식과 기술의 한계, 조직 여건이나 조건 등 좋지 않은 교수경험을 하는 시기이다. 또한 자신의 적성과 교직에 맞는지의 여부에 대해 고민하는 시기이다.

(7) 교직쇠퇴단계

점차 활동이 적어지면서 퇴직을 준비하는 시기이다. 이때 퇴직의 이유에 따라 퇴직을 긍정적 또는 부정적으로 받아들이기도 한다.

(8) 교직퇴직단계

이 시기는 결혼, 이직, 진화 등의 이유로 영유아교육기관을 그만두는 경우가 포함되어 있다. 따라서 이 시기에는 구체적인 계획을 세워 긍정적인 자세로 퇴직을 준비해야 한다.

03 보육교사의 성장

1. 성장

1991년 「영유아보육법」이 제정된 이후에는 어린이집의 양적 확대와 더불어 보육과정과 교수·학습방법의 개선을 위해 노력하는 보육교사가 많아졌다.

보육교사는 보육의 일선에서 영유아와 함께 생활하면서 영유아의 성장에 관여하는 사람이다. 따라서 보육교사에게는 다양한 역할이 기대되고 그를 위해 다양한 자질과 자기함양이 보육교사의 성장에 미칠 것이다.

1) 보육교사의 직위에 따른 성장

초임 보육교사에서 경력이 더해지면 다른 직위와 책무가 주어진다. 직위에 따른 성장 내용을 살펴보면 다음과 같다(김은주 외, 2008).

(1) 초임 보육교사의 과제와 발달

초임 보육교사는 영유아기관의 조직체제와 인간관계에 적응하기 위해 경력교사의 교수법과 행동을 모방하게 된다. 초임 보육교사들은 영유아들과의 적극적인 관계형성에 노력을 기울이면서 실수도 하고 자신의 교수행위에 실망감을 느끼기도 한다.

초임 보육교사가 교직에 입문한 지 1년 동안의 발달단계를 기대단계, 생존단계, 좌절 및 갈등단계, 반성 및 회복단계의 4단계로 구분하여 설명하였다(박은혜, 2009).

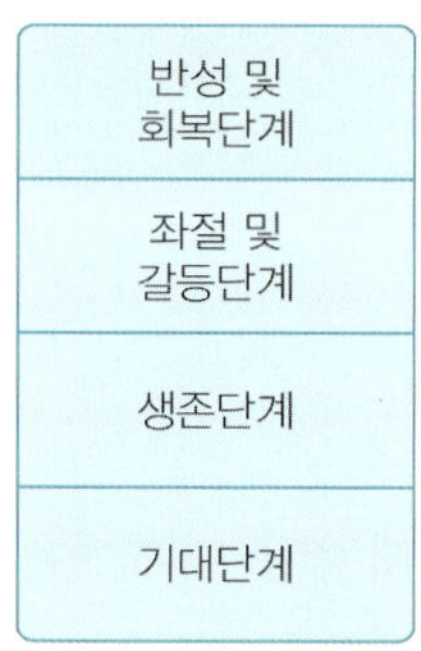

그림 7-4 **교사발달단계**

① 기대단계

보육실습을 마친 뒤 학급을 맡기 직전까지의 시기이다. 이 시기 보육교사는 자신이 현장에 나가서 좋은 교사가 될 수 있을 것으로 이상적인 기대를 하는 시기이다.

② 생존단계

현장에 나가 학급을 맡자마자 경력과 관계없이 보육교사가 해야 하는 기본적인 일들을 동일하게 수행하게 되는 학기 초를 말하며, 대부분 이 시기를 하루살이에 비유한다.

③ 좌절 및 갈등단계

보육교사 교직생활을 한 지 1~2개월이 지났을 때이며 기대단계에서 가졌던 이상은 사라지고 이론과 실제가 불일치되고 있는 현실을 보며 그 괴리를 느끼게 된다.

④ 반성 및 회복단계

방학기간을 말하며 이 기간 동안 초임교사가 관심 있는 연수에 참여하고 2학기를 위해 계획을 세워나갈 때 동료의 지원을 받는다면 다음 학기를 위한 에너지가 재충전된다. 그러나 이 기간 동안 전문적 · 인간적 · 사회적으로 지원받지 못한다면 생존과 좌절 및 갈등의 시간을 보내며 교직을 떠날 가능성이 높다. 그러므로 원장 및 원감, 경력교사의 지속적인 관심과 격려가 필요하다.

(2) 경력교사의 과제와 발달

보육교사로서 3년 차, 4년 차로 경력이 더해져 가면서 교수행위, 학급 운영의 측면에서 활동적인 시도로 능동적인 성취 경험도 하고 자신의 활동에 대한 딜레마에 빠지기도 한다. 보육교사로서 전문가로 성숙해가는 과정이며 동료교사와의 협력 구축 및 적절한 지원방안 마련으로 보육교사로서의 성장 및 발달을 지원할 수 있다. 즉, 대부분의 연구에서 경력교사는 성숙기에 속하는 단계이며, 이 시기 교사들은 가르치는 일에 더욱 자신감과 열정을 가지고 있으며, 자신을 교사로 인정하는 중요한 시기로 보고 있다(강현미, 2016).

(3) 주임교사의 과제와 발달

다른 보육교사에게 모델이 되거나 모범적인 학급운영, 상호작용법, 교수·학습법 등의 교육행위에 대한 전문적인 관점을 세워 자신만의 교직생활을 구축해 나갈 필요가 있다. 주임교사는 초임교사를 포함하여 경력이 낮은 다른 동료교사들의 전문적인 발달을 촉진시키기 위해서 지원하고 그들의 고민과 어려움에 조언을 해 주는 역할도 수행하게 된다. 주임교사는 인간관계 및 조직체계 속에서의 철저한 자기관리가 이루어져야 하며, 안정된 교사 생활이 이루어지도록 노력해 본다.

(4) 원감으로서의 과제와 발달

원감은 조직에 있어서 보육교사와 영유아, 보육교사와 보육교사, 보육교사와 원장의 다리 역할로 서로 간의 중재와 연결을 지원해 주는 자리이다. 그들은 보육교사와의 협력을 지원하고 보육교사가 성공적인 교육과정 운영과 실행이 가능하도록 안내해 주어야 한다. 특히 원감은 지도자로서의 덕성과 자질을 연마해 나가는 노력이 필요하며, 과제를 성공적으로 해결하기 위해 유아교육 전문가와의 만남이나 교육의 기회를 갖는 것도 좋다.

(5) 원장으로서의 과제와 발달

원장은 확고한 철학과 신념을 가지고 보육교사와의 소통이 잘 이루어지도록 노력해야 한다. 특히 원장은 영유아교육기관의 전체적인 운영 및 관리를 담당할 뿐만 아니라 법적 책임을 지는 사람이며, 무엇보다 원장은 영유아의 전인적 발달을 위해 교육과 보호에 힘써야 한다. 또한 그들은 지도자로서의 소양을 기르고 자질을 형성하여 조직 운영을 성공적으로 이끌기 위한 다양한 재교육의 노력이 필요하며, 교사뿐만 아니라 부모, 나아가 지역사회 단체 및 인사들과의 관계도 잘 유지할 수 있는 능력을 갖추어야 한다.

04 보육교사의 기본 교수기법

1. 기본 교수기법

어린이집 보육교사가 영유아를 지도하기 위해서 가장 먼저 고려해야 할 일은 무엇을 가르칠 것인지 결정해야 한다. 우선 교육내용을 선정하고 그 다음은 선정된 교육내용을 어떤 방법으로 지도할 것인가를 정해야 한다. 보육교사에게 교수·학습방법을 계획하는 일은 중요한 일이다. 그런데 어린이집에서 어떠한 교수·학습방법을 채택하든지 보육교사가 기본적으로 갖추어야 할 수업기술이 있는데, 이것이 바로 보육교사의 기본 교수기법이다.

기본 교수기법에는 발문기법, 상호작용기법, 동기유발기법, 대화기법, 주의집중기법, 전이기법, 칭찬·격려, 꾸중기법 등이 있으며, 이를 구체적으로 살펴보면 다음과 같다(고정근 외, 2016).

1) 발문기법

발문이란 교수·학습에서 언어 상호작용 과정의 한 형태인 문답법에 있어서 제기되는 의문을 가리키는 것이다. 그리고 보육교사가 학습자들의 학습활동을 진행해 나가기 위하여 던지는 문제 제기를 가리키는 것이다. 주로 교수·학습에서 사용되고 있다.

발문이란 보육교사가 학습자들의 사고활동을 유발시켜 주기 위한 문제 제기라고 정의할 수 있다. 발문기법은 특히 영유아들의 능동적인 학습활동과 적극적인 사고를 유발시킨다.

보육교사와 영유아의 상호작용 시 행해지는 교수행동에서 핵심이 되는 발문기술의 적절한 방안은 다음과 같다.

① 발문 시의 분위기

② 발문의 적시성과 사고의 여유
③ 발문의 정확한 표현

보육교사가 갖추어야 할 발문의 표현기술은 다음과 같다.

① 간단명료하고 정확한 발문
② 영유아의 능력 수준에 맞는 발문
③ 발문과 표현
④ 발문의 반복
⑤ 발문과 온정적 표현

발문과 응답의 지도를 살펴보면 다음과 같다.

① 발문의 목적과 지명
② 지명의 방법
③ 응답지도

2) 상호작용기법

영유아교육에서의 상호작용은 어린이집 생활 속에서 만나게 되는 영유아, 교사, 교재·교구 간에 서로 영향을 주고받는 원활한 교류 또는 내재적인 힘과 외부의 의도적인 노력으로 정의한다.

상호작용기법이란 상호작용이 잘 이루어지도록 유도하는 기법을 말한다.

상호작용 유형은 다음과 같다.

① 영유아와 보육교사 간 상호작용
② 영유아와 영유아 간 상호작용
③ 영유아와 교재·교구 간 상호작용

상호작용기법의 지도방법은 다음과 같은 내용이 포함되어야 한다.

① 영유아와 보육교사 간 상호작용 증진 방안
② 상호작용 증진을 위한 핵심 전략

3) 동기유발기법

학습행동을 결정하게 하는 심신의 조건, 즉 학습목적에 동조하고 학습활동에 적극적으로 참여하려는 심리적 태세를 학습동기라고 하며 학습동기 유발이나 그러한 학습동기가 발생하도록 하는 상태를 말하며, 학습동기형성이라고도 한다. 따라서 동기유발기법은 교수·학습지도의 핵심적인 과제이다.

학습동기의 종류는 다음과 같다.

① 호기심과 인지적 동기
② 사회적 동기와 성취동기
③ 외적(외발적) 동기와 내적(내발적) 동기

학습동기의 유발의 방법(Keller, 1983)은 다음과 같다.

① 주의력의 신장 전략
② 적절성의 유지 전략
③ 자신감의 형성 전략
④ 만족감의 부여 전략

4) 대화기법

대화란 사전적 의미로는 '마주 대하여, 이야기를 주고받음', '둘 이상 실체 사이의 상호적인 의사소통'으로 정의하고 있다.

영유아 보육활동에서 대화란 '영유아와의 생활에서 교수·학습목표를 달성하기 위하여 보육교사와 영유아 사이에 발문과 응답으로 이루어진 상호적이고 쌍방향적인 의사소통이라고 할 수 있다. 그리고 대화기법이란 상호적이고 쌍방향적인 의사소통이 원활히 이루어지도록 유도하는 기법이다.

5) 전이기법

전이는 '한 상황에서의 학습이 다른 상황에서 학습이나 문제해결에 미치는 효과'라고 정의한다.

어린이집에서의 다양한 경험을 한 영유아가 가정이나 유치원, 초등학교에서 점점 발전하고 있다면 이것은 정적전이가 이루어진 현상이라고 할 수 있다. 전이효과는 크게 정적전이와 부적전이로 구별된다.

전이의 조건에는 학습자료와 유사도, 반응의 유사도, 학습 간의 시간적 간격, 학습의 정도, 학습방법, 학습자의 지적능력 등이 있다.

6) 칭찬, 격려, 꾸중기법

어린이집에서 강화가 영유아의 바람직한 학습행동을 증가시키기 위해 보육교사가 칭찬과 격려 등의 후속자극을 주는 방법인 반면, 꾸중이나 벌은 영유아의 그릇된 행동을 감소시키기 위하여 후속자극으로 실시하는 방법이다.

보육교사는 영유아의 학습행동을 강화하기 위해 매일의 교수·학습활동에서 가장 중요한 강화체제의 연출자이면서 관찰학습의 모델이 되어야 한다.

칭찬은 보육교사의 정적강화의 방법으로서 가장 빈도가 높은 강화자극이다.

격려는 보육교사가 단지 다른 사람을 기쁘게 해 주기보다는 영유아에게 주도성, 자신감 그리고 자신의 결과물을 객관적으로 보는 능력을 발달시킨다.

꾸중은 어린이집 보육교사가 영유아의 잘못된 행동에 제동을 걸고 교수·학습활동에 필요한 질서를 회복하는 데 사용하는 중요한 수단이지만, 문제는 영유아의 마음에 상처를 주지 않고 진정한 감화를 주는 꾸중으로서 방법이 훌륭한 보육교사가 되어야 한다.

CHAPTER **08**

보육교사의 정신건강

01 정신건강의 개념

우리 사회에서 나타나고 있는 현상 중에서 정신건강이란 단순히 정신적 질병이 없는 상태만이 아닌, 개인의 정신기능이 고유기능을 발휘하여 만족스러운 인간관계를 맺을 수 있고, 일상생활 속에서 나타나는 평균적인 수준의 스트레스에 적절히 대처할 수 있으며, 생산적으로 일하며 자신이 속한 공동체 사회에 기여할 수 있는 안녕상태를 나타내고 있다(서울대학교교육연구소, 2011; WHO, 2004).

WHO(2004)의 보고에 의하면 정신건강상태가 좋지 않을수록 위험행동 비율이 더 높은 것으로 나타났고, 이로 인해 개인은 물론 그들을 안고 있는 사회 전체의 행복기 위협받을 수 있음을 경고하고 있다.

가령 분노조절 장애가 있는 보육교사가 있다고 하자. 이로 인해 보육활동 중에 심각한 문제가 발생할 경우, 보육교사 본인은 사회적 낙인이나 실업으로 사회생활과 경제활동에 제한받게 되고, 그 가족은 치료와 보호를 위한 유무형의 희생과 헌신에 따른 소진으로 건강한 가정생활을 영위하기 어려울 수 있다(송진희 외, 2009). 이처럼 어린이집에서 영유아들의 정신건강에는 보육교사들의 정신건강에 달려 있다고 보아도 과언이 아닐 것이다.

특히 영유아들은 어린이집에서 하루 생활 중 8~10시간을 보육교사와 같이 생활하면서 보육교사의 영향을 직·간접적으로 받기 때문이다.

정신건강의 개념도 시대에 따라 달리 정의되고 있다. 과거에는 정신적 질환에 초점을 맞추어 정신적 질환의 예방 및 조기치료를 통하여 정신건강을 증진시키는 것으로 보았으나 오늘날에는 다양한 측면으로 정의되고 있다.

표 8-1 정신건강의 개념

학자명	신체적 · 사회적 뿐만 아니라 정신적 건강상태
심창섭 외(2007)	건강한 정신, 즉 정신적 건강의 향상
세계보건기구	신체적, 심리적 그리고 사회적으로 양호한 상태
교육학 사전	사람의 심리적 기능이 어느 정도 정상적인가 하는 것을 가르치는 개념
교육심리학 용어사전	인간의 심리적 기능이 어느 정도 정상적인가를 나타내는 개념이다. 일반적으로 정신질환이 없고 정상범주에 있으며, 잘 적응하고 있고 불만이 적고 행복감을 느끼는 사람 등의 조건을 갖춘 경우

위의 정신건강의 개념들을 종합해 보면 다음과 같다.

① 신체적 · 사회적 · 정신적으로 건강한 상태
② 자기가 속한 사회집단에 잘 적응하는 상태
③ 정신적 질환이 없는 상태
④ 사고, 정서, 지각 작용과 대인관계에서 나타나는 자질의 총체
⑤ 일상생활에 불만이 적고 행복감을 느끼는 사람의 조건 등

한마디로 정신건강이란 인간의 신체적 · 사회적 · 정신적 · 정서적으로 건강하며 건전한 성격을 가지고 일상생활을 영위하면서 갈등하지 않고 합리적으로 사고하며 환경적 스트레스와 내적 압력에 대응하는 능력을 가지고 원만한 개인생활과 사회생활을 영위하면서 행복감을 느끼는 조건을 갖춘 상황으로 말할 수 있다(고정곤 외, 2016).

02 정신건강의 중요성

최근 어린이집에서 일어나고 있는 아동학대 문제가 심각하게 대두되면서 일선에서 근무하고 있는 보육교사들의 정신건강에 대한 논란이 새삼스럽게 불거진 것처럼 보이기도 한다. 사실 그동안 보육교사의 정신건강에 있어서 신체적인 건강과 함께 보육교사라면 기본적으로 갖추고 있어야 하는 자질 정도로만 여겨져 왔다.

보육교사는 영유아를 대상으로 하는 교사로서의 사명감과 책임감을 가지고 자신의 정신건강을 잘 관리할 중요성이 있는 것이다. 즉, 보육교사는 하루 종일 영유아와 생활하며 끊임없이 상호작용하다 보면 에너지 소비가 많아지고 이로 인해 극심한 피로를 느끼기 쉽다. 이러한 피로가 축적되면 신경질, 우울상태, 불면, 집중력 상실 등의 징후를 수반하게 되므로 정신건강이 위협받기 쉬운 것이다(공인숙 외, 2017).

보육교사의 정신건강의 문제는 자신의 개인의 문제가 아니라 보육교사로서 담당하고 있는 영유아에게 지대한 영향을 미치므로 사회적 의의를 갖는다.

영유아 보육과 관련하여 보육교사의 정신건강이 왜 중요한지에 대하여 알아보면 다음과 같다(고정곤 외, 2016).

① 보육교사는 영유아에게 무소불위의 막강한 권력과 지위를 가진 세력가이다. 보육교사는 영유아 한명 한명의 인격체로 인정하고 존중한다면 보육교사의 막강한 권력과 지위를 영유아의 무한한 가능성과 잠재력을 계발시키는 데 활용하는 등 긍정적으로 행사할 것이다. 이런 교육활동을 유도하는 보육교사가 되기 위해서는 정신적으로 건강해야 한다.

② 보육교사는 영유아에게 유일한 교육적 환경이다. 영유아는 환경과의 상호작용을 통하여 성장하고 발달한다. 이러한 영향을 주는 영유아 주위의 환경 가운데 가장 많은 영향을 주는 요인은 '보육교사'라는 인적환경이다. 특히 영유아기는 인성의 기초를 형성하는 시기로서 이 시기의 보육교사의 행동 하나 하나는 영유아에게 절대적인 영향을 준다. 이렇게 지도하는 보육교사가 되기 위해서는 정신이 건강해야 한다.

③ 보육교사는 영유아 최초의 사회교육기관에서 만난다. 개인주의와 자기본위의 성향으로 성장해온 영유아는 보육교사의 사랑과 배려를 기대하는데 이런 영유아에게 보육교사의 민감하지 못하고 수용하지 않는 태도는 치명적인 상처를 줄 것임에 틀림없다. 어머니의 역할을 충실히 수행하는 보육교사는 정신이 건강해야 한다.

④ 보육교사는 보육교사직의 특성상 정신건강의 위험에 늘 노출되어 있다. 자기중심적인 영유아의 요구와 기대를 수용하느라 몸과 마음이 고달프다. 또한 고단한 보육활동 외에 잡무를 처리해야 하는 데 노출되어 있다.

⑤ 보육교사의 정신건강에 관한 문제가 사회적으로 이슈화되어 있다. 보육교사들의 인권을 무시하는 CCTV를 설치하는 등 극약처방을 하고 있으나, 이러한 대책들은 일시적인 방안일 뿐 근본적인 대책은 보육교사의 정신을 건강하게 만드는 일이다.

⑥ 보육교사 자신의 건강한 삶을 유지하기 위함이다. 보육교사 자신의 건강한 삶을 유지하기 위해서 자신의 정신건강이 유지되어야 한다.

정신건강을 유지하기 위해서는 급속도로 빠르게 변화해 가는 사회에 최적의 적응을 하며 성공적인 삶을 영위하기 위해서는 보육교사들은 정신건강에 관심을 가져야 한다. 이렇게 정신건강을 유지하기 위해서는 먼저 정신건강에 영향을 주는 요인이 무엇인가에 대한 이해가 전제되어야 한다.

개인의 정신건강은 개인적 요인, 사회적 요인, 환경적 요인과 밀접한 관계가 있는 것으로 나타나고 있다(이순형 외, 2005).

① 성격: 보육교사 자신이 가지고 있는 성격에 따라 정신건강에 미치는 영향이 다르다.

② 대인관계: 보육교사는 어린이집에서 다양한 대인관계를 들 수 있다. 원장, 원감, 동료보육교사 간, 학부모와 보육교사 간의 대인관계가 있다.

③ 근무조건: 근무조건이 보육교사의 보육업무 추진의 효율성은 물론 보육교사의 정신건강에 미치는 영향은 크다. 근무조건에는 근무시간, 업무량, 편의시설, 휴식시간 등이다.

④ 경제 · 사회적 지위: 보육교사에 대한 경제 · 사회적 지위는 이에 따르지 못하고 있으며, 이러한 요인들이 보육교사의 정신건강을 위협하고 있다.

⑤ 학부모의 그릇된 유아교육관: 과잉유아중심 교육관, 조기기능계발 교육관, 내 자식 제일주의 교육관, 초등학교준비교육관 등 그릇된 영유아 부모의 교육관이 보육활동의 정상화를 저해하고 또한 보육교사의 정신건강을 해친다.

⑥ 원장이나 설립자의 그릇된 유아교육관: 원장이나 설립자의 그릇된 유아교육관은 당해 어린이집의 파행적인 운영을 유도하고, 이러한 파행적인 운영들은 보육교사에게 스트레스를 유발하여 결과적으로는 정신건강을 해친다.

⑦ 정서적 부조화: 부조화현상이 심하면 우울증 등 정신적 질환을 많이 얻게 된다. 또한 보육교사의 정신건강을 해친다.

03 직무스트레스

1. 직무스트레스 수준

직무스트레스란 개인이 소속된 조직에서 직무를 수행하면서 받는 스트레스로, 보육교사들에게 직무스트레스란 어린이집에서 보육교사로서의 직무를 수행하면서 받는 스트레스를 의미한다. 특히 돌봄 서비스를 제공하는 교육을 담당하는 교사 집단의 스트레스 수준이 가장 높으며, 이들의 직무스트레스는 정신건강에 직접적인 영향을 미치는 것으로 나타났다. 더욱이 보육교사는 초·중·고등학교 교사에 비해 임금수준이나 직업 안정성이 낮은 반면에, 근무환경은 더 열악한 현실을 고려하면 보육교사의 직무스트레스 수준은 그 어느 직종보다 높은 수준임을 예측할 수 있다. 뿐만 아니라 일반적으로 여성 근로자의 경우 남성 근로자보다 스트레스에 더 취약한 것으로 나타나 종사자의 대부분이 여성인 보육교사의 스트레스 수준은 더 높다고 보아야 할 것이다. 이처럼 보육교사 시계 특성상 스트레스 수준이 매우 높기 때문에 보육교사는 스트레스를 잘 관리할 필요가 있다.

2. 직무스트레스에 영향을 미치는 요인

직무와 관련하여 스트레스를 유발하는 요인에 대한 분류는 학자들마다 다양하게 이루어져 왔다.

젝스와 브리트(Jex & Britt, 2008)는 그동안 이루어진 직무스트레스 요인과 관련된 선행연구들에 대한 고찰을 통해 역할스트레스, 업무부하, 대인갈등, 조직의 제약, 지각된 통제감과 더불어 비교적 최근에 크게 주목받고 있는 일-가정 갈등, 인수합병, 해고와 직무 불안정성, 정서 노동 요인을 추가로 제시하였다.

교사들을 대상으로 직무스트레스의 영향 요인을 살펴본 연구들에 의하면 교사들은 대체로 훈육 문제, 업무 과중, 동료관계, 열악한 근무환경, 동료교사들로부터의 지지 자원 부족, 역할 모호성, 타인에게 평가받기 등이 중요한 스트레스 자극 요인이 되는 것으로 보고된다(Eres & Atanasoska, 2011; Troman, 2000). 보육교사들도 크게 다르지 않다. 보육교사들의 직무스트레스는 열악한 근무환경과 낮은 보수, 과중한 업무, 불안정한 신분보장, 원장, 동료교사, 부모와의 갈등, 어린이집에 대한 사회적 인식 등의 요인에 의해 유발되는 것으로 나타났다(김정휘 · 고홍화, 2003; 조성연 · 구현아, 2005).

보육교사로서의 직무수행 특성상 그 중요성이 특별히 더 부각되는 요인을 중심으로 살펴보면 다음과 같다.

1) 근무환경

근무환경은 자신이 책임을 맡고 있는 직무를 효율적으로 수행할 수 있도록 하는 환경 전반을 지칭하는 것으로, 근무량, 근무시간, 보수체계, 후생복지, 직업 안정성 등이 근무환경의 범주에 포함된다.

일반적으로 급여 수준이 높으며 급여 대비 업무량이 적고 근무시간이 짧을수록, 다양한 후생복지제도가 활성화되어 있을수록, 정년이 보장되는 직업일수록 근무환경이 좋은 것으로 인식된다. 그리고 근무환경에 대한 인식이 부정적일수록 직무스트레스 수준이 높으며, 이는 결과적으로 신체적 · 정신적 건강에 부정적인 영향을 미친다(남영신 · 장재연, 2011; 이혜자 · 권순호, 2011).

현재 우리나라 보육교사의 근무환경은 매우 열악한 수준인 것으로 보고되고 있다. 우선 어린이집 보육교사는 하루 근무시간이 매우 긴 편이다. 「근로기준법」에 의하면 모든 근로자는 1일 8시간 근무를 원칙으로 하며 8시간 이상 근무 시 1시간의 휴게시간이 주어지지만, 보육교사는 휴게시간도 없이 1일 평균 10시간 정도를 근무한다(육아정책연구소, 2013). 더욱이 맞벌이 부부를 위해 어린이집 부모참여 행사의 대부분이 주말까지 연장되기도 한다. 또한 보육교사는 영유아 보육이라는 본연의 업무 이외에도 부가적으로 수행해야 하는 업무량이 과도할 정도로 많다. 보육활동과 관련된 사무업무는 물론 영유아 등·하원을 위한 차량지도 업무, 평가인증을 위한 평가 준비 업무 등을 보육교사가 모두 소화해야 한다. 특히 많은 보육교사는 보수가 직업적 가치를 대변하고 있는 현대사회에서 지나치게 낮게 책정되는 보수로 인해, 보육교사로서의 직무수행과정에서 심적 갈등을 많이 겪는 것으로 보고된다.

더욱이 보육교사들의 복지 및 고용안정성에 대한 욕구는 점점 커지고 있는 반면, 규모가 작은 어린이집 조직의 특성상 후생복지제도가 제대로 갖추어져 있지 않다는 점, 고용안정성을 보장하기 어려운 구조라는 점이 보육교사들을 더욱 힘들게 한다. 이렇게 열악한 근무환경은 보육교사의 근무사기를 떨어뜨리고 쉽게 지치게 함으로써 보육교사의 정신건강에 부정적인 영향을 미칠 수밖에 없다.

2) 대인관계

대인관계란 두 사람 이상의 상호 간에 일어나는 관계로서, 인간은 누구나 태어나면서부터 어떤 집단에 소속되어 살게 되며, 이 소속된 집단 속의 인간 사이에서 일어나는 여러 가지 관계, 즉 대인관계를 경험하게 된다(조경덕 · 장성화, 2012).

보통 대인관계는 타인에 대해 어떻게 생각하고, 어떻게 느끼고, 어떻게 지각하는가에 영향을 미치게 된다. 이에 따라 원만한 대인관계를 형성하고 있는 사람들은 조직 속에서 다른 구성원들과 쉽게 화합할 수 있다. 반면에 대인관계가 원만치 못한 사람들은 조직 속에서 다른 구성원들에게 수용되지 못하고 우울과 불안, 절망과 같은 부정적인 감정을 경험하게 된다. 이로 인해 대인관계는 개인의 사회적 성공과 실패를 가르는 잣대가 되기도 하지만, 타인과 더불어 살아가야 하는 인간의 특성상 개인에게 다른 무엇보다 가장 큰 스트레스 요인이 되기도 한다.

보육교사 또한 어린이집에 근무하면서 다양한 대인관계를 경험한다.

예를 들어, 원장이나 원감과는 지휘하고 명령하면 복종하고 따르는 수직의 인간관계를, 동료교사와는 현장에서 발생하는 문제들을 협력적으로 해결해 나가는 수평의 인간관계를 경험한다. 그리고 영유아의 부모와는 영유아의 건강한 성장·발달을 위해 함께 협력해나가는 수평적 인간관계와 보육서비스의 대상으로서 부모가 요구하면 따라야 하는 수직의 인간관계를 함께 경험한다. 이러한 다양한 인간관계의 경험이 교사를 성장하게도 하지만, 좌절을 안겨 주기도 한다. 특히 어린이집의 특성상 조직의 규모가 크지 않아 교사들 간의 사적인 관계가 쉽게 형성되어 친밀감은 높은 반면, 원장 및 원감과는 물론 교사들 간에도 경력에 따른 위계질서가 강하다 보니 공적인 관계를 유지하는 과정에서 혹은 공동 작업을 수행하는 과정에서 갈등관계가 쉽게 조장되며, 이는 보육교사에게 높은 스트레스를 유발하는 요인이 된다.

최근에는 부모와의 관계로 인한 스트레스 또한 매우 높다. 보육교사는 자녀양육의 일차적 책임자인 부모와 보육의 동반자로서 영유아에게 양질의 보육서비스를 제공하기 위해 서로 긴밀하게 협력하고 돕는 관계가 되어야 하지만, 서로에 대한 편견과 잘못된 인식으로 인해 갈등관계가 유발되는 경우가 많다. 이에 보육교사들 중에는 보육교사 생활을 하며 부딪치는 문제의 대부분이 부모관계에서 시작된다고 호소하며, 부모와의 원만치 못한 관계 때문에 사직을 결정하는 이들도 적지 않다.

3) 성격 특성

성격이란 시간과 상황의 변화에도 불구하고 비교적 안정되게 유지되는 개인 고유의 특성으로, 한 개인을 다른 사람과 구별해 주는 특징적인 사고, 정서, 행동양식을 의미한다.

초·중·고등학교 교사를 대상으로 행동유형과 스트레스의 관련성을 살펴본 결과, A형 행동유형의 교사가 B형 행동유형의 교사보다 스트레스 수준이 높은 것으로 나타났다(류현미, 2003; 신승욱, 2008).

아직까지 보육교사를 대상으로 살펴본 연구는 없었지만, 보육교사도 개인이 가지고 있는 성격 특성에 따라 개인에게 일어나는 생활사건이나 대인관계, 주어진 환경 여건 등과 같이 스트레스를 유발하는 자극들에 대해 스트레스 유발 수준이 다를 뿐 아니라 유발된 스트레스에 대응하는 방식 또한 다를 수 있다는 측면에서 성격 특성은 보육교사의 정신건강을 좌우하는 중요한 요인이 될 것으로 예측해 볼 수 있다. 한편 A형도 B형도 아닌 중간에 있는 C형 행동유형이 있다.

아이젱크(Eysenck, 1994)에 의하면 C형 행동유형의 사람들은 겉으로는 평안하고 밝아 보이지만 항상 화, 분노 등의 부정적 감정을 표현하지 않고 삭이는 특성을 가지고 있으며, 자신이 싫어하는 일에도 잘 표현하지 못하고 주변 사람들의 요구대로 따른다. 이러한 C형 행동유형은 친절하고 자기희생적이며 협조적이라 주변에서 좋은 평판을 들을 수 있지만, 스트레스를 많이 받기 때문에 암에 걸릴 가능성이 높으며 우울증과 같은 정신질환에 매우 취약한 것으로 보고되고 있다. 실제로 이 유형의 사람들에게 암 발생 위험률이 높은 것으로 나타나 cancer type으로 부르기도 한다.

최근에는 A형 성격과 심혈관 질환과의 관련성을 입증하기 어렵다는 논란이 일며, D형 행동유형이 새롭게 제안되었다. D형 행동유형은 부정적 감정과 사회적 억압의 특성이 다른 유형에 비해 강하게 나타나는 특성을 보이며, 심혈관질환은 물론 우울증 등의 정신과 질환 위험도가 매우 높은 것으로 나타난다.

4) 부정적 정서: 분노

긍정적 · 부정적 정서성은 개인의 스트레스 수준을 좌우하는 직접적인 선행요인이 된다.

캔과 에젤(Cann & Etzel, 2008)은 연구를 통해 기쁨, 즐거움, 행복감과 같은 개인의 긍정적 정서성이 스트레스를 감소시키는 직접적인 선행요인임을 입증함으로써 슬픔, 불안, 공포, 두려움과 같은 부정적 정서는 스트레스를 증진시키는 선행요인이라는 것을 시사했다.

최근 사회적으로 분노범죄가 늘어나면서 부정적 정서 중에서도, 특히 가장 파괴적인 에너지를 지니고 있는 분노감정에 대한 관심이 높다. 일반적으로 분노 성향이 높은 사람은 항상 자신을 희생자로 생각하고 자신이 외부세계로부터 공격을 받고 있다고 인식하면서 분노할 수 있는 주변의 모든 일에 빠짐없이 분노하며 엄청난 스트레스를 받는다(신경희, 2015).

보육교사 또한 보육활동 과정에서 다양한 정서를 경험한다. 영유아와 함께하면서 기쁨과 즐거움, 행복감 등의 긍정적 정서를 경험하기도 하지만, 분노의 정서를 경험할 때도 많다. 특정 상황에서 분노와 같은 부정적인 감정을 느끼는 것 자체가 잘못된 것이 아니다. 다만 분노의 감정을 느꼈을 때, 운동, 명상, 수다 떨기와 같은 건강한 방법으로 해소하지 못하고 아동학대와 같은 부적절한 방법으로 분노를 표현하기 때문에 문제가 되는 것이다.

부적절한 방법으로 분노를 표출하는 것은 교사 자신의 심신을 파괴할 뿐만 아니라, 교사가 맺었던 사회적 인간관계를 파괴하고, 더 나아가 사회 전체에 크나큰 해악을 초래하므로 분노의 감정을 건강하게 표출할 수 있는 방법을 찾아서 실천하는 것은 매우 중요하다.

3. 직무스트레스의 영향

직무스트레스가 개인에게 미치는 영향은 직무스트레스 관련 연구들에 대한 분석을 토대로 크게 생리적 · 심리적 · 행동적 반응으로 구분할 수 있다.

① 생리적 반응은 스트레스를 받을 경우 우리 몸이 보이는 반응으로, 혈압 상승, 맥박 증가, 호흡곤란, 면역력의 저하로 나타나는 각종 신체적 질병 등이 이에 해당한다.

② 심리적 반응은 스트레스가 지속되면서 감정적 · 정신적으로 나타나는 반응으로, 분노, 불안감, 우울, 걱정, 무력감, 소진, 직무불만족 등이 이에 해당한다.

③ 행동적 반응은 스트레스를 경험할 경우 행동적 결과로 나타나는 반응으로, 직무수행 저하, 결근, 의사소통 장애, 대인관계 와해, 이직, 알코올 및 약물 복용 등이 이에 포함된다.

4. 보육교사의 스트레스 대처 방법

스트레스 상황에 처했을 때 스트레스를 벗어나거나 중지시키기 위해 행하게 되는 노력을 스트레스 대처라고 한다. 일반적으로 스트레스 대처 방법은 라자로스와 포크만(Lazarus & Folkman, 1984)이 제시한 문제 중심적 대처와 정서 중심적 대처로 분류한다.

문제 중심적 대처는 자신이 지금 처한 상황을 변화시킬 수 있는 가능성이 있다고 인식할 때 사용하게 되는 대처 방법으로 문제를 해결하거나 문제 상황에서 벗어나려는 행동적인 노력을 행하는 것이다. 정서 중심적 대처는 자신이 지금 처한 상황을 자신의 힘으로는 변화시킬 가능성이 적다고 인식할 때 사용하게 되는 대처 방법으로, 문제 자체가 아닌 문제 상황에서 발생하는 부정적인 마음 상태를 완화시키려는 감정적인 노력을 하는 것이다.

문제 중심적 대처 방법과 정서 중심적 대처 방법은 어느 한쪽이 더 좋고 어느 한쪽이 더 나쁜 것이 아니기 때문에 각각 사용되기보다는 상황에 따라 적절히 함께 사용될 때 더 효과적이다.

5. 보육교사의 스트레스 관리

보육교사로서 자신의 능력을 충분히 발휘하기 위해서는 스트레스를 잘 관리할 필요가 있다.

스트레스를 이겨낼 수 있는 구체적인 방법들을 살펴보면 다음과 같다.

① 사고방식의 전환: 개인이 어떠한 사건을 겪고 나서 스트레스를 받는 것은 사건 자체로 인한 것이 아니라 자신이 이미 가지고 있는 기본 생각들에 그 사건을 비추어 비합리적으로 해석하기 때문이다.

② 시간관리: 항상 격무와 업무 과부하에 시달리는 보육교사에게 효율적인 시간 관리는 스트레스를 줄일 수 있는 좋은 대처전략이 될 수 있다.

③ 명상: 명상은 머릿속의 복잡한 생각을 비워 마음을 편안하게 함으로써 정신적 스트레스를 줄일 수 있는 좋은 방법이다.

④ 운동: 보육교사는 다른 어떤 직종보다 운동을 통한 체력관리가 중요하다.

⑤ 휴식과 여가활동의 활용: 보육교사에게 여가활동은 업무활동과 달리 그다지 집중할 필요도 없고 능력을 발휘해야 한다는 부담도 없기 때문에 즐거운 감정과 편안함을 제공할 수 있는 좋은 기회가 된다.

⑥ 정신적 멘토 만들기: 수다가 스트레스를 푸는 가장 확실한 방법이라고 할 때, 정신적 멘토가 사소한 일까지 털어놓고 이야기할 상대가 된다면 이상적일 것이다.

04 관리방안

보육교사의 정신건강은 어린이집에서 영유아의 정신건강과 성격은 물론 조직의 정신건강, 조직업무수행의 효율성, 보육교사 자신의 건강한 삶에 직접적으로 영향을 미치고 있다. 따라서 어린이집에서 교육활동하고 있는 보육교사의 정신건강을 관리하는 방법을 이해하고, 이에 대한 대처방안을 꾸준히 마련해 나가야 할 것이다.

어린이집에서 할 수 있는 정신건강의 관리방안으로는 보육교사의 역할, 원장의 역할, 학부모의 역할, 관계 당국의 역할을 살펴보면 다음과 같다 (고정곤 외, 2016).

1. 보육교사의 역할

보육교사 관리방안은 바로 자신의 정신건강을 유지하는 데 목적을 두고 있기 때문에 보육교사 자신이 일차적으로 노력해야 한다.

1) 바람직한 인간관계 조성

인간관계란 '인간 간의 상호작용'은 조직 속에서 이루어지며 일정한 구조 속에서 함께 생활하고 일하면서 형성된다. 특히 보육교사는 어린이집에서 영유아, 동료교사, 학부모, 지역사회인 등 다양한 계층의 사람과 인간관계를 맺음으로써 어느 직종보다도 복잡한 인간관계를 맺으면서 인간을 다루는 일을 하기 때문에 전 생활이 인간관계의 과정이다.

긍정적이고 효율적인 인간관계는 정신건강과 적응에 밀접한 관계를 가지고 심리적인 고민의 감소, 자기신뢰와 자율성, 자아정체감, 심리적인 안정감, 행복감 등에 많은 영향을 준다. 특히 보육교사가 바람직한 인간관계를 형성하기 위해서는 보육교사와 영유아 간, 동료교사 간, 학부모 간, 지역사회 간, 행정기관직원 간별로 독자적인 방법이 마련되어야 한다.

그러나 바람직한 인간관계의 필수적인 조건은

- 보육교사와 대상자와 효과적인 의사소통을 꾸준히 하는 일이다.
- 보육교사와 대상자와의 신뢰감을 쌓는 일이다.

2) 긍정적 자아개념의 형성

자아개념이란 자기 자신에 대한 능력, 태도, 느낌 등을 모두 포괄하는 주관적인 자기 자신에 대한 견해 또는 자신에 대한 주관적인 개념으로 자기 자신에 대해 긍정적으로 생각할 때 긍정적 자아개념이 자신에 대하여 부정적으로 생각할 때 부정적 자아개념이 형성된다.

어린이집의 보육교사는 내가 근무하고 있는 보육교사직에 대한 긍정적 자아개념을 가질 때 보육교사직에 대한 보람을 갖고 또한 정신적으로 건강해질 것이다.

3) 영유아발달에 대한 보람

어린이집의 보육교사는 인간은 일생을 통하여 다양한 교육을 받지만, 영유아교육이 가장 중요한 인생초기 기초교육으로서 이러한 교육을 담당한다는 긍지를 가지고 보육교사직에 임할 때 보람을 갖게 되고 이를 통하여 자신의 정신건강을 유지할 수 있을 것이다.

4) 교원윤리의 정착

교원윤리기준에 의거 일관성 있게 해결하려는 신념과 자세를 유지한다면 스트레스를 받을 이유가 없다. 즉, 교원윤리는 사리를 냉철하게 판단해 주는 법으로 이해하고 어린이집 내에서 야기되는 다양한 갈등문제를 해결하는 것이다.

5) 신체적 건강

보육교사는 건강해야 한다. 육체적 건강이 받쳐주지 못하면 원활한 업무수행을 저해하고 만족스럽지 못한 업무수행은 또한 보육교사의 정신건강을 해친다.

6) 스트레스 대처법 이해

스트레스를 대처하는 방법도 개인에 따라 다르다. 불안감이 있거나 나쁜 건강상태에서는 스트레스에 대한 저항력이 낮고, 건강한 상태에서는 저항력이 강하다.

스트레스 대처법은 스트레스의 유형, 개인의 성격이나 성향 등에 따라 다양하므로, 자신에게 알맞은 스트레스 대처법을 이해하고 적용한다.

- 포기하기
- 쾌락의 추구

2. 어린이집 원장의 역할

어린이집에 있어서 근무자 중에서 원장은 조직의 최고 결정권자로서 보육교사와는 수직적인 관계에 있어 원장의 영유아 보육에 대한 철학이나 기관의 운영형태, 리더십의 유형, 보육교사와의 인간관계 등은 보육교사에게 직접적인 영향을 줌으로써 보육교사의 정신건강에 주는 영향이 크다고 할 수 있다. 따라서 어린이집 원장이 어린이집 내 보육교사의 정신건강에 바람직한 영향을 주기 위한 방법을 생각해 보아야 할 것이다.

1) 긍정적인 조직문화 형성에 주력

어린이집 원장은 기관 내의 긍정적 조직문화 형성에 주력해야 한다. 긍정적인 조직문화는 보육교사의 긍정적인 정신건강을 보장한다.

2) 근무환경 개선

관심과 배려는 보육교사의 바람직한 정신건강을 유지하는 데 효과적이다.

3. 학부모의 역할

어린이집 내에서 보육교사에게 원장과 보육교사, 영유아 외에 가장 많은 영향을 주는 대상은 바로 학부모이다.

보육교사에게 직접적으로 영향을 주는 학부모의 변인으로는 학부모의 그릇된 유아교육관과 좋지 못한 보육교사와 학부모의 관계이다. 보육교사는 이러한 영향요인을 근본적으로 해결하는 데 주력해야 한다.

1) 학부모의 바른 유아교육관 정립

학부모가 가지고 있는 그릇된 유아교육관으로는 과잉 유아중심교육관, 내 자식 제일주의 교육관, 조기기능계발교육관, 초등하교 준비교육관 등으로, 이를 바르게 정립시키기 위한 학부모교육이 지속적으로 이루어져야 할 것이다.

2) 보육교사와 협력체제 구축

보육교사는 학부모를 먼저 이해하고 학부모들과의 마음을 나눌 수 있는 대화를 통하여 어린이집과 보육교사의 교육방침을 이해시키고 좋은 인간관계는 물론 협력적이고 동반자적인 관계를 맺도록 노력해야 한다.

4. 행정가의 역할

일선 행정기관에서는 보육교사가 미래사회의 원동력인 인재양성을 위한 가장 중요한 인생초기교육을 담당하는 교육이 중대성을 기초로 하여, 보육교사의 경제 · 사회적 지위향상과 변화하는 사회시대에 적응할 수 있는 다양한 현장교육을 제공하여야 한다.

1) 경제 · 사회적 지위 향상

교원지위확보법의 대상에 보육교사도 포함시켜야 한다. 낮은 경제 · 사회적 지위는 보육교사의 교직근무 주기를 단축시키고, 이는 고스란히 영유아 보육의 질적 저하로 이어진다.

2) 직무교육 강화

어린이집 원장과 보육교사들에게 사회의 변화에 동참할 수 있는 개혁의 주체로서 변모시키기 위한 다양한 교육이 병행되어야 한다.

직무교육은 보육교직원의 자질향상은 물론 새로운 교육정보를 이해시키는 데 주력해야 하고, 어린이집 원장으로 하여금 바른 영유아보육관을 정립시키는 데 주력해야 할 것이다. 어린이집 보육의 질은 올바른 유아교육관과 긍정적인 리더십을 발휘하는 어린이집 원장의 운영형태에 달려 있다고 보아도 과언이 아닐 것이다.

현대사회에서 모든 조직은 조직 고유의 독자적인 운영체제로서는 실효를 거두지 못한다. 어린이집 또한 보육의 효율성을 제고하기 위해서는 보육에 관련된 단체, 기관 조직원, 학부모 등 보육공동체의 협력이 필수적이다.

CHAPTER 09

보육교사의 MBTI

01 보육교사의 자기이해와 성격

1. 성격

보육현장에서 자신을 올바로 이해하는 교사됨에 있어 교사의 자기이해는 중요하다(Cole & Knowles, 1994; Connelly & Clandinin, 1988; Noddings, 1984). 보육교사의 자기이해는 영유아를 있는 그대로 이해하고 받아들이기 때문인 것이다.

보육교사의 성격은 자기이해에서 그중 하나로 꼽을 수 있다. 성격은 학자들에 따라 다르게 표현·정의되고 있다.

프로이트(Freud)는 인간의 성격을 이드, 자아, 초자아로 구분하였다. 여기서 그 내용을 살펴보면 먼저 이드(id)는 본능을 추구하는 검은 색 말로, 초자아(superego)는 도덕과 윤리를 추구하는 흰색 말로, 자아(ego)는 이드와 초자아를 조절하는 마부로 비유했다. 또한 칼 로저스(Carl Rogers)는 인본주의 심리학자로서 인간의 성격을 조직적이고 항구적으로 지각된 실체라고 보았다. 올포드(Allport)는 한 개인의 진짜 모습으로서 개인의 활동을 지시하고 이끌려 가는 인간 내부에 있는 '그 어떤 것'이라고 정의하였다.

켈리(Keiiey)는 자기의 생활경험으로부터 의미를 만들어 가는 스스로의 독특한 방법이라고 했다.

여러 학자의 성격에 관한 정의의 공통점을 살펴보면 다음과 같다.

- 행동을 관찰함으로써 추론 가능한 추상적인 가설 구조 혹은 구성체이다.
- 개인의 독특성으로서 다른 사람과 구분되는 특수한 자질이다.
- 유전 및 사회경험, 환경에 의해 변화 가능한 것이며 과정적이다.

한마디로 성격이란 한 개인이 가지는 남과 구별되는 지속적이고 기본적인 속성이라고 할 수 있다. 성격은 다른 사람과 상호작용하는 방식에도 영향을 미친다. 뿐만 아니라 인지, 감정, 행동을 결정하는 데도 중요한 영향을 미친다.

똑같은 사물을 보고도 성격에 따라 어떤 사람은 과거를 회상하고 다른 사람은 미래를 예상한다(공인숙 외, 2017).

교사들의 교육신념, 교사 효능감, 문제해결 방식, 교수·학습방법, 교사 스트레스 등은 교사들의 성격과 관련되는 것이다.

교사의 성격은 현장에서 영유아에 대한 이해에도 막대한 영향을 미치는 것이다. 또한 현장의 어린이집 물리적 환경에서 구성과 유지, 정서적 환경에도 관련이 있다.

성격을 측정하는 지표에는 주로 MBTI 성격유형과 에니어그램이 사용되고 있다. 에니어그램은 인간의 성격을 아홉 가지 유형으로 나누어 사용하고 있으며, 이에 비해 MBTI 성격유형은 네 가지 선호지표에 따라 열여섯 가지 유형으로 사용된다. MBTI 성격유형은 보다 측정이 용이하고 교육현장에서 실제적이고 즉각적으로 적용 가능하므로 보육교사의 성격을 측정하는 지표로 사용된다.

02 보육교사의 MBTI 성격유형

1. MBTI 성격유형

보육교사들의 성격을 측정하는 MBTI 성격유형은 선호지표를 통하여 성격 특성에 있어서 강약과 반대 성격에 대한 이해를 포함하고 있다.

MBTI(Myers-Briggs Type Indicator)는 융(Jung)이 가지고 있는 심리유형론을 바탕으로 하여 마이어스와 브릭스(Myers-Briggs)가 개발한 것이다. MBTI는 개인의 행동에는 차이가 있으며, 이 차이에는 기본적으로 선호경향 때문이라고 보았다.

선호경향이란 자신의 이름을 써 보면, 자신이 주로 쓰는 손이 훨씬 편하고 잘 쓸 수 있다는 것을 알 수 있다. 이처럼 사람마다 행동하고 사고하는 데 있어 자연스럽고 편한 방식이 있는 것을 말한다.

오른손을 사용하는 것이 왼손을 사용하는 것보다 우수한 것이 아닌 것처럼 선호경향은 정상과 비정상 혹은 우월과 열등의 개념이 아닌 것이다.

예를 들어, 사람의 지능은 지능지수가 100인 영유아가 80인 영유아보다 인지적인 수행에서 우수하다고 보는 반면에, MBTI 성격유형에서는 어느 유형이 다른 유형보다 우수하다고 보지 않는다. 단지 다를 뿐이다.

MBTI 성격유형은 인간 행동이 다양한 이유는 개인이 인식하고 판단하는 특징이 다르기 때문인 것이라 보고, 개인이 인식과 판단을 할 때 선호하는 경향들의 방향에 따라 성격의 유형을 나눈 자기보고식 성격유형 지표인 것이다.

MBTI 성격유형은 개인의 성격에서 16가지 유형으로 분류하였고 각 유형마다 강점과 약점을 보인다고 하였다. 각각의 유형에는 대인관계, 생활양식, 의사결정 등에서 특성을 지니고 있으며, 어린이집 보육교사도 자신의 성격유형에 따라 영유아를 대하는 방식, 부모와의 관계, 교수방법 등에서 차이를 보이는 것이다.

예를 들어, 내향형의 보육교사는 소수의 사람과 깊은 관계를 맺는 장점을 보인 반면, 외향형 교사가 가지는 활기차고 폭넓은 대인관계를 맺기는 어려워지는 것이다.

여기에서 어떤 보육교사라도 자신의 성격유형의 장점을 아주 잘 살릴 수 있다면 영유아에게 깊은 영향을 미치는 의미 있는 보육교사로 성장할 수 있는 것이다.

MBTI 성격유형에서는 선호경향을 크게 내향형과 외향형, 감각형과 직관형, 사고형과 감정형, 판단형과 인식형으로 나누고 있다. 이 네 가지 선호지표의 특성을 살펴보면 그림 9-1과 같다.

그림 9-1 **MBTI 네 가지 선호지표**

1) 외향형과 내향형

외향-내향 지표는 심리적 에너지와 관심의 방향이 자신의 내부와 외부 중 주로 어느 쪽으로 향하느냐를 보여주는 지표이다.

외향적인 사람은 주로 외부 세계에 관심의 초점을 두고 더 주의를 기울이며, 사교적이고 활동적이다. 말로 표현하기를 즐기고, 외부의 자극을 통해 배우는 방식을 선호하기 때문에 경험한 후 이해하는 경향이 있으며, 자신을 숨기기보다는 드러낸다. 반면 내향적인 사람은 자신의 내면에 더 주의를 집중하며 조용하고 내적 활동을 즐기는 경향이 있다. 생각이 많고 말보다는 글로 표현하는 것을 더 편하게 느끼며, 이해한 다음에 경험하는 방식을 선호하여 생각을 마친 후에 행동하는 경향이 있다.

2) 감각형과 직관형

감각-직관 지표는 사람이나 사물 등의 대상을 인식하고 지각하는 방식에서 감각과 직관 중 어느 쪽을 주로 더 사용하는지에 관한 지표이다. 감각형인 사람들은 일반적으로 오관에 의존하고, 현재에 집중하는 경향이 있다. 일 처리가 철저한 편이고, 실제적인 것을 중시하며, 사건을 사실적으로 묘사하는 경향이 있고, 세심한 관찰능력이 뛰어나다. 반면 직관형인 사람들은 상상력이 풍부하고 창조적이며, 보이는 것 그대로를 보기보다는 육감에 의존하려 한다. 나무보다는 숲을 보려는 경향이 있고 가능성을 중요시하며 비유적인 묘사를 선호하는 경향이 있다.

3) 사고형과 감정형

사고-감정 지표는 수집한 정보를 바탕으로 판단하고 결정을 내릴 때 사고와 감정 중 어떤 것을 더 선호하는지 알려준다. 사고형인 사람들은 객관적인 사실에 주목하여 분석적으로 판단하고자 한다. 공정성을 중요한 가치로 여기고 원칙과 규범을 지키는 것을 중요시한다. 비판적이고 맞다-틀리다 식의 사고를 하는 경향이 있다. 반면 감정형인 사람들은 판단을 내릴 때 원리 원칙에 얽매이기보다는 인간적인 관계나 상황적인 특성을 고려하여 판단하고 결정을 내리고자 한다. 이들은 좋다-나쁘다 식의 사고를 하며 정서적 측면에 집중하고 논리적인 판단이나 원칙보다는 사람들에게 어떤 결과를 가져올지 등을 더 중요시한다.

4) 판단형과 인식형

판단-인식 지표는 인식 기능과 판단 기능을 바탕으로 실생활에 대처하는 방식에 있어 판단과 인식 중 어느 쪽을 주로 선호하는지에 관한 경향성을 나타내는 지표이다. 판단형의 사람들은 빠르고 합리적이며 옳은 결정을 내리고자 한다. 이들은 목적 의식이 뚜렷하며, 조직적이고 체계적으로 행동하는 경향이 있다. 반면 인식형의 사람들은 판단형의 사람들보다 상황에 맞추어 활동하고 모험이나 변화에 대한 열망이 높다. 매사에 호기심이 많으며, 사전에 계획을 세웠다 하더라도 상황에 따라 유연하게 행동하는 경향이 있다.

5) 16가지 MBTI 성격유형

이상의 MBTI 성격유형 네 가지 선호지표를 종합하면 4×4로 열여섯 가지 MBTI 성격유형이 나타나는 것이다.

MBTI는 위와 같은 4가지 분류 기준에 따른 결과에 의해 수검자를 16가지 심리유형 중 하나로 분류한다. 이 16가지 성격유형에서 인식기능(S 혹은 N)과 판단기능(T 혹은 F) 가운데 가장 선호하는 기능을 주기능이라고 하며, 주기능을 보조하는 기능을 부기능이라고 지칭한다. 예를 들어, 주기능이 사고형(T)이면, 부기능은 자연히 인식기능(S 혹은 N) 가운데 하나가 된다. 즉, 16가지 성격유형 각각에서 서로 다른 주기능과 부기능을 가지며, 이는 다시 정신적 에너지의 방향성이 내향이냐 외향이냐에 따라 분화되어 각기 다른 특성을 띠게 된다.

(1) ISTJ, ISFJ, INFJ, INTJ

- 책임감이 강하며, 현실적이다.
- 매사에 철저하고 보수적이다.
- 차분하고 헌신적이며, 인내심이 강하다.
- 타인의 감정 변화에 주의를 기울인다.
- 높은 통찰력으로 사람들에게 영감을 준다.
- 공동체의 이익을 중요시한다.
- 의지가 강하고, 독립적이다.
- 분석력이 뛰어나다.

(2) ISTP, ISFP, INFP, INTP

- 과묵하고 분석적이며, 적응력이 강하다.
- 온화하고 겸손하다.
- 삶의 여유를 만끽한다.
- 성실하고 이해심 많으며, 개방적이다.
- 잘 표현하지 않으나, 내적 신념이 강하다.
- 지적 호기심이 높으며, 잠재력과 가능성을 중요시한다.

(3) ESTP, ESFP, ENFP, ENTP

- 느긋하고, 관용적이며, 타협을 잘 한다.
- 현실적 문제해결에 능숙하다.
- 호기심이 많으며, 개방적이다.
- 구체적인 사실을 중시한다.
- 상상력이 풍부하고, 순발력이 뛰어나다.
- 일상적인 활동에 지루함을 느낀다.
- 박학다식하고, 독창적이다.
- 끊임없이 새로운 시도를 한다.

(4) ESTJ, ESFJ, ENFJ, ENTJ

- 체계적으로 일하고, 규칙을 준수한다. 사실적 목표 설정에 능하다.
- 사람에 대한 관심이 많으며, 친절하다. 동정심이 많다.
- 사교적이고, 타인의 의견을 존중한다.
- 비판을 받으면 예민하게 반응한다.
- 철저한 준비를 하며, 활동적이다.
- 통솔력이 있으며, 단호하다.

세상의 소금형 한 번 시작한 일은 끝까지 해내는 사람들 ISTJ	임금 뒤편의 권력형 성실하고 온화하며 협조를 잘하는 사람들 ISFJ	예언자형 사람과 관련된 것에 통찰력이 뛰어난 사람들 INFJ	과학자형 전체적으로 조합하여 비전을 제시하는 사람들 INTJ
백과사전형 논리적이고 뛰어난 상황 적응력을 가지고 있는 사람들 ISTP	성인군자형 따뜻한 감성을 가지고 있는 겸손한 사람들 ISFP	잔다르크형 이상적인 세상을 만들어 가는 사람들 INFP	아이디어뱅크형 비평적인 관점을 가지고 있는 뛰어난 전략가 INTP
수완 좋은 활동가형 친구, 운동, 음식 등 다양한 활동을 선호하는 사람들 ESTP	사교적인 유형 분위기를 고조시키는 우호적인 사람들 ESFP	스파크형 열정적으로 새로운 관계를 만드는 사람들 ENFP	발명가형 풍부한 상상력을 가지고 새로운 것에 도전하는 사람들 ENTP
사업가형 사무적, 실용적, 현실적으로 일을 많이 하는 사람들 ESTJ	친선도모형 친절과 현실감을 바탕으로 타인에게 봉사하는 사람들 ESFJ	언변능숙형 타인의 성장을 도모하고 협동하는 사람들 ENFJ	지도자형 비전을 가지고 사람들을 활력적으로 이끌어 가는 사람들 ENTJ

그림 9-2 열여섯 가지 MBTI 성격유형의 특성

03 보육교사의 중요 및 책무성

1. 보육교사의 중요성

최근 어린이집에서 보육교사와 함께 생활하는 영유아가 증가하면서 어린 영유아를 맡고 있는 보육교사는 부모만큼 중요한 양육자로 간주되고 있다. 즉, 보육교사는 영유아 부모를 대신하여 영유아교육기관에서 영유아와 많은 시간을 함께 보내며, 영유아 그들에게 사회적·정서적·교육적 지원을 제공한다.

보육교사란 일련의 양성과정을 거쳐서 교사 자격을 취득하고 어린이집 및 유치원에서 0세에서 만 5세까지 영유아가 바람직한 성장과 발달을 위해 보호와 교육 서비스를 제공하는 사람이다.

보육교사는 영유아를 위한 교육뿐만 아니라 그들과 의사소통하고 이야기하며 하루 중 거의 대부분의 시간을 함께 보내며 격려와 존중을 통해 관계하는 존재이다(전상희, 2012). 즉, 가족에서 타인으로 사회적 관계의 대상이 점차 확대되어가는 영유아기는 보육교사와 상호작용을 통해 긍정적인 관계를 형성하는 것은 발달적으로 매우 중요한 의미가 있다(Bronfenbrenner & Morris, 1998). 또한 보육교사는 영유아의 사회화에 중요한 역할을 담당하고 영유아의 언어, 인지, 정서 및 사회성 등 전인발달에 영향을 미치며(Pianta, 1999), 의미 있는 사회적 경험을 제공한다. 특히 영유아기는 미분화된 발달상의 특징을 보이는 시기이므로, 어느 시기보다 보육교사의 영향을 많이 받게 된다(안미숙, 2000).

현대사회는 영유아교육의 질적 향상을 위해 학습자의 변화를 요구하고 있다. 이러한 패러다임의 변화는 보육교사의 변화를 야기시키고 있으며, 영유아의 교육목표를 제대로 달성하고 실행 및 평가하며, 환경의 변화에 적절하게 적응하는 것이다.

영유아교육은 초·중·고등학교 교육과정과 달리 교과서 없이 다양한 교수매체나 직접적인 상호작용 및 구체화된 활동을 중심으로 이루어지기 때문에 다양한 환경을 마련해 주고 활동에 대하여 적절하게 개입하거나 촉진하는 등의 보육교사 역할이 매우 중요하다. 따라서 어린이집 보육교사의 역할이 중요한 영유아교육의 질적 향상을 위해 영유아교육이 핵심 요소인 '보육교사'의 긍정적인 변화가 절대적으로 요구된다.

2. 보육교사의 책무성

1) 개념

보육교사의 책무성(accountability)은 '누가 누구에게 무엇을 보고, 설명 또는 해명하는 행위이다. 즉, 이행요구자가 이행당사자에게 수행기준과 권한을 부여하며 이행당사자는 그 수행결과를 이행요구자에게 정기적으로 보고 설명 또는 해명하는 행위인 것이다(전병식, 2004). 그러면 여기서 교육적 책무성이란 교직원들이 행한 과업의 성과에 대해 책임을 지며, 그들이 수립한 교육 프로그램의 결과에 대해 책임질 것을 약속하고 입증된 잘못에 대해서는 이를 인정하고 시정할 수 있는 정도를 말한다고 정의하고 있다.

보육교사의 책무성은 보육교사가 영유아에게 지도자, 관리자, 안내자, 촉진자로서의 전문성을 실현함으로써 영유아 개개인에게 올바른 교육적 책무를 이행하고 끊임없는 자기 계발과 훈련에 대한 의무 이행과 교육 지원, 학부모, 지역사회에 대한 의견수렴 및 교육 홍보에 대한 의무를 이행하는 것을 말한다.

최근 교육 패러다임의 변화를 살펴보면 다음과 같다.

표 9-1 교육 패럼다임의 변화

구분	교육 패러다임 변화
교육환경의 변화	시공간의 제한성 → 시공간을 초월한 사이버 공간
인식론에 대한 인식의 변화	객관주의 인식론 → 구성주의 인식론
지능에 대한 인식의 변화	전통적인 지능이론 → 다중지능이론
교육매체의 변화	언어매체 → 인쇄매체 → 영상매체 → 전자매체 → 웹
교육목적관의 변화	지식중심교육 → 인성 및 창의성이 강조되는 교육
교육과정의 변화	주어진 교육과정 → 만들어 가는 교육과정
수업방식의 변화	계획되고 의도된 과정 → 학습자와 환경의 상호작용에 의한 경험과정
수업설계의 변화	발문응답형 → 내용중심형 → 활동중심형
학생관의 변화	지식흡수자 → 지식구성자

교육 패러다임이 변화에 따른 보육교사의 책무를 살펴보면 다음과 같다(박선해 외, 2013).

- 보육교사도 현대사회의 교육이 확대와 팽창과 더불어 공공재로서의 영유아교육을 인식하고 이에 능동적으로 대처해야 한다.
- 급속한 사회변화가 초래한 영유아 생활의 변화로 인해서 영유아를 대하는 보육교사의 시각과 역할이 달라져야 하며 아울러 변화된 부모를 이해하도록 한다.
- 변화하는 사회 속에서도 보육교사는 교육의 가치를 찾고 나아가 변화를 도모하는 균형과 창조를 생각해야 할 것이다.
- 보육교사는 세계를 보는 시각을 넓혀 인류공동의 미래를 생각하고 지속 가능한 사회에 대한 중요성을 인식하고 영유아의 교육에 임해야 할 것이다.

2) 유형

책무성의 유형에서 교사의 교육적 책무성을 살펴보면 관료적 책무성, 전문적 책무성, 도덕적 책무성, 고객 지향적 책무성이 있다(송옥란, 2005).

① 관료적 책무성: 공식조직에서 활용되는 책무성으로 관료적 기대와 역할, 위계적 권위 구조, 규칙과 규정을 통한 표준화 절차 등을 특징으로 하는 구조를 의미한다. 즉, 공식조직에서 상사는 부하에게 복종과 충성을 요구할 권리, 직무에 대한 권한과 책임을 부여하고 감독할 권리, 표준화된 규칙과 규정의 제정권 등을 갖는 반면, 부하는 상사의 명령과 권위에 대해 순응할 의무, 성문화된 규칙, 규정을 준수할 의무, 부여된 직무권한과 책임의 이행 사항에 대해 보고할 의무 등을 갖는다.

② 전문적 책무성: 전문직으로서의 교수자 집단의 특성을 전제로 성립된 것이다. 전문가로서의 교수자는 장기간의 훈련을 통해 전문지식체계

인 교수 실천에 대한 지식, 내용지식, 교육과정을 확실히 파악하고 있어야 한다. 교수자는 자신의 지식과 기술에 따라 스스로 결정할 수 있는 '자유재량권'을 행사할 수 있다(허병기, 1994). 또한 교수자는 교육을 통해 불확실하며 복잡하고 애매모호하며 개별적이고 주체적인 인간의 경험을 풍부하고 확실하게 이해하고 인간의 행동을 바람직한 방향으로 변화시키는 행위를 수행해야 한다.

③ 도덕적 책무성: 교수자들이 교육을 실천하는 과정에서 자신들의 도덕적 판단과 행위, 당사자 간의 상호관계 속에서 도덕적 판단력, 심성과 도덕적 매너 등 도덕적 요인들이 보편적으로 편재되어 정의된 것이다. 교수자의 도덕적 책무성은 교육 실행에서 교육자들이 외부의 압력, 법규 및 규칙 등의 강제적 의무에 의해 자신의 책무를 이행하기보다는 자신의 양심, 신념과 동기에 의해 자신의 책무를 이행하는 것이다.

④ 고객 지향적 책무성: 공급자들이 그 활용에 적합하도록 충분한 효용과 질을 지닌 생산품과 서비스를 소비자 또는 고객에게 제공할 것이라는 기대에서 비롯한 것이다. 즉, 교육에 있어서 고객 지향적 책무성은 교육기관의 선택 요소가 교육기관의 수행, 학습자들의 학업성취, 교사의 질, 행정시스템, 기타 교육기관 프로그램 등이라는 것이다. 이러한 고객 지향적 책무성을 통해 교육기관은 학부모의 선호를 충족시키기 위해 교육기관 프로그램의 개선과 서비스 질의 향상 등 자신들의 과업수행 방식을 변경할 것이다.

여러 학자가 주장하는 책무성의 유형을 분류하면 다음과 같다(김형재 외, 2016).

표 9-2 학자에 따른 책무성의 유형

학자	Adams와 Kirst(1999)	Neave(1985)	Darling-Hammond와 Ascher(1991)	배호순(1996)	정우일(1996)
유형	관료적 책무성 법적 책무성	법적 책무성	법적 책무성 관료적 책무성		행정적 책무성 법적 책무성
	전문적 책무성	전문적 책무성	전문적 책무성	전문적 책무성	전문적 책무성
	도덕적 책무성	도덕적 책무성		도덕적 책무성	도덕적 책무성
	정치적 책무성 시장적 책무성	계약적 책무성	정치적 책무성 시장적 책무성	계약적 책무성	정치적 책무성

출처: 송옥란(2005).

04 보육교사의 보육실습

1. 이해

어린이집, 유치원, 초등학교, 중학교, 고등학교 교사 자격취득을 위한 교육실습 과목은 필수 교과목으로서의 기능도 중요하지만, 각급 교육기관의 교사양성기관에서 수년간 학문을 연마하고 마지막으로 겪는 직전교육으로서 보육실습 기간을 통해 보육현장에서 체득한 보육의 실천적 기술과 보육교사로서의 첫 경험은 일선의 보육교사로서 임용된 후에도 많은 영향을 줄 것이다.

보육실습은 제도적으로 보육교사 양성과정에서 필수과정으로 되어 있는 것도 보육교사가 되기 위해서 거쳐야 하는 아주 중요한 과정이기 때문이다. 따라서 예비보육교사들도 기대와 신비감을 가지고 보육실습에 참여하게 된다.

보육교사 양성기관에서 학문중심으로 학습하였던 이론, 지식, 기술, 기능 등을 보육현장에 직접적으로 실천, 체험, 참관, 관찰 등 다양한 방법으로 보육교사로서의 역할을 직접 수행해 보는 실무훈련과정을 통해 그 보육실습의 목적을 수행하고 있다(고정곤 외, 2016).

- 보육기관의 건물구조, 보육실, 실내·외 흥미영역, 영유아를 위한 편익시설 등 물리적 시설과 설비 등이 갖고 있는 교육적 가치와 제반 기능을 이해한다.
- 보육기관에 종사하는 다양한 조직원 간의 임무와 역할 그리고 상호작용적 관계 속에서 보육교사의 임무와 역할이 무엇인가를 재인식한다.
- 대학교육에서 교과교육 중심으로 터득한 학문적 이론과 실천적 기술들이 어떻게 통합되어 보육현장에서 활용되는가를 스스로 터득하게 된다.
- 대학교육에서 학습한 5대 영역별 지도기술과 방법을 보육현장에 적용을 통하여 실천적 교수, 학습 기술을 체득한다.
- 보육기관의 다양한 프로그램, 하루 일과 유형과 일과 운영에 따른 보육교사의 역할을 이해한다.
- 보육계획 수립, 영유아활동 지도, 영유아의 상호작용, 환경 구성, 자료개발, 생활습관 지도 등 보육교사로서의 전문적 자질을 연마한다.
- 연령별 영유아의 발달특성, 학부모의 보육활동에 대한 기대와 요구 그리고 지역사회와의 상호작용적 관계에 대하여 이해한다.

예비보육교사들에게 보육실습을 통하여 기대하는 효과를 살펴보면 다음과 같다.

- 영유아 보육기관에서 영유아들의 효율적인 보육지도를 위한 전문적인 기술과 자질이 향상된다.
- 보육교사의 역할을 수행해 봄으로써 보육교사로서의 사명감과 소명의식을 제고시키는 기회가 된다.
- 대학교육을 통해 학습한 이론 및 실천적 기술이 보육현장과 괴리될 수 있음을 인식하고, 보육교사로 임용되면 이를 해결하려는 의지를 갖도록 한다.

- 보육현장에 도사리고 있는 당면문제를 인식하고 보육교사로 임용되면 이의 해결을 통해 보육교사로서의 긍지를 갖게 한다.

2. 보육실습 관련 안내

예비보육교사들의 보육실습이 잘 운영되기 위해서는 실습을 주관하는 대학과 각 어린이집들이 제반 여건을 충족시켜 주어야 한다.

1) 보육실습관련 근거조항

「영유아보육법 시행규칙」 제12조 제2항 관련 <별표 4> 기준 준용

2) 보육실습 가능 기관

① 법적으로 인가받은 정원 15인 이상의 어린이집

② 교육과정과 방과 후 과정을 운영하는 유치원(교육청에 방과 후 운영 유치원으로 등록되어 있어야 함)

③ 현재 평가 인증된 기관

3) 보육실습

① 6주(평일 30일), 240시간 이상 연속하여 실시(1일 8시간 이상)

② 평일(월~금)오전 9시부터 오후 6시(18시) 사이에 한 경우에만 인정

③ 토, 일, 법정 공휴일은 제외

4) 실습 지도교사

① 보육교사 1급 또는 유치원 정교사 1급 자격 소지자

② 실습 지도교사 1명당 보육실습생 3명 이내 지도(동일 기간 내)

③ 보육교사 1급 자격증 소지한 원장은 실습지도교사로 인정되지 않음(단, 보육정원이 20인 이하 가정어린이집 또는 시장, 군수, 구청장이 특례를 인정한 어린이집의 원장은 가능)

5) 실습생 - 실습 첫날 어린이집(유치원) 제출 서류

① 보육실습생 신상카드, 보육실습생 서약서 1부
② 보건소의 전염성 질환(간염, 결핵, 장티푸스 등)에 대한 건강진단 결과서(구, 보건증)

6) 실습종료 후 학교로 제출하여야 할 서류(어린이집 실습 시) (어린이집 보육통합정보시스템에 입력 후 출력한 경우)

① 보육실습일지
② 보육실습확인서(어린이집 보육통합정보시스템에서 출력한 것)

7) 실습종료 후 학교로 제출하여야 할 서류(확인서 수기 작성 시, 유치원 실습시) (교육과정과 방과 후 과정을 운영하는 유치원에서 실습하였을 경우)

① 보육실습일지
② 보육실습확인서 1부(필히 원장 이름 및 날인)
③ 1급 지도교사 자격증 사본 1부
* 1급 지도교사의 개명 또는 주민등록번호 변경으로 인해 자격증 상의 내용과 현재 주민등록상의 내용이 다를 경우 증빙서류로 지도교사 주민등록초본(변경사항 기재 되어있는)을 제출해야 함
④ 보육실습기관 인가증 사본 1부(고유번호증, 사업자등록증, 법인등록증 등 안 됨)
⑤ 종일제 유치원 확인서 서류 제출 시 상단에 필히 학번, 성명 작성요망

8) 실습의 평가

실습평가 점수가 80점 이상인 경우에만 실습을 이수한 것으로 인정함

3. 보육실습 진행과정

보육실습 진행과정을 표 9-3으로 나타내면 다음과 같다.

표 9-3 보육실습 진행과정

절차	내용	주관	
		대학	어린이집
1. 보육실습 신청서 제출	• 학생의 정보, 이미 이수한 보육 관련 교과목, 희망보육 실습지역 및 기관 기록 • 보육실습 사전교육을 하는 데 활용	○	
2. 실습기관 선정	• 보육인원 정원 15인 이상, 방과 후 과정운영, 보육교사 1급, 유치원교사 1급 정교사 소지자, 평가인증보유, 보육기관과 보육실습생 집과의 거리 교통편 고려	○	○
3. 협조공문발송 실습동의서 작성	• 보육실습기관에 보육실습 요청 협조공문 발송 • 학생의 보육실습동의서 통보	○	○
4. 보육 실습비 송금	• 실습 학생의 중식비, 보조 활동 재료비, 실습담당교사 지도 수당 • 보육교사 양성기관에서 결정 • 실습기관 계좌로 온라인 송금	○	○
5. 실습생 사전교육	• 전 학생을 대상으로 실습에 관한 전반적인 내용 사전 교육	○	
6. 실습관련 서류 송부	• 실습기관에서 요구하는 서류송부, 신상카드, 서약서 건강진단 결과서, 성범죄 경력조회 동의서	○	○
7. 실습기관에서 사전교육	• 실습기관에서 사전교육 –보육방침, 프로그램, 기관현황, 학급현황, 보육기간 중의 행사, 실습생 지도계획, 실습생 준수사항, 준비물 등		○
8. 실습진행	• 6주, 240시간 이상, 오전 9시~오후 7시 인정 • 보육기관의 시설설비, 보육실, 기타 시설·설비 관찰, 보육일과 보육활동참여, 영유아 행동관찰, 보육활동 계획 수립 및 실행, 평가, 각종 보육 프로그램에 대한 이해, 가정프로그램 및 각종 보육행사 참여, 교재·교구제작, 보육실 정리·정돈, 실습일지기록, 실습 지도교사 조언받기, 지도교사와의 면담, 실습생 자기평가		○
9. 실습관계 서류접수	• 보육실습 관계 서류 접수: 실습종료 후 14일 이내 –보육실습 확인서, 보육실습 평가서, 실습기관시설 인가증 사본, 실습 지도교사 자격증 사본	○	○

〈계 속〉

절차	내용	주관	
		대학	어린이집
10. 실습평가	• 실습 전 과정에 대한 평가 • 실습 전 과정에 대한 질의 응답		○
11. 실습평가	• 개인소감 발표 • 새로 터득한 점, 힘든 점 의견교환 • 대학교육과의 괴리문제에 대한 협의 및 해결 • 보육기관의 당면과제 및 해결방안 토론		

4. 보육실습의 내용

1) 관찰실습

(1) 원아 관찰

- 영유아의 발달 행동적 특징
- 학습태도 및 능력
- 영유아의 상호작용 내용 및 양

(2) 교사역할 관찰

- 학습활동의 계획
- 활동의 수행
- 학급운영
- 영유아의 관찰 및 평가
- 영유아의 상호작용 방법 및 내용
- 간식 및 급식의 운영
- 기본생활습관 지도
- 건강 · 안전관리 지도
- 교재교구 및 자료준비와 선정, 관리

- 비품관리

(3) 물리적 환경 관찰

- 실내의 환경구성
- 사용 가능한 교재, 교구, 자료 및 사용방법

2) 참가실습

(1) 활동의 계획 및 수행

- 활동준비 및 환경정리
- 교재, 교구 및 자료준비
- 영유아의 실태 파악
- 지도교사의 활동보조 및 분위기 조성
- 자유놀이 지도
- 자료의 정리

(2) 활동의 평가

- 활동의 결과나 작품의 평가
- 평가기준의 작성

(3) 학급운영

- 학급운영 보조
- 방과 후 교실 정리 및 정돈
- 환경구성
- 사무처리
- 비품관리

3) 실제지도실습

① 부분수업: 보육교사가 계획한 하루 일과 중 한 가지 활동만을 실습생이 스스로 계획하고 준비해서 수행해 보는 과정
② 연결수업: 보육교사가 계획한 하루 일과 중 이어서 진행되는 두 가지의 활동을 실습생이 준비하여 수행해 보는 과정. 활동과 활동 사이의 과도기의 교사역할을 경험해 볼 수 있음
③ 종일수업: 하루 일과의 시작부터 끝까지를 모두 실습생 스스로 계획해서 준비하여 수행해 보는 과정

4) 실무실습

- 영유아의 출석관리
- 영유아의 관찰기록부 작성
- 영유아의 영양 및 건강관리
- 공문서 작성 및 처리
- 부모-교사 상담계획 및 수행
- 부모회 및 부모교육의 계획 및 수행
- 보육시설의 시설, 설비, 교구 및 비품 관리와 관리대장 작성
- 가정통신문의 작성

5. 보육실습 학생의 주의사항

1) 일반적 유의사항

- 실습학생은 학교를 대표한다는 자세를 갖고 보육실습교사다운 마음과 태도를 가지고 실습에 임해야 한다.

- 실습 실시 전에 해당 실습기관을 방문하여 인사한 뒤에 실습자 신상 명세서를 기관장에게 제출하고, 사전 지도를 받고 현황 및 실태 등을 파악한다.
- 용모, 복장, 언어, 태도 등에 있어서 특별히 유의하여 실습교사로서의 품위를 손상시키지 않도록 해야 한다.
- 영유아와 실습교육기관의 일에 깊은 관심을 가지고 항상 열의와 성의를 다해서 근무해야 한다.
- 실습생 상호 간은 서로 존경하고 협동하여 실습의 성과를 최대한 거두도록 노력한다.
- 실습생은 해당 실습기관의 지도교사의 지도를 성실하게 받아 자가 책임을 다하며, 새로운 일이나 아동의 특별한 문제를 지도교사와 의논하여 해야 한다.
- 실습기관의 아동들이 지켜야 할 규칙을 솔선수범하여 준수하며, 좋은 본보기가 될 수 있도록 모범을 보인다.
- 일과에 대한 준비와 정리를 충실히 해야 한다.
- 실습 교육기관의 규칙에 따라야 하며, 특히 실습기관에서 금지하고 있는 사항은 엄수해야 한다.
- 기관 내 아동의 특별한 문제는 반드시 지도교사에게 보고한다.

2) 실습생의 근무자세

- 출근은 정해진 시간보다 10분 정도 먼저 하여 출근부에 날인하고 직원실 및 교생실, 배당학급의 정돈상황을 점검한다.
- 실습기관의 직원에게는 누구에게나 공손하게 인사를 나눈다.
- 실습기관의 방문객에게 인사나 목례로 친절한 태도를 보인다.
- 실습기관의 시설, 부품 등을 사용하고자 할 경우에는 소관자의 허가를 받은 다음에 사용하며, 사용 후에는 분명하게 반환한다.
- 실습기관의 모든 물품을 아껴 쓴다.

- 담당한 일이나 아동과의 약속은 신속, 정확하게 지켜야 한다.
- 퇴근시간에는 자기의 일을 다 정리, 인계한 후 확인하고 인사한 뒤 퇴근한다.

3) 실습생의 준비

- 실습에 필요한 물건을 준비, 점검한다: 실습지침서, 필기도구, 도시락, 명찰, 실내화, 운동복
- 실습에 대비하여 복장, 용의를 갖춘다.
- 실습에 대한 목적의식을 분명히 한다: 무엇을, 왜, 어떻게 할 것인가의 문제의식
- 실제 지도에 대한 실습을 해 본다: 동료를 대상으로 모의실습을 해 보고, 집에서 거울을 보며 연습해 본다.
- 실습 중에는 함께 배치된 교생들과 경어를 사용하도록 한다.
- 휴대폰 사용을 금하도록 하고 원내물건 사용시에 허가를 받도록 하고 사적인 전화가 오지 않도록 한다.
- 실습 중 귀중품은 각자 철저히 관리하도록 한다.

4) 지도교사와의 관계

- 실습생은 지도교사의 지도에 따라 아동을 지도한다.
- 지도교사의 허락 없이 사적으로 아동들을 데리고 자유로이 외출하거나 가정을 방문해서는 안 된다.
- 지도교사는 현장에서 고귀한 경험의 소유자로서 존경하며 예의를 갖고 대하여야 하며 겸허한 마음으로 지도를 받아야 한다.
- 자기의 견해가 지도교사와 다를 경우 학생이라는 입장에서 자기의 의사를 충분히 말하여 지도를 받는다.

5) 아동과의 관계

- 아동들에게는 언제나 친절하게 대하며 이름과 얼굴을 빨리 기억하도록 한다.
- 아동을 처벌하지 않도록 하고 명령어를 사용하지 말며 표준어를 사용하도록 한다.
- 선생님이 먼저 허리를 굽혀 그들의 말에 귀 기울이고 항상 친절히 대하고 교사로서의 품위를 항상 유지한다.
- 아동에 대한 획일적 판단을 지양하고 개성을 존중하며 개개인을 대하여야 하며 지도의 일관성을 잃어서는 안 된다.

6) 학생 보육실습 후 제출 보고사항

- 실습일지는 본인이 기록한 후 현지 실습지도 책임자의 검사와 지도를 받아야 하며, 실습 종료 후에 학과장에게 제출한다.
- 실습이 종료되면 현장실습지도 책임자에게 제출하였던 현장실습성적 평가서를 받은 후, 실습학생이 학교에 직접 제출한다.

CHAPTER 10

보육교사의 인간관계

01 바람직한 인간관계

02 영유아와의 관계

03 학부모와의 관계

04 보육교직원 및 지역사회와의 관계

01 바람직한 인간관계

일선 어린이집에서 보육교사는 영유아와 가장 가까이서 함께 공동생활하며, 영유아에게 있어 절대적인 영향력을 미치는 존재이다.

인간은 누구나 좋은 인간관계를 맺기 원한다. 하지만 관계 맺기 실천은 매우 힘들고 어려운 것이 사실이다. 여기서는 바람직한 영유아와의 관계를 형성하기 위하여 인간관계의 속성 원칙, 저해 요인 등에 대해서 고찰하고자 한다(신재흡, 2017). 먼저 인간관계의 속성을 살펴보면 다음과 같다.

첫째, 인간관계는 사람에 대한 관심을 의미한다. 인간은 사회적 동물로서 나 아닌 다른 사람과의 관계를 저버리고 생활할 수 없다. 인간이 상대에 어떠한 관심을 보이느냐에 따라 인간관계는 달라진다.

둘째, 인간관계는 상대에 대한 긍정, 즉 인격에 대한 긍정에서 시작한다. 서로를 사람다운 인격체로 인정해 줌으로써 상호 신뢰적 인간관계를 형성하게 된다.

셋째, 인간관계는 형식적 관계가 아닌 상호 존중의 진실한 관계이다.

넷째, 인간관계는 역동적이다. 인간관계는 생명력이 있고 살아 움직이는 관계이며, 사랑의 끈으로 이어져 꿈틀거리는 유기체이다.

다섯째, 인간관계는 직무의 생산성을 높인다.

여섯째, 인간관계는 강요보다는 이해가 필요하다. 그렇게 하기 위해서는 상황에 따라 유연한 태도를 취해야 한다.

일곱째, 인간관계는 상호성의 관계이다. 서로 분리나 차별의 관계가 아니다.

다음은 인간관계의 원칙에 있어서 그 원칙을 살펴보면 다음과 같다.

첫째, 인간관계는 열린 관계이다. 내가 상대에게 열려 있다는 것은 서로가 잘 알고 있다는 것을 의미하며, 잘 알기 때문에 문제에 직면하기 전에 문제를 서로 풀어갈 수 있다.

둘째, 인간관계는 상대를 중요한 존재로 인정해야 한다. 상대가 '나'를 진심으로 소중하다고 생각하고 있다는 것을 느낄 때, 인간관계는 매우 급속히 가까워진다.

셋째, 인간관계는 믿음 가운데 쌓아야 한다. 서로 간에 진심으로 신뢰가 싹틀 때, 인간관계는 더욱 돈독해진다.

넷째, 인간관계는 억지로 떠밀려 할 수 없이 하는 것이 아니라, 능동적이고 적극적인 태도로 스스로 자발적으로 하는 것이다.

다섯째, 인간관계는 정직해야 한다. 자신의 실수나 잘못을 인정할 때보다 오히려 솔직할 때 인간관계는 더욱 돈독해진다.

여섯째, 인간관계는 성실하고 겸손해야 한다. 상대에 대한 한결 같은 변하지 않는 마음으로 진실을 대할 때 인간관계는 더욱 빛나고, 자기 자신을 낮출 때 서로 간의 인간관계는 높아진다.

일곱째, 인간관계는 역지사지(易地思之)의 바른 자세로 보아야 한다. 나의 입장이 아닌 상대방의 입장에서 바라볼 때 서로가 자신을 더 잘 알게 되고, 상대를 더 깊이 이해할 수 있다.

여덟째, 인간관계는 일관성이 있어야 한다. 상황에 따라 쉽게 변하는 태도는 서로 간의 불신감을 낳게 되어 인간관계가 불편해진다.

아홉째, 작은 친절이라도 먼저 실천하는 솔선수범의 원칙, 취미나 생각, 성격이 유사한 사람끼리 인간관계가 더 발전하는 유사성의 원칙, 나보다는 타인을 먼저 생각하는 이타성의 원칙, 상대에 대한 진심 어린 친절과 관심으로 인간관계를 더욱 조화롭게 끌어가는 친절, 관심, 조화의 원칙 등이 있다.

마지막으로 인간관계에 있어서 저해 요인을 살펴보면 다음과 같다.

첫째, 자기중심적 사고와 태도이다. 우리들 주변에는 자기주장만 앞세우고 자기만 인정받아야 직성이 풀리는 사람이 많다. 이런 사람과는 바람직한 인간관계가 성립될 수 없다. 인간관계의 출발은 자기 욕심을 버리고 가장 낮추는 것이다. 우리들이 진정으로 두려워할 것은 자기중심적이고 교만한 사람이 아니라 남을 사랑하고 겸손해하는 사람이다.

둘째, 편견과 차별적 태도이다. 자기 능력보다 지연, 학연, 혈연으로 인하여 승진이나 경쟁에서 누락되었다고 할 때, 개인이나 조직, 집단에서의 상호 인간관계에 부정적 영향을 미친다. 아울러 성(性)이나 지역, 출신, 외모, 성적 등과 같은 것에 편견을 버리고 차별을 한다는 것도 올바른 인간관계를 정립할 수 없는 요인이다. 서로가 나의 가족, 나의 친구, 나의 형제로 바라볼 때, 편견과 편애와 차별이 사라질 것이다.

셋째, 거짓과 형식이다. 인간관계에 있어 진실성이 결여되어 있고 형식적이라면 그것은 올바른 인간관계를 맺었다고 말할 수 없다. 따라서 나 아닌 상대방이 먼저 해 주기 전에 내가 먼저 해 주는 자세가 습관화되어야 한다. 또한 상대를 내가 이용할 대상자라기보다는 진실한 친구관계로 대해 주어야 한다. 그렇기 위해서는 부지런하고 교만하지 않아야 한다.

02 영유아와의 관계

어린이집에서 보육교사는 다양한 대상 중 먼저 영유아와 관계를 맺게 된다. 보육교사의 주된 역할이 영유아를 보육하고 그들을 대상으로 교육활동을 진행하는 것 역시 영유아와의 관계 맺기를 통해서 이루어진다고 볼 수 있다. 그뿐만 아니라 어린이집이 제 기능을 다하기 위해서는 보육교사와 영유아 간에 원만한 관계를 형성해야 한다.

영유아와 보육교사의 관계를 교사의 학습자 존중, 개인차 존중, 공평성 존중, 모범성, 상담 역할 등으로 나누어서 확인해 보면 다음과 같다(신재흡, 2017).

첫째, 보육교사와의 관계에서 학습자 존중이다. 보육교사와 학습자인 영유아와의 바람직한 인간관계형성에 있어서 보육교사는 영유아를 인격체로 존중해야 하는 문제에서 비롯된다.

영유아들이 연령상으로는 보육교사에 비해 적고 미성숙할지라도 그들은 성인과 똑같이 평등하고 존중받아야 할 존엄성이 있다. 다만 그들은 동등한 인간이지만 지적·신체적으로 미성숙한 상태에 있을 뿐이다. 칸트(Kant)는 '개인을 목적으로 삼아야 하며, 결코 수단으로 취급해서는 안 된다'라고 하여 모든 인간에 있어서 인간 존엄성을 강조하였다.

어린이집 보육교사는 영유아의 인격을 존중하며 그들의 권리를 최대한 보장해 주려는 긍정적이고 적극적인 자세를 취해야 할 것이다.

둘째, 보육교사와의 관계에서 학습자 개인차 존중이다. 민주사회에 있어서 교육의 목적은 개개인의 잠재 가능성을 최대한으로 개발 및 신장하는 데 있다. 영유아 저마다의 각기 다른 개성을 존중하여 그들의 타고난 무한한 가능성을 발휘할 수 있도록 도와주는 것이 보육교사의 역할이다. 따라서 가장 이상적인 교사의 지도방법이 개별화된 지도방법이다. 즉, 영유아 개개의 각기 다른 소질과 능력에 따라 적절한 교육을 실시하는 것이 바람직한 것이다.

21세기 지식기반사회에서는 사회구성원들이 각기 다른 고도의 분화된 특성들의 결합으로 조직되었고, 인간 각자가 생각이 다르고, 취미와 소질이 다르고, 능력의 차이가 있는 것을 부정적 요소로 보지 않고 오히려 긍정적인 요소로 보아야 한다.

셋째, 보육교사와의 관계에서 공평성 존중이다. 인간은 누구나 타인으로부터 애정과 인정을 받고 싶어 하는 것이 본능이다. 더구나 성장기에 있는 영유아들은 자기들을 지도하고 있는 보육교사로부터 사랑과 인정을 받고 싶어 하며, 보육교사의 애정표시에 매우 예민한 반응을 나타내는 발달단계에 있다. 그러므로 보육교사는 영유아와의 관계에서 편애와 공평성에 특별히 유의하여야 한다. 그렇지 못하면 영유아에게 이질적인 정서장애를 일으켜서 교육전반에 나쁜 영향을 주게 된다.

편애는 교육활동에 있어서 많은 부작용을 조성할 수 있으므로 지양되어야 할 보육교사의 수칙이라 할 수 있다. 일반 교사들의 편애란 피교육자에게 오만과 우월감을 줄 수 있고, 타 피교육자들로부터 시기 및 질투의 대상이 될 수 있으며, 집단생활에서 소외되어 고립될 수도 있다. 이와 같은 편애는 어린이집에서는 그 자체가 와해되고 보육교사의 신임이나 품위가 떨어지게 되어 결국은 바람직한 교육활동이 되기 어려워지게 되는 것이다.

우리들이 알고 있는 공평이란 편애와 불공평의 반대개념으로 이해해서는 안 되는 것이다. 즉, 교육에 있어서 공평성은 어떤 영유아라도 똑같이 취급하자는 것이 아니라, 다양한 영유아의 능력이나 개성 혹은 성장환경 등을 감안하여 거기에 적절하게 보육교사의 지도력이 미쳐야 한다는 것을 의미한다. 따라서 여러 가지 부족한 점이 많은 영유아에게는 보육교사의 지도 기회가 많을 수도 있을 것이다. 결국 영유아들의 특성에 따라 보육교사의 리더십이 미치는 것이 교육, 즉 보육에서의 공평성이라 할 수 있다.

넷째, 보육교사와의 관계에서 모범성이다. 일반적인 교육의 주체는 교사이며, 교육이 잘 되고 못되는 것은 직접 피교육자를 담당하고 있는 교사의 능력에 달려 있다는 것이 당연한 논리가 되겠다. 그러므로 피교육자가 바람직한 인간으로 성장하는 것은 가정, 사회 등의 영향도 있으나, 무엇보다도 직접 지도를 담당한 교사의 영향력이 매우 크다고 할 수 있다. 정신적·육체적으로 성숙과정에 있는 피교육자들의 발달적 특성은 매우 감수성이 민감하며, 주변의 자극을 큰 비판 없이 수용하여서 자기 나름의 가치관을 정립해 간다. 이와 같은 특성을 가진 피교육자들은 그들의 주변에서 가장 존경스럽고 권위를 지닌 교사를 그들의 바람직한 모델로 바라보고 추종하는 경우가 매우 많다. 특히 모방력이 강한 어린이집에 다니고 있는 영유아의 경우는 보육교사의 언행은 물론, 취향, 심지어 글씨까지 모방하고자 한다. 그러므로 보육교사가 영유아들의 모범이 되기 위해서 언제나 긴장된 생활을 할 수밖에 없다. 즉, 보육교사 평소 언행, 예절, 정직성, 약속, 근면, 성실성, 공명성 등의 태도가 은연중에 영유아에게 영향을 준다는 것을 명심하고 솔선수범하는 생활 자세를 확립해야 한다.

다섯째, 보육교사와의 관계에 있어서 상담 역할이다. 우리가 알고 있는 상담이란 충고, 정보의 제공, 위로 및 격려, 정신분석, 심리치료 등의 광범한 활동을 가리키는 개념으로 일상생활에서 쓰이고 있으며, 그 개념도 매우 다양하다. 그런데 여기서 논하는 상담이란 피교육자의 문제를 중심으로 내담자의 요청에 의하여 그들의 문제를 함께 논의하고 해결책을 강구하고 내담자 스스로 자기문제를 해결하여 바람직하게 성장 및 발달할 수 있도록 조력하는 활동을 의미한다.

피교육자들은 때로는 부모보다도 교사를 신뢰할 수도 있다. 피교육자들이 그들의 문제와 고민을 상의하고 지도 및 조언을 구하는 것은 기본적으로 교직자에 대한 신뢰가 있기 때문이다. 만약 우리들이 알고 있는 교직자에게 신뢰성이 없다면 상담활동이 이루어질 수 없는 것은 말할 것도 없고, 존경심도 상실하게 되어 교사와 피교육자 간의 인간관계가 와해되어 결국 교육의 성립이 불가능해진다. 그러므로 교사와 피교육자 간의 상담내용은 엄격히 비밀을 지켜주면, 아울러 교사는 그들의 문제를 비판하기에 앞서서 그들의 입장에서 애정과 친절로서 조언을 해야 하는 것이다.

상담에 있어서 궁극적인 목적은 현재의 문제점을 해결하고 보다 밝은 내일을 위한 변화와 발전에 있기 때문이다. 피교육자들은 상담을 요청하지 않을 뿐이지 거의 모두가 그 나름대로 문제를 가지고 있기 때문이다. 교사는 신뢰로서 피교육자와 바람직한 인간관계를 형성하고 그들의 고충을 이해하며, 그들을 조력하여 비교육자의 올바른 성장을 도와주어야 한다.

03 학부모와의 관계

보육교사와 학부모와의 관계는 교육을 매개로 교육자와 교육의 수혜자로서 인위적으로 형성되지만, 영유아들의 교육을 위해 돕고 협력한다는 측면에서 필연적인 관계라 할 수 있다.

보육교사와 학부모의 교육권을 행사하는 데 있어 교육을 위하여 자극과 충동을 줄 수 있는 긍정적인 측면이 있는 반면에 보육교사의 교육권에 대한 침해와 학부모의 교육권 행사가 충돌할 경우 갈등을 빚을 수도 있다.

이러한 관점에서 보육교사와 학부모의 관계는 다음과 같은 사항에 유의하여야 한다(신재흡 외, 2006).

첫째, 보육교사와 학부모의 인간관계는 부분적인 관계이다. 보육교사와 학부모의 상호작용은 영유아의 교육이 목적이므로 영유아들의 교육에 관계되는 일에 한정된다. 따라서 보육교사는 학부모에 대하여 널리 그리고 깊이 알지 못하며 학부모 또는 보육교사에 대하여 같은 입장이다. 이러한 점 때문에 학부모와 보육교사 사이에 상호 불신이나 오해가 싹틀 수 있으며, 학습 지도에 오류를 범할 가능성이 항상 존재한다. 그러므로 서로에 대한 의식적인 이해와 어린이집 교육에 관한 정보교류 등의 노력이 필요하다.

둘째, 학부모와 보육교사 관계의 특징 중 하나는 비영구적인 관계이다. 보육교사와 학부모의 관계는 일단 맺어지면 영유아들이 수료한 후에도 그 관계는 지속될 수는 없다. 결국 학부모와 보육교사와의 관계는 영유아가 수료를 하면 작용은 중단될 수밖에 없다.

셋째, 보육교사와 학부모의 관계는 합법적이고 공식적인 결합 관계이다. 보육교사와 영유아가 교육자와 피교육자로서 교육의 권리 및 의무를 가짐과 동시에 보육교사와 학부모도 법적 관계를 맺게 되며, 「영유아보육법」에 따라 교사와 학부모는 상호작용하게 된다. 이와 같이 보육교사와 학부모는 합법적이고 공식적인 관계를 맺는 것이 특색이다. 이와 같이 보육교사와 학부모는 영유아의 교육목적을 효율적으로 달성하는 데 있어서 모든 접촉 관계가 떳떳해야 한다.

교사와 학부모의 관계는 학부모에 대한 교사의 태도가 보다 중요하다. 우리가 알고 있는 교사는 전통적으로 너무 권위적이고 만나기가 어려운 사람으로 생각했다. 그래서 교사는 학부모의 마음을 헤아리고 이해하는 마음에서 학부모를 대하고 도움을 주려는 태도가 중요하다. 학부모의 요구는 갈수록 증대되고 교육적 기대와 욕구, 어린이집과 보육교사에 대한 기대와 욕구도 갈수록 높아지고 있음을 인식해야 한다.

보육교사들이 가지는 태도를 살펴보면 다음과 같다.

첫째, 보육교사는 학부모의 의견이나 보호자적 권리를 존중해야 한다. 보육교사가 아무리 전문적인 지식과 기술을 가지고 있다 할지라도 학부모의 의견을 경시해서는 안 되기 때문이다. 보육교사는 학부모로부터 영유아에 대한 정보를 수집하여 영유아 지도에 최대한 활용해야 한다. 학부모의 의견은 영유아 지도를 위한 가장 훌륭한 자료이다.

둘째, 보육교사는 학부모가 부담 없이 어린이집을 방문하고 자유롭게 대화할 수 있는 분위기를 조성해야 한다. 공식적 · 정기적 모임만을 통해서 학부모를 만나야 된다는 생각을 해서는 안 된다. 학부모의 어린이집 방문은 부담 없이 자발적으로 이루어지는 것이 바람직하다. 보육교사는 학부모의 자발적인 어린이집 방문을 고무하고 자유로운 분위기에서 보육교사와 영유아 그리고 학부모 간에 대화를 나눌 수 있는 기회를 제공하도록 힘써야 한다. 그럼으로써 상호 간의 이해를 증진시킬 수 있고 지도방향을 선정하는 데도 큰 도움이 된다.

셋째, 보육교사는 자녀교육을 위한 어린이집에만 의존하려는 학부모의 태도를 수정해야 한다. 학부모로 하여금 자녀교육을 전적으로 맡겨야 한다거나 맡기겠다는 생각을 하지 않도록 해야 한다.

보육교사와 학부모 간의 거리를 멀게 하는 요인 또한 바로 그와 같은 사고방식에 있다. 물론 보육교사는 전문적인 기술, 경험을 가지고 있지만, 학부모의 영유아교육에 있어서 학부모 역할의 중요성을 알려주고, 보육교사와 학부모가 상호 협력하여 영유아를 교육할 때 비로소 교육의 효과가 나타날 것이다.

04 보육교직원 및 지역사회와의 관계

어린이집에 종사하는 보육교직원은 영유아의 보육, 건강관리 및 보호자와의 상담, 그 밖에 어린이집의 관리 및 운영 등의 업무를 담당하는 자로서 어린이집의 원장 및 보육교사를 비롯하여 사무교사, 취사부, 관리인, 위생원 등 어린이집에서 영유아를 위해 활동하는 모든 사람을 뜻한다(영유아보육법 제1장 제2조).

어린이집에서 활동하는 보육교직원과의 인간관계는 전반적인 분위기를 조성하고, 이러한 분위기는 어린이집 교육 전반에 영향을 미칠 수 있다. 따라서 어린이집에 종사하고 있는 보육교직원이 서로의 인격과 전문성을 존중하고 상호 협조체제를 구축하는 것은 영유아를 효과적으로 교육하는 기관이 되는 데 기여하는 것이다(이순형 외, 2013).

다음은 어린이집에서 종사하는 보육교직원을 살펴보고자 한다.

1) 원장과의 관계

어린이집을 총괄하는 원장은 보육교사와 그 밖의 직원을 지도 및 감독하며 영유아를 보육한다(「영유아보육법」 제3장 제18조).

일반적으로 어린이집은 원장의 교육철학과 운영방침에 의해 운영되므로, 원장과의 관계는 보육교사에게 중요한 사회적 관계이다(이순형 외, 2013).

어린이집 원장은 보육교사와의 관계는 수직적인 관계이다. 어린이집 원장은 보육교직원들의 인격을 존중하고 각자의 능력을 인정하되, 매사에 있어 솔선수범해야 한다. 이에 비해 보육교사는 어린이집에서 주어진 역할에 최선을 다하고 원장의 지시와 방침에 따라야 한다. 따라서 보육교사는 원장의 어린이집 운영방침 및 교육철학을 존중해야 한다.

어린이집 원장은 소속된 어린이집에서 추구하는 바와 보육교사 본인의 교육철학이 일치하지 않은 경우에도 일단 취업한 이상 원장의 방침에 정면으로 반대하는 것은 원장과 원만한 관계를 유지하는 것뿐 아니라 어린이집에서 생활하는 데도 도움이 되지 않는다.

특히 보육교사는 업무와 관련된 일들은 원장에게 보고해야 한다. 어린이집이라는 특성상 보육교사는 어린이집이라는 전체 기관에서 자신이 담당한 반을 운영하는 시스템이므로, 다른 기관에 비해 독립적인 성격을 가진다. 그러나 어린이집 반 운영에 있어서 일어난 문제들은 관리자인 원장의 책임이 따르게 되므로, 기본적으로 행하는 업무 이외에도 학부모와의 관계나 영유아와의 관계에서 일어난 일상적이지 않은 일에 대해서는 별도로 원장에게 보고할 필요가 있다. 보육교사는 외출, 결근, 휴가와 관련된 부분들도 미리 보고하여 사전에 허락을 받아야 한다.

보육교사는 어린이집 원장과의 관계에서 서로의 업무를 존중하고, 원장에게 도움이 되는 평가를 받고, 새로운 아이디어를 시도하는 것을 격려 받을 수 있도록 원장과의 관계를 유지해야 한다.

2) 동료 보육교사와의 관계

어린이집에서 많은 시간을 지내는 사람들 중에서 동료와의 관계는 매우 중요한 것이다. 어떤 조직에서든지 조직원 상호 간의 돈독한 인간관계의 유지나 조직발전을 위해 무엇보다도 선행되어야 할 기본과제라고 할 수 있다. 대부분의 생활을 함께하며 상호 연관된 업무를 처리함에 있어서 조직원 상호 간의 이해와 협력 없이는 원만한 직무수행이 어려울 것이다.

어린이집에서도 교육이란 특수성 때문에 다른 조직보다도 더욱 원만한 교사 상호 간의 인간관계가 형성되어야 한다. 만약 교사 상호 간에 비윤리적으로 영유아 앞에서 동료교사를 비판하거나, 자신의 호신책으로 영유아를 분열시키거나, 담당학급이 다르다고 하여 다른 학급을 소홀히 하고 차별하거나, 다른 학급담당자가 자기 담당학급의 학습지도를 하는 것을 권리의 박탈이라고 생각하거나 하는 등은 교육측면에서 직접적으로 나쁜 영향을 주는 행위로서 지양되어야 한다.

동료 간의 갈등이나 반목은 교직사회의 인화단결을 저해하는 것으로서 결국 교육의 목적달성에 큰 장애요소가 된다. 그리고 지연, 학연 혹은 전공별로 파벌을 형성하여 공식적 조직을 위협하는 경우나 사소한 이해관계 때문에 발생되는 것은 명랑한 교육풍토의 조성을 저해하는 최대의 문제점으로서 교직사회의 인화와 단결을 해치는 독소이다.

동료교사 상호 간 불협화음은 결국 어린이집 전체의 발전에 크게 영향을 주게 된다. 아울러 교직사회의 문제는 민감한 영유아에게 직접적으로 영향을 준다는 특성을 감안하여야 한다. 교직사회에서의 교사 상호 간의 문제점은 협의와 토론을 통해서 최선책을 모색하여야 하며, 인화로 단결된 교직사회 풍토를 영유아들로 하여금 피부로 느끼게 하여 정서적 안정을 기하도록 해야 한다.

3) 주임교사와의 관계

어린이집에는 주임교사가 있다. 이 주임교사는 보육행정의 중간 역할을 잘 수행하면 원장, 원감과 교사 모두 만족감을 느낄 수 있다.

보육교사들은 실질적으로 주임교사의 지시를 많이 받고 있다. 어린이집 각 반의 보육교사는 학급의 일을 분담시키고, 여러 반 보육교사와 주임교사가 이러한 과정에서 인간관계가 원만하다면 마찰 없이 업무가 잘 이루어질 것이다.

주임교사는 보육교사에게 업무를 분감시킬 때 권위적인 태도로 대하는 일이 없도록 해야 한다. 만약 주임교사가 학연, 지연에 얽매여서 불공정하게 처신한다면 보육교사들의 신뢰를 받지 못하게 된다. 따라서 주임교사는 공정하고 민주적으로 보육교사들을 대해야 한다(류동훈, 2004).

4) 기타 보육교직원과의 관계

어린이집에는 영유아의 관리와 행정을 담당하는 교직원이 있다. 사무교사, 조리사, 취사부, 관리인, 위생원과 같은 교직원도 보육교사와 마찬가지로 영유아의 보육과 연관된 업무들을 담당하므로 서로 원만한 인간관계도 형성할 필요가 있다.

어린이집에서 기타 교직원 또한 꼭 필요한 역할을 담당하고 있지만, 어린이집은 주로 보육교사를 중심으로 운영된다는 점에서 그들이 소외감을 느낄 수 있으므로 상호 소통이 필요하다.

보육교사와 사무교사, 취사부, 관리인, 위생원 등과 같은 교직원과의 관계는 주변적인 인간관계이다. 보육교사의 업무에 직접적인 영향을 주지는 않지만 이들과의 관계는 보육교사가 자신의 반을 운영하는 데 간접적인 방식으로 영향을 미치므로 이들과의 원만한 관계를 형성할 필요가 있다. 보육교사보다 나이가 많은 분이 많으므로 예의 바르게 행동하고 그들이 가진 연륜과 경력을 인정해 주는 것이 중요하다.

업무상의 협조를 구하는 일의 경우에도 내용은 일방적인 요청일지라도 그 내용을 전달하는 방식에 있어서는 협조를 요청하고 의견을 구하는 형식을 갖추는 것이 기타 교직원과의 원만한 관계를 유지하기 위한 요령이다(이순형 외, 2013).

5) 지역사회와의 관계

지역사회와 어린이집을 서로 연결시키고 상호 협조하는 데 도움을 주는 보육교사는 지역사회는 물론 국가발전에 선도적 역할을 하고 있다.

원래 교육은 피교육자의 성장 및 발달을 도모함과 동시에 지역사회의 요구를 수용하여 교육에 반영하도록 해야 하며, 지역사회의 개선 및 발전을 위해 공헌하는 데 의의가 있다. 즉, 교육을 담당한 보육교사는 지역사회의 일원으로 지역사회의 개선 및 발전을 위해 공헌해야 할 사명감이 있다는 것을 인식하고, 지역사회의 전통을 존중하면서도 의식개혁, 생활개선 등 경제 · 사회 · 문화 · 교육 등의 발전을 위해 적극적으로 참여하고 봉사해야 하는 것이다. 그 이유는 오늘날의 일반적인 교사는 전통적인 교직관의 교사상인 교육기관 내에 안주하는 사회의 이방인 같은 존재가 아니라 지역사회활동에 능동적으로 참여하고 지역사회 발전을 위해 선도적인 역할을 담당해야 할 리더의 위치에 있기 때문이다.

교육이 자아실현을 위해서는 물론, 나아가서는 사회에 공헌하기 위한 것이 목적이라면 사회에서 유리될 수 없으며, 사회 속에서, 사회의 요구와 필요한 것이 교육과정 속에 투영되지 않으면 안 된다. 그렇게 하기 위해서는 어린이집의 교육활동을 지역사회에 홍보하고 지역사회의 이해와 협조도 구해야 한다.

어린이집과 지역사회는 밀접한 유대관계가 있어야 하므로 보육교사는 지역사회와의 관계에서 모범적이고 선도적인 행동을 하여야 한다. 보육교사는 건전한 가치관과 확고한 국가관으로 지역사회 발전의 핵심적 존재로서 변화를 모색하는 선전적인 의식개혁을 위한 선도자가 되어야 할 것이다 (신재흡, 2017).

CHAPTER 11

보육교사의 인성교육

01 보육교사의 자질 및 역할

1. 자질

일선 보육현장에서 교육의 질에 가장 중요한 영향을 미치는 것이 보육교사의 자질이다. 그들의 자질에서 역할을 어떻게 인식하느냐에 따라 어린이집 교육은 크게 질적 수준에서 달라지는 것이다(김승옥, 2007).

일반적으로 교사의 자질이란 '교사로서 교직의 역할을 합리적으로 수행하는 데 필요한 개인적 특성 및 교직에 대한 태도를 말하는 것으로, 시대나 사회의 변화에 따라 그 일부가 수정 · 보완되어 왔다. 자질 있는 보육교사에 대한 견해차는 일선 보육현장에서 행정관리자와 교사 간에 업무진행 과정에서의 의견차가 생겨 결국 보육기관의 관리자와 교사 간의 갈등으로 이어지기도 하였다.

이에 여러 학자가 제시한 바람직한 보육교사의 자질을 종합해 보면 다음과 같다(황해익 외, 2015).

첫째, 보육교사의 자질을 교육관, 성향, 국가직무능력표준, 보육교사에게 필요한 자질 등 다각적으로 제시하고 있다.

둘째, 국가직무능력표준에 의거 보육교사의 자질을 12개의 능력단위로 제시했는데 일선은 보육교사가 보육현장에서 수행해야 할 직무의 내용을 중심으로 제시한데 비하여, 다른 학자들은 직무를 수행하는 데 필요한 능력이나 기능 그리고 역할을 중심으로 제시되었다.

표 11-1 보육교사의 자질

<table>
<tr><th>구분</th><th colspan="2">인성</th><th colspan="2">건강</th></tr>
<tr><td>개인적 자질</td><td colspan="2">• 유아에 대한 사랑
• 인간에 대한 사랑
• 성실성, 봉사성
• 자발성, 도덕성, 인간관계</td><td colspan="2">• 신체적 건강
• 정신적 건강 - 긍정적 자아관
• 타인에 대한 긍정적 사고
• 건전한 인생관
• 정서적 안정</td></tr>
<tr><td rowspan="2">전문적 자질</td><th>지식</th><th colspan="2">교수기술</th><th>교직관</th></tr>
<tr><td>• 일반 교양지식
• 교육과정에 대한 지식
• 교수방법, 평가에 대한 지식
• 유아에 대한 지식</td><td colspan="2">• 교육과정 구성기술
• 프로그램실천평가기술
• 의사소통기술
• 부모, 전문가 참여기술
• 창의성
• 융통성
• 교구 · 교재제작 및 활용기술</td><td>• 교육에 대한 소명감
• 직업윤리
• 전문성 함양 노력</td></tr>
</table>

출처: 이은화 외(2007).

1) 개인적 자질

보육교사의 개인적 자질로는 보육교사의 역할수행에서 요구되는 기본적인 특성으로 비교적 항구적으로 타고난 경향성이 높다.

개인적 자질로서는 신체적 · 정신적 건강, 유아에 대한 사랑, 원만한 인간관계, 온정적 성품 등이 있다.

① 신체적 · 정신적 건강: 어린이집 보육활동에 있어서 보육교사는 신체적으로 건강해야 한다. 보육교사는 신체적 건강과 더불어 정신적으로도 건강하고 정서적으로 안정되고 매사에 긍정적인 사고를 해야 한다.

② 유아에 대한 사랑: 교육에 있어서 교육은 곧 사랑으로 가르치는 일이다. 보육교사로부터 사랑을 받고 자란 유아는 당당하고 성취 지향적이며 매사가 적극적이다.

③ 원만한 인간관계: 보육교사는 보육활동에 관여하는 직장상사, 동료직원, 학부모, 지역사회인, 유관기관, 보육관련 행정가들의 원활한 인간관계를 맺어야 정상화시킬 수 있다.

④ 온정적 성품: 보육교사는 따뜻하고 포근하고 배려적이며, 이해심이 강하고 수용적이며, 유머러스하면서도 친절한 성품을 가져야 할 것이다. 유아들이 집단생활에 잘 적응할 수 있도록 보육교사의 온정적 성품으로 정서적 불안감을 해소하고 안정감을 주어 집단생활에 잘 적응할 수 있도록 한다.

2) 전문적 자질

보육교사의 교직은 전문직이다. 그들이 전문성을 가지기 위해서는 많은 자질이 필요하지만 보육과정 편성 및 지도기술, 교수·학습지도기술, 교직에 대한 사명감에 대한 꾸준한 전문성을 가꾸어 나가야 할 것이다.

① 지식: 보육교사는 '자신의 일에 대한 전문적인 이해와 기술을 가지고 있는 사람'으로 이해된다. 고도로 전문화된 이론적 지식을 소유하고 더불어 이 지식을 일상근무에 적용하는 방법과 기술을 가지고 있으므로, 보육교사는 인간을 대상으로 하고 그 초기단계에서 유아들의 교육과 보육을 담당하는 지식이 있어야 한다. 보육교사로서 직무수행에 절대적으로 필요한 전문성을 획득하기 위해서는 보육교사양성기관에서의 직전 교육도 중요하지만 현장에서의 지식을 계발하기 위한 다양한 현직교육(연수)을 강화해 나가야 할 것이다.

② 교수기술: 어린이집에서 보육과정을 편성하고 지도하는 기술이 있어야 한다. 교수기술로는 교육과정 구성기술, 프로그램 실천 및 평가기술, 의사소통기술, 부모 및 전문가 참여기술, 창의성, 융통성, 교재·교구의 제작 및 활용기술 등을 들 수 있다.

③ 교직관: 자기 직업에 대하여 나름대로 뚜렷한 교육관과 철학을 보육교사는 지니고 있어야 한다. 보육교사가 자신만의 명확한 교직관을 가질 때 어린이집 보육활동에서 일관성 있는 수행에 방향성을 제시하고 자신의 일에 대한 책임감, 소명의식, 직업윤리를 갖게 된다.

2. 역할

보육교사는 그 역할에서 영유아들의 초기에는 보호의 역할에서 점차 교육의 역할로 강조되면서 교육과정을 계획, 실행, 평가하는 역할이 추가되었다.

21세기 요구되는 보육교사의 모습은 교육과 보호를 동시에 수행하는 역할을 크게 강조하면서 영유아와 관계되는 모든 일에 대해 판단과 결정을 내리는 의사결정자로서의 역할이 강조된다.

보육진흥원(2004)에서는 보육교사의 역할로 양육자로서의 역할, 교수자로서의 역할, 관찰자로서의 역할, 지지자로서의 역할, 보육실 운영자 및 평가자로서의 역할을 강조하였다(정혜진, 2004).

① 양육자로서의 역할: 영유아에게 정서적 안정감을 주고 신뢰감을 형성해야 한다.

② 교수자로서의 역할: 영유아를 보호할 뿐만 아니라 성장 · 발달시키기 위해 교육철학과 목표에 근거하여 교육과정을 설계하고 활동계획 수립과 효과적인 교수-학습 방법 선정, 영유아의 탐구심을 충족시키고 발전시키는 학습환경 조성자의 역할을 한다.

③ 관찰자로서의 역할: 영유아의 개인적 발달수준과 요구파악은 보육교사의 기본적 역할로서 영유아의 발달, 환경 및 활동 전반에 걸쳐 항상 관찰하고, 지속적인 관찰과 기록을 통해 영유아의 객관적인 자료수집, 영유아의 발달에 대한 정보와 발달에 적합한 활동이 이루어져야 한다.

④ 평가자로서의 역할: 보육교사 자신의 교육계획과 수행을 점검하여 교육목표 달성 여부를 확인 평가하여 이를 바탕으로 효율적인 부모 상담에 임할 수 있다.

02 보육교사의 인성교육 원리

1. 원리

인성교육이라는 것은 도덕적으로 알고, 도덕적으로 느끼고, 도덕적으로 행하도록 하는 교육이라고 할 수 있다.

인성교육은 인간을 인간답게 기르는 교육으로 인간이 타고난 본성을 바람직한 방향으로 변화시키려는 노력이기에 도덕교육이라 정의한다(남궁달화, 1999; 손봉호, 1995; 손승남, 1999).

보육교사로서 필요한 인성과 자질은 학습되고 내면화되어야 한다. 인성교육이 바람직하게 이루어지고 효과적인 성과를 거두기 위해서는 다양한 원리에 의해 이루어져야 한다. 즉, 보육교사의 인성이 바람직하게 이루어지고 효과적인 성과를 거두기 위해서는 인성교육의 원리에 의해 이루어져 한다.

인성교육을 위한 실행원리에는 관계성의 원리, 자율성의 원리, 반복성의 원리, 동시성의 원리, 누적성의 원리, 지속성의 원리, 협동성의 원리, 통합성의 원리가 있다. 이를 구체적으로 살펴보면 다음과 같다(김영옥, 2014).

① 관계성의 원리: 인성교육은 다른 어떤 교수-학습 방법보다도 동료교사들과의 관계 또는 상호작용을 하는 다른 사람들과의 관계 속에서 이루어진다. 따라서 좋은 사람들과의 만남과 훌륭한 자질을 갖춘 사람들과의 상호작용이 중요하다.

② 자율성의 원리: 보육교사가 바른 가치관을 가지고 인성을 실천해 가도록 돕는 과정이 인성교육이다. 인성교육에 있어서 자율성은 보육교사가 도덕적 문제 상황이 생겼을 때 스스로 자신의 생각을 표현해 보고 일상생활에서의 문제를 스스로 해결해 보는 경험이 중요하다.

③ 반복성의 원리: 보육교사의 인성교육은 계속적으로 반복해서 이루어지고 있다. 보육교사가 바람직한 행동 특성을 학습했다 하더라도 잊어버리거나 습관화되지 못할 수 있다. 그러므로 보육교사들의 인성교육은 반복되는 훈련과정을 통하여 바람직한 인성을 내재화하도록 해야 한다.

④ 동시성의 원리: 보육교사의 인성교육은 인성덕목별로 따로따로 일어나기보다는 동시에 연계되어 이루어지는 것이다. 예를 들어, 동료교사의 의견을 경청하는 것도 '소통'과 '존중'이 동시에 연관되어 있다.

⑤ 누적성의 원리: 보육교사의 인성교육은 일회성이 아니라 지속적으로 노력해야 한다. 즉, 시간의 과정을 통하여 교사의 인성이 함양되며 정교해지고 차곡차곡 쌓여가는 것이다.

⑥ 지속성의 원리: 보육교사의 인성교육은 일정기간 동안에만 일어나는 것이 아니라 성장하는 동안 실천과 노력을 통해 지속적으로 내면화, 습관화되어야 한다.

⑦ 협동성의 원리: 보육교사의 인성교육에 있어서는 혼자서 습득하는 지식이 아니므로 동료교사들과 다른 성인을 포함하여 서로 협동하는 경험이 필요하다.

⑧ 통합성의 원리: 일반적인 교육을 보면 통합적인 본래의 특성을 지니고 있지만, 그 교육의 중심에는 인성교육이라는 목표가 있어야 함을 의미한다. 인성교육은 어느 특정 덕목, 영역만이 아니라 모든 공간과 시간 속에서 통합적인 과정으로 이루어져야 한다.

인성은 습관으로 지적 · 도덕적 · 종합적으로 이루어지고 있는 인간의 성품이다. 이러한 습관형성을 위해 제시한 '교사의 인성교육을 위한 수업의 원리'를 살펴보면 다음과 같다(교육과학기술부, 2012).

① 도덕적 가치에 의한 지식과 행위 그리고 그것을 매개하는 동기적 부분까지 고려하여 인성수업을 진행해야 한다.

인성교육의 인지적 요소, 정의적 요소, 행동적 요소를 구체적으로 살펴보면 다음과 같다(Lickona, 1996).

- 인지적 요소: 도덕적 각성, 도덕적 추론, 의사결정 및 도덕적 자기 지식 등을 포함하고 있다.
  - 도덕적 각성: 현재 상황이 도덕적 판단을 요구하는 도덕적 이슈인가?
  - 도덕적 특정 상황에서 도덕이 요구하는 것에 대한 이해
  - 상대방의 관점에서 이해하기
  - 도덕적 추론
  - 사려 깊은 의사결정
  - 도덕적 자기 지식

- 정의적 요소: 마음의 습관 요소로 도덕적 판단과 도덕적 행위 사이의 중개 역할을 하는 것이다.
  - 양심, 자기존경, 공감, 선한 것 사랑하기
  - 겸손: 도덕적인 실패를 스스로 인지하고 수정하고자 하는 의지

- 행동적 요소: 도덕적 능력, 도덕적 의지, 도덕적 습관을 포함한다.
  - 도덕적 능력: 의사소통, 갈등해결, 협동 등과 같은 기능
  - 도덕적 의지: 에너지와 판단을 가동시키는 자기 통제와 참을성
  - 도덕적 습관: 도덕적으로 직면하는 상황에 반응하려는 신뢰로운 내적 성향

② 보육교육현장에서 이루어지는 활동은 영유아의 전반에 걸쳐 인성교육의 덕목들을 직접, 간접으로 다루어야 한다.
인성교육은 영유아의 지적·정서적·윤리적·사회적 측면에서 전인적 발달을 위한 것이다. 보육교사 때부터 어느 장소나 시간에서든, 어떠한 과제, 취미나 일상생활 속에서도 인성교육이 직·간접적으로

내재적 부분이 되어야 한다.

③ 인성덕목을 중심으로 활동영역 간 연계된 통합활동이 필요하다. 인성교육은 영유아의 교육활동에서 미술, 음악, 신체활동 등 여러 영역과 관련하여 연계될 때 효과적이다.

④ 보육교사는 스스로 인성의 모델링 역할을 해야 한다.
어린이집에서 보육교사는 대부분의 시간을 영유아와 상호작용하기 때문에 보육실에서 인성적인 분위기를 형성해야 한다.
보육교사에 의해 태도, 언어, 행동의 상호작용방식이 지속적으로 영유아들의 인성덕목을 심어주게 되어 영유아들은 인성을 내면화하게 된다.

03 보육교사의 인성교육 교수–학습법

1. 교수–학습법

보육교사의 인성교육은 하루아침에 이루어지거나, 특정 시간에 집중적으로 실시한다고 해서 이루어지는 것이 아니다. 그러므로 인성교육을 단순히 지식을 숙지하는 것이 아니라 실제로 보육현장에서 실천으로까지 이어질 수 있는지에 초점을 두는 것이 더 중요하다.

인성교육은 지속적으로 정기적인 교육이 진행되어야 하며, 일상생활을 하는 모든 시간, 다양한 상황 속에서 전체적인 과정으로 이루어져야 한다. 따라서 보육교사는 보육기관에서의 생활 자체를 인성교육의 장으로 생각하는 것이 필요하다. 이를 좀 더 살펴보면 다음과 같다(교육과학기술부, 2012).

교육과학기술부(2012)에서 제시한 교수–학습 방법을 살펴보고자 한다.

1) 보육교사인성교육의 교수 - 학습 방법

인성교육은 활동이 다양하며 통합적이고 구체적이며 스스로 자발적인 동기를 가질 수 있도록 구성되어야 한다. 이를 위한 인성교육의 구체적인 방법으로는 토의, 역할놀이, 협동학습, 스토리텔링, 도서 활용, 현장학습 등이 있다.

(1) 토의

도덕적 문제에 대한 서로의 의견 사이에 유사점과 차이점을 찾아보고, 서로 의견을 나누며 궁극적이고, 자율적으로 문제를 해결하는 것이 토의이다. 평상시 경험하는 다양한 갈등 상황 등이 토의의 주제가 될 수 있다.

(2) 역할놀이

특정 역할을 어떤 장면이나 상화에 처해 보게 하거나 구체적으로 경험을 해 보게 함으로써 바람직한 인간관계를 형성하고 도덕적 가치의 문제를 보다 깊이 있게 이해시킬 수 있다.

역할놀이는 도덕적 사고력과 판단능력을 향상시켜 도덕적 행동의 성향을 증진시키는 방법이다. 인성교육을 할 수 있는 좋은 방법으로는 사회적 질서나 도덕적 딜레마에서 예절을 지키지 않음으로써 생긴 상황을 역할놀이를 통해 흥미를 끌고 주의를 집중시키는 것이다.

(3) 협동학습

보육교사의 인성교육내용이 단순히 지식 전달에 그치지 않고 적절한 실천으로까지 이어질 수 있도록 협동을 최대한 활용하는 방법이다.

협동학습의 과정에서 주어진 과제를 수행하고, 집단구성원과 공동의 목표를 달성하기 위해 자기가 맡은 역할을 끝까지 책임감 있게 완성하려는 노력을 보임으로써 책임과 협동 능력이 향상된다. 타인의 권리와 요구를 존중하면서 자신의 의견과 생각, 느낌 등을 적절히 표현하는 자기주장의 능력도 증진된다.

(4) 스토리텔링

스토리텔링(story-telling)이란 감명 깊은 이야기, 교훈적인 이야기를 통해 인성덕목에 관한 이해와 사고력을 심화시키고 교훈과 감동을 통해 실천의욕을 증진시키는 방법이다.

스토리텔링의 장점은 준비가 용이하고 쉽게 접근할 수 있다. 반면 단점은 훈화 같이 지루하게 느껴질 수도 있다. 스토리텔링은 흥미로운 좋은 이야기 자료를 준비하여 감동, 감화를 주는 것뿐만 아니라 모범적 인물, 훌륭한 도덕적 삶의 본보기를 제시해 줌으로써 인성덕목에 대해 배울 수 있는 기회를 제공해 줄 수 있다.

스토리텔링은 인성 관련 다양한 분야의 전문가를 초청하여 인성덕목에 대해 알아보고, 실천할 수 있는 방법을 알아보며 그들과의 경험을 공유함으로써 자신의 경험과 흥미를 확산시킬 수 있다.

(5) 도서 활용

인성의 직접적인 경험을 가지지 못한 것을 도서를 활용하여 간접적인 경험을 풍부하게 해 주며, 다른 사람과의 생활과 경험, 느낌을 공감하고 도덕적 판단 기준을 갖게 하는 것이다. 도서 활용은 교훈적이고 감명 깊은 이야기를 통해 인성덕목에 관한 이해와 사고력을 심화시키고, 감동을 통해 학습자들의 실천의욕을 증진시킬 수 있다.

(6) 현장학습

보육교사들은 보육활동에서 현장을 직접 방문하여 체험해 봄으로써 사회

질서와 규범을 습득하여 실천에 옮길 수 있는 방법이다. 또한 사회 참여적 봉사활동 등을 통하여 인성을 더욱 발전시켜 나갈 수 있다. 예를 들면, 보육교사들은 양로원, 아름다운 가게 방문 등 실천적인 경험을 통해 사회적·도덕적 인성을 함양시킬 수 있다.

2. 영유아인성교육을 위한 보육교사 역할

일선 보육현장에서 보육교사는 영유아의 모델링이 되고 있다. 그러므로 보육교사 스스로가 바람직한 인성을 함양하는 것은 매우 중요한 것으로 사료되고 있다.

보육교사는 구체적이고 체계화된 인성교육 활동을 바탕으로 실천함으로써 보육교사는 잘 할 수 있다는 자신감과 역량을 키우는 등 영유아 인성교육을 위한 바람직한 태도, 교수-학습 방법에 대한 지식 및 능력 등을 길러야 한다.

보육교사의 역할에는 도덕적이고 민주적인 교실 분위기, 역할 모델, 교수매체 선정, 가정과의 연계교육 실시 등이 있다(김형재 외, 2016).

1) 민주적이고 도덕적인 분위기의 교실 운영

보육실의 분위기를 서로 배려하는 도덕적이고 민주적으로 운영하는 것이 중요하다. 보육활동에서 서로 규칙을 정할 때는 영유아에게 긍정적인 표현을 사용하여 규칙을 정하는 것이 긍정적인 사고를 형성하는 데 도움이 된다.

2) 역할 모델링

보육교사의 인성 역할은 인성교육에 있어서 가장 중요한 것으로 보육교사의 모델링으로서의 역할이다.

보육교사의 역할 모델링을 통해 영유아는 민주적이며 도덕적인 분위기 속에서 일상생활을 통해 중요한 인성덕목을 자연스럽게 내면화할 수 있게 될 것이다.

3) 가정과의 연계교육 실시

인성교육이 영유아들의 삶을 통해 지속적으로 이루어지기 위해서는 일선 보육기관에서 하는 것만으로는 부족하므로 가정과의 연계가 반드시 필요하다.

보육교사는 보육교육기관의 인성교육이 가정에서 연계될 수 있는 방안을 찾아야 한다. 즉, 부모들에게 안내하고, 가정 연계, 부모교육을 통해 그 인성교육의 중요성과 구체적인 방법을 공유해야 한다.

4) 교수매체 선정

보육교사들의 인성교육 프로그램에서 다루는 교수매체의 범위는 문학기반 인성교육에서 그림책, 시(동시), 명언 및 사자성어 등이 있다.

보육교사가 의도적으로 계획한 활동을 중심으로 인성교육을 실시해야 하는 것뿐만 아니라 잠재적 교육과정에서도 인성교육을 실천할 수 있도록 지도해야 한다.

04 보육교사의 인성교육 덕목

2016년부터 시행되고 있는 「인성교육진흥법」은 인성교육을 진흥하자는 법안으로 '인간으로서의 존엄과 가치를 보장하며', '올바른 국민 육성'을 통한 '국가사회의 발전'을 목적으로 인성을 함양한 학습자들을 길러내겠다는 취지이다. 인성교육은 자신의 내면을 올바르고 건전하게 가꾸어 타인, 공동체, 자연과 더불어 살아가는 데 필요한 인간다운 성품과 역량을 기르는 것을 목적으로 하는 교육이라고 정의한다.

「인성교육진흥법」의 인성교육의 핵심 가치 덕목에서 예, 효, 정직, 책임, 존중, 배려, 소통, 협동 등의 8대 덕목을 살펴보면 다음과 같다.

1. 예(禮)

1) 개념 및 필요성

예의 개념을 살펴보면 예(禮)란 여러 사람이 함께 살아가기 위해 서로가 지키려고 정한 형식과 규범이다. 인간과 인간 사이에서 지켜야 할 도리를 우리는 예절(禮節)이라고 한다.

역사적으로 보면 중국, 일본, 한국의 유교문화권의 동양국가에서는 예, 예절이 강조되었다. 이는 예가 바로 유교문화의 핵심적인 내용으로 상호불가분의 관계를 맺고 있기 때문이다(신성자, 1998).

예절은 스스로 정성을 다하고 남을 공경하며 사랑하는 마음을 가질 때 그 기능이 온전할 수 있다. 또한 마음속에 정성을 담고 있어도 이를 겉으로 표현하는 행위가 있어야 한다. 즉, 말과 행동이 일정한 격식에 맞지 않으면 성립될 수 없으며 마음속에 있는 자기 자신의 정성을 일정한 격식에 따라 표현해서 상대방에게 인식시키는 것이 예의 바른 생활인 예절이다(한국여성교양학회, 2005). 그러므로 예절은 사람이 어려서부터 자연스럽게 익혀 성인이 되어서도 실천할 수 있도록 하는 것이 가장 바람직하다고 강조하고 있다(정귀옥, 2002).

한국사회는 근대산업화로 인한 핵가족화의 영향으로 가족구조와 기능의 변화뿐만 아니라, 가족구성원 사이의 관계에 있어서도 많은 변화가 있어왔다. 해체가족의 확대로 가정의 교육의 역기능이 약화되어 가족 내에서 전통적으로 가졌던 협동, 양보, 질서를 잡아가는 사회생활의 기본적인 생활 예절뿐만 아니라 전통예절이 소홀해지고 무너지고 있다(이경노 외, 2010). 또한 현대에는 기본적인 생활예절을 모른 채 버릇없는 아이들로 성장하고 있는 것이 오늘날의 현실이다(김미라, 2011).

예절은 단순히 지식의 습득에 그치는 것이 아니라, 스스로 습관화되도록 반복하여 몸에 익숙해져야만 자연스럽게 생활에서 활용될 수 있는 것이기 때문에 어렸을 때부터 예절교육은 중요하다. 그 중요성을 인식해도 어떻게 실시해야 하는지에 대한 구체적인 접근방법에 대해서는 아직 미흡하다. 예절의 참 의미가 무엇이며, 예절이 나아가야 할 방향과 바람직하고 효과적인 예절교육 방법이 계속 연구되어야 할 것이다.

표 11-2 '예' 덕목 하위 구성요소 및 개념

하위 구성요소	개념
가정생활에서의 예절	가정에서 부모 및 조부모, 가족들과 함께 지켜야 할 예절
집단생활에서의 예절	사회생활에서 공동체의 일원으로서 지켜야 할 예절
국가에 대한 예절	애국심과 국가에 대한 충성심의 표현으로서의 예절

출처: 강유정 외(2018).

2) 교육방법

교육과학기술부(2012)에서는 전통예절을 몸에 익혀 어른을 공경하고 친구 간에 예절을 지키는 일상생활을 통하여 행복한 공동체 생활을 살아갈 수 있도록 한다.

공손하게 인사하기, 식사 예절 지키기, 존댓말 사용하기, 감사하는 마음 갖기 등 바른 인사 습관 형성에 도움을 강조하였다.

예절교육에 있어서 공자(孔子)가 강조하는 예는 '자신과 타인의 조화를 기본으로 하여 전체적으로 조화로운 삶을 영위하기 위해 반드시 필요한 요소'이다.

예는 평상시 상대방과 대화할 때 함부로 말하지 않는 것, 행동할 때 과하거나 지나치지 않도록 행동하는 것 등 지나침이 없도록 해야 하는 것에 있다(김미라, 2011).

예절은 그 시대나 사회에서 풍조나 생활방식, 사고방식에 따라 다르게 나타난다. 예절은 집단에 의해 강제되는 행동규범이나 법에 의해서 강제되는 행동규칙이 아니므로 예절은 강제되지는 않으나, 이를 어길 경우 다른 구성원으로부터 소외당하게 된다.

(1) 언어예절

우리들이 사용하는 말에 대한 사회적 약속을 언어예절이라고 한다. 말을 예의 바르게 하고 들으면 원만한 사회적 생활이 될 수 있지만, 언어예절을 알지 못해 아무렇게나 하면 아무도 상대를 하지 않게 되는 것이다.

- 안녕하세요!
- 미안합니다!
- 감사합니다!
- 덕분입니다!
- 하겠습니다!
- 말 한마디에 천 냥 빚을 갚는다.
- 가는 말이 고와야 오는 말이 곱다.

(2) 인사예절

사람은 남에게 존중을 받을 때 상대도 대접하게 된다.

상황에 맞는 인사를 했을 때 상대방에게 좋은 이미지를 주고 예를 갖추는 것이 된다.

- 내가 먼저 인사한다.
- 상대방의 눈을 보며 미소 지으면서 인사한다.
- 상황에 맞는 인사와 인사말을 한다.

2. 효

1) 개념 및 필요성

효는 모든 인성 덕목의 뿌리로서 도덕적 강령이나 준칙의 근간이 되는 사회적·정치적인 안정과 초석이라고 하였다(DeBary, 1995). 효는 모든 인간의 보편적 문화이며, 특히 우리 민족이 귀하게 여기고 지켜왔던 아주 고귀한 정신문화라고 볼 수 있다(노상오, 2007).

국어국립원 표준국어대사전(2013)을 보면 효란 '어버이를 잘 섬기는 일'로 자신을 낳아주시고 길러주신 부모님께 감사하는 마음을 갖고 공경하고 봉양하는 것으로 자녀된 마땅한 도리이자 당연히 해야 할 덕목으로 나타내고 있다.

교육과학기술부(2011)는 효는 자신을 낳아준 생명의 근원이며 길러준 부모에 대한 감사함과 그 은혜를 갚고자 하는 마음에서 출발한다고 볼 수 있다. 이렇듯 효는 부모 자식 간의 친밀한 감정을 중요시하고, 또한 부모 자식 간의 친밀한 감정에서만 그치는 것이 아니라 인간의 도리로 승화되어야 하는 것이다(장재찬, 2014).

효는 부모에 대한 효, 조부모에 대한 효, 지역사회 어른에 대한 효로 구분되어 있는데, 과거에 비해 현대사회는 핵가족화가 되고 다양한 가족의 형태로 인해 친인척 간에도 자주 접할 수 있는 기회가 줄어들고 있다.

우리는 모든 인성교육에 있어서 가장 기본은 가정에서부터 먼저 이루어져야 하며, 그 바탕이 '효'이어야 함을 알아야 한다. 이에 대한 올바른 가치체계를 확립하고 자신의 근본부터 알고, 지역사회 어른들을 존경하는 행동을 할 수 있도록 어린 시절부터 일상생활에서 습관화하는 교육이 절실히 요구되는 것이다. 부모의 가치관과 행동, 그리고 바람직한 습관과 올바른 말투에서부터 '효' 교육이 시작되는 것이다.

표 11-3 '효' 덕목 하위 구성요소 및 개념

하위 구성요소	개념
부모에 대한 효	부모를 잘 섬기고 효를 행하는 것
조부모에 대한 효	조부모를 잘 섬기고 효를 행하는 것
지역사회 어른에 대한 효	지역사회 어른을 잘 섬기고 효를 행하는 것

출처: 교육과학기술부(2011).

2) 교육방법

부모나 보육교사는 자녀들의 모델이 되어야 하며, 칭찬과 격려를 통해서 '효'가 바로 설 수 있도록 하는 활동 방법은 다음과 같다.

- 부모를 잘 봉양하는 것
- 부모를 공경하고 부모의 뜻을 따름으로써 부모의 마음과 하나가 되는 것

공자(孔子)의 부자자효(父慈子孝: 부모는 자식을 사랑하고 자식은 부모에게 효도해야 한다)와 맹자(孟子)의 부자유친(父子有親: 부모와 자식 간에는 어떤 경우라도 친함이 유지되어야 한다), 부위자강(父爲子綱: 부모는 자식의 본이 되어야 한다)과 같이 "부모와 자식의 상호존중으로 효의 패러다임"이 바뀌어가야 한다(김종두, 2011; 최수태, 2014).

3. 정직

1) 개념 및 필요성

국립국어원(2012)에서 정직은 일반적으로 '마음이 바르고 곧음'을 의미한다고 하였다. 정직은 사실대로 말하고 당위대로 행하는 것으로 의미하였으며, 정직함을 도덕 그 자체로 보고 도덕성을 이루는 근간이라고 하였다(정범모, 2004).

정직을 절대적 도덕규범의 입장, 상호의존적의 입장, 사회적 책임의 입장으로 나누어보면 다음과 같다.

- 절대적 도덕규범의 입장(Kohlberg, 1984): 어떠한 상황에서도 절대적으로 지켜야 할 규범이므로 판단하고 그러한 행위를 하고자 하는 것
- 상호의존적의 입장(Hartshorne & May, 1928): 어떠한 상황에서도 일관되게 정직하거나 부정직하게 행동하는 것 그리고 정직한 사람과 부정직한 사람이 명확하게 구분되는 것이 아니라고 보는 것
- 사회적 책임의 입장(Knapp & Comadena, 1979): 개인 간, 집단과 국가와 국가 간의 관계에 있어서 상대방에 대한 신뢰에서 비롯된다고 보는 것

정직이라는 바람직한 인성을 갖추어야 할 청소년이 도덕적 가치보다는 물질을 더 중시한다는 것으로, 우리 사회의 인성교육에 대한 경각심을 불러일으키는 메시지인 것이다.

인성교육의 기본 방향으로 인성이 뒷받침된 창의적 인재 육성을 위한 덕목인 '정직'을 중요하게 다루고 있다(문용린 외, 2010).

보육교사의 경우 영유아에게 모델링이 되기 때문에 그들의 인생에서 가장 중요한 시기에 있으므로 자신에 대한 정직함을 통해 좋은 교사로 성장해야 할 것이다.

표 11-4 '정직' 덕목 하위 구성요소 및 개념

하위 구성요소	개념
책임판단	• 정직해야 하는가에 대한 신념의 확인 • 사회적 책임에 대한 인식
자아통제	• 부정적인 행동을 유인하는 상황으로부터 얻는 이익에 저항할 수 있는 힘 • 부정직한 행동에 대한 죄의식 • 자신의 행위에 대한 사회적 책임을 다하려는 의지

출처: 강유정 외(2018).

4. 책임

1) 개념 및 필요성

책임은 '부름에 대해 응답하는 능력'이라는 뜻을 가지고 있다(Lickona, 1991).

책임은 책임감을 실현하는 인간은 자신이 선택한 것에 대해 인내와 끈기를 발휘해서 최선을 다하고, 자신이 선택한 범위를 벗어난 상황에서 자신의 역할과 지위를 인식하여 의무를 다하는 책임을 가지고 이를 해내려는 동기가 있다(이명준 외, 2011).

책임감이 결여된 보육교사는 자신의 일에 책임을 지지 않고 자신의 이익과 욕구에만 관심을 갖는 자가중심적 태도로 다른 사람의 권리를 존중하지 않는다. 또한 부정적인 결과를 타인이나 환경의 탓으로 돌리며 자신과 타인, 사회에 해를 끼치는 행동을 하게 된다. 따라서 보육교사로서 자신의 일을 수행함에 있어서 책임감 있는 태도를 가지고 행동을 해야 하는 것은 매우 중요하다.

표 11-5 '책임' 덕목 하위 구성요소 및 개념

하위 구성요소	개념
역할 책임	• 맡아서 해야 할 역할과 의무에 대한 인식과 헌신
행위 책임	• 자기 자신, 가족, 지역공동체, 국가, 지구공동체에 대한 역할과 의무를 인식하면서 사랑과 헌신으로 이러한 역할과 의무를 수행하려는 경향성 • 자신의 행위 혹은 행위결과에 대한 책임을 다함

출처: 정창우 외(2013); 교육부(2014) 재인용.

2) 교육방법

책임감을 지닌 학습자로 성장하려면 학교에서 책임감을 길러주어야 한다(문용린 외, 2010).

(1) 책임감의 하위요인

책임감의 하위요인을 살펴보면, 헬리슨(Hellison, 1995)은 개인적 책임감, 사회적 책임감으로 구분하였다. 조셉슨(Josephson, 2002)은 책임감의 하위요인으로

- 할 일을 하기
- 미리 계획하기
- 끈기 있게 하기
- 항상 최선을 다하기
- 자기 통제
- 자기 수양
- 결과를 생각하고 행동하기
- 책임 있는 말과 행동·태도 가지기
- 좋은 모범이 되기이다.

(2) 책임감 기르기

인간은 알고, 느끼며, 행동하는 것을 분리하여 배우지 않기 때문에 인지적 · 정의적 · 행동적 측면을 통합적으로 다루는 접근이 필요하다(Lickona, 2006).

5. 존중

1) 개념 및 필요성

존중이란 사람이나 사물의 가치를 알고 소중히 여기는 것이라 할 수 있다.

사람과 사물이 가진 가치를 인식하고 나와 다른 사람에게도 가치가 있음을 받는 것이다. 이처럼 존중이란 존엄성을 가지고 다른 사람을 대우하는 것이며, 성별이나 인종, 종교나 능력에 상관없이 모든 사람이 존중받고자 갈망한다는 것을 알 수 있다.

현대사회를 살아가고 있는 우리는 모두 특별하고 소중한 존재이다. 영유아의 모든 활동에 있어서 가치 있어 하는 것이나, 다른 사람과의 관계에 온 마음을 다하고 성공적으로 몰두할 수 있도록 관심을 가져주며 주장을 펼치도록 귀를 기울이도록 돕는 것이 바로 존중이다.

표 11-6 '존중' 덕목 하위 구성요소 및 개념

하위 구성요소	개념
생명존중	• 모든 사물과 생명체, 사물의 기본적 존재 가치의 인식과 그 가치에 대해 소중히 여김
자기존중	• 자신의 연속성과 자기가 누구인지에 대한 인식 • 자기의 개성을 인식하고 자신의 본질에 대한 수용 • 자신의 삶의 목표와 지향하는 방향 설정 • 자신에 대한 인식 방법의 안정성 • 타인의 자신에 대한 기대와 역할에 대한 통합과 확신
타인존중	• 나뿐만 아니라 다른 사람의 존재 가치에 대해 인식과 존중

출처: 정창우 외(2013).

6. 배려

1) 개념 및 필요성

국어사전에서 배려의 의미는 '타인을 도와주거나 보살펴 주려고 마음을 씀', '남의 형편과 처지를 걱정하고 근심함'으로 요약된다.

'배려'는 일상생활 속에서 타인과의 관계성이 전제되고 있으며, 행동으로 옮기는 데 있어 다른 덕목들에 비해 행동적 측면의 실천적 의미를 가지고 있는 것으로 볼 수 있다(노선화, 2014). 자기를 위한 배려 교육이 중요하며, 자기를 배려한다는 것은 자기를 존중하는 것이고, 이에 자기 반성, 자기지식이 요구된다. 자기를 배려할 때 자아의 존중이 자기 자신에 머물러 있는 것이 아니라 타인에게 확대될 수 있다.

배려교육은 정서적·이타적 성향 함양에 중요한 역할을 하며, 행복하고 건강한 사회적 존재로 구성원들과 함께 살아가는 데 필수적인 요소라고 할 수 있다.

표 11-7 '배려' 덕목 하위 구성요소 및 개념

하위 구성요소	개념
민감성	• 타인의 성향이나 성격에 대한 파악 • 타인의 감정에 대한 이해
온정성	• 타인의 어려운 상황에 대한 공감 • 타인의 어려운 상황을 변화시키는 데 시간을 할애 • 타인의 입장에서 서서 감정을 이해
타인에 대한 배려	• 타인이 격려가 필요할 때 적절한 도움이나 충고 등을 제공 • 타인의 감정을 위로 • 타인에게 공감적 위로를 보여줌

출처: 지은림(2013).

2) 교육방법

배려교육을 행함에 있어 배려자와 피배려자의 관계는 그 무엇보다 중요하며, 그 관계 안에서 자연스러운 배려가 이루어지도록 해야 할 것이다. 배려교육의 교수방법은 모델링, 대화, 실천 확증이다.

7. 소통

인성교육에 있어서 8대 덕목에 기반한 소통이란 주로 타인과의 원활한 의사소통을 통한 관계 유지와 갈등 관리에 관련된 역량이라는 측면에서 보면 그 소통의 중요성이 있다.

대인관계에 관련된 소통은 다양한 상황에서 타인의 관점과 감정을 이해 파악하고 타인과 긍정적인 관계를 유지하고 소통하는 능력 및 공동의 문제를 해결하기 위해 상호 간에 협력할 수 있는 능력을 의미한다(박창언, 2014).

우리 사회는 삶을 구성하고 있는 환경이 급변하고 사회구성원의 가치관과 의식이 개별화, 다양화되면서 개개인의 욕구와 주장이 서로 상충되어 갈등이 생기는 경우가 빈번하고, 이에 따라 서로 간의 생각과 주장을 이해하고 배려하기 위한 소통의 중요성이 더욱 강조되고 있다. 특히 세대 간, 계층 간의 이해관계가 복잡하게 얽혀 있는 한국사회에서는 타인에 대한 이해와 소통의 부재로 인한 문제가 빈번하게 발생하고 있으므로 올바른 소통문화의 정립과 소통역량의 제고가 절실히 요구되고 있는 것이다(김옥인, 2013).

표 11-8 '소통' 덕목 하위 구성요소 및 개념

하위 구성요소	개념
사교성	• 여러 사람들과 친밀하고 참여적인 정도 • 타인에게 호감을 주는 정도
개방성	• 지적 자극, 변화, 다양성에 대한 선호도
공유성	• 구성원들 간의 목표와 비전의 공유 • 구성원들 간의 유용한 정보나 성과의 공유 • 구성원들 간의 과정과 결과의 공유
피드백	• 타인의 발화와 행위에 대한 감사, 격려, 위로 칭찬의 표현 • 타인의 발화와 행위에 따른 문제에 대한 지적 및 정보 제공

출처: 지은림(2013); 교육부(2014) 재인용.

1) 교육방법

효과적인 소통을 위한 교육방법에 있어서 적극적 경청이 필요하다. 적극적 경청이란 다른 사람의 입장에서 그의 특성을 이해하기 위해 적극적이고 의식적으로 노력하는 과정이라고 할 수 있다. 적극적 경청을 향상시키기 위해서는 다음과 같은 역량을 적용할 필요가 있다(현주, 2014).

- 적극적 경청을 사용해야 하는 시점과 사용할 수 없는 경우 파악함
- 적극적 경청에 대한 반복적인 적용 연습
- 적극적 경청이 초기에는 인위적으로 느껴진다는 것이 필요함
- 적극적 경청과 연관된 다른 경청의 기술을 활용하면 더 효과적임
- 적극적 경청이 상대편에게 부담을 주지 않도록 배려가 필요함
- 적극적 경청이 잘 안 된다고 해서 쉽게 포기하지 않음

2) 긍정적인 의사소통을 위한 방해요소 제거

소통을 방해하는 요소는 경고, 위협, 일방적인 충고와 훈계, 비평과 비난, 무조건적인 동정이나 칭찬, 빈정거리는 태도, 명령과 강요, 설교와 설득, 분석이나 진단 등을 들 수 있다. 이에 긍정적인 소통을 위한 대화기법을 살펴보면 다음과 같다.

- 상대방의 질문에 바로 답하는 것보다 다소의 여유 필요
- 대화에 집중할 수 있는 환경 조성
- 메모하는 자세가 필요
- 상대방에게 열린 질문이 필요
- 상대방에게 비언어적 요소 및 감정 파악의 노력 필요
- 판단을 하지 않고 새로운 사실인 것처럼 들어줌이 필요
- 공감하는 표현이 필요

8. 협동

1) 개념 및 필요성

협동이란 서로 마음과 힘을 하나로 합하여 목표를 달성하기 위해 도움을 주고받는 모든 행위를 의미한다.

협동은 인류 역사가 시작된 이래 계속해서 중시되어 온 생존방식이며, 복지와 영속을 위한 기본적 조건이므로 중요시되고 있다. 그러므로 협동은 인간의 사회를 유지하고 발전시키기 위한 필수적인 기술이라고 할 수 있다(Johnson, 1994).

현대사회에서 보육교사들은 컴퓨터, TV, 휴대폰 등 다양한 대중매체의 과도한 사용과 결과중심 사고로 인한 개인주의 성향, 경쟁의식으로 인성교육에서도 요구되는 인성적 판단과 인간관계의 소홀 등 전반적인 사회성이 부족한 현상을 보이고 있다. 이러한 사회성 부족 현상을 최소화할 수 있는 방안으로 보육교사들에게 경쟁이 아닌 동료와 함께하는 공동체 생활을 통한 협동을 제공해야 할 필요성이 있다.

표 11-9 '협동' 덕목 하위 구성요소 및 개념

하위 구성요소	개념	
협업	• 목표에 대한 명확한 이해 • 자원의 분배	• 정보의 공유 • 분배된 문제의 해결
조정	• 역할 분담 • 목표에 대한 공유	• 일정 계획 • 역할과 일정의 조절
협력	• 목표와 미션에 대한 협의 • 구성원 간 견고한 커뮤니케이션 채널의 형성	• 구성원 간 견고한 관계형성 • 결과와 보상의 공유

출처: Winer & Ray(1994); 교육부(2014) 재인용.

2) 교수방법

협동학습은 전통적인 교사중심의 수업과는 판이하게 다르다. 그러므로 협동학습에서는 학생들끼리의 풍부한 의사소통이 요구되고, 학생들이 교사에게 의존하기보다는 동료 학생들에게 더욱 많이 의존하게 되는 것이다. 교사는 학생을 더욱 통제하기보다는 소집단의 목표에 의해 소집단 내의 상호작용을 통한 그리고 자기 자신에 의해 역할을 조정하게 하는 것이다.

이러한 협동학습을 제공하기 위한 교사의 역할을 살펴보면 다음과 같다(신헌재 외, 2002).

- 협동학습이 적용되는 과정에서 명시적 교수자 → 중재자 → 촉진자 → 참여자로 역할을 변화시켜 가야 한다.
- 비계를 설정해야 한다: 문제를 해결할 수 있는 단서를 제공한다.
- 허용적인 환경을 만들어 주어야 한다: 협동학습이 효율적으로 운영되도록 물리적 · 정신적으로 최적의 환경을 만들어 주어야 한다.
- 참여자로서의 보육교사는 특정 소집단의 학습 과정에 참여하여 구성원의 한 명으로서 의견을 듣거나 제시해야 한다.

CHAPTER 12

보육교사와 지역사회 협력

01 협력의 필요성

02 협력의 효과

03 협력을 위한 보육교사의 역할

04 협력방안

01 협력의 필요성

현대사회의 영유아를 둘러싼 다양한 문제를 생각해 본다면, 특히 보육분야에서 부모 및 지역사회의 과제와 특성 요구를 적극적으로 포용하고 협력하는 것은 매우 중요한 일이다. 어린이집에 필요한 부모와 지역사회의 다양한 인적·물적 자원을 상호보완적 관계를 유지하는 것은 매우 중요하다. 또한 보육교사, 학부모가 각각 독립적으로 존재하는 것 같지만 사실은 지역사회라는 테두리 안에서 3자가 깊은 유대로 연계되어 있다.

1. 필요성

어린이집과 지역사회 간의 협력의 필요성을 생태학적 관점, 영유아교육의 효율성 도모, 지역인재육성을 통한 지역사회발전 도모, 선도적 역할수행의 측면에서 살펴보면 다음과 같다(고정곤 외, 2016).

1) 생태학적 관점

어린이집의 운동회나 발표회는 유아의 성장 모습을 학부모나 가족들에게 보여주고 함께하는 행사로서 지역사회와 생태학적으로 깊은 관계를 맺고 끊임없이 영향을 주고받고 있다. 따라서 이들 간에 어떻게, 어떤 영향을 주고받는가를 이해하므로 긍정적인 영향을 극대화하고 부정적인 영향을 최소화하기 위해 어린이집과 지역사회의 협력이 필요하다.

2) 영유아교육의 효율성 도모

어린이집에서 영유아교육의 효율성을 도모하기 위해서는 연간계획에 따른 행사를 진행하기 위해 지역사회 내에 산재해 있는 다양한 각종 정보나 자료를 현장체험학습 또는 인적 자원에 있어서 초빙학습을 하여 보육과정에서 효율성을 도모하도록 어린이집과 지역사회 협력이 필요하다.

3) 지역사회의 선도적 역할

지역사회의 발전에 있어서 어린이집도 선도적 역할을 하고 있다. 지역사회 변화를 어린이집으로 이끌어 들여 이의 해결방안을 보육과정에 반영 지도하고 지역사회 주민을 위한 프로그램을 개발·운영하여 지역사회 발전의 선도적 역할을 수행하는 것이다. 이를 위해서는 어린이집과 지역사회가 서로 협력해야 한다.

4) 우수인재 발굴로 지역사회 발전도모

최초의 사회교육기관으로 어린이집은 훌륭한 인재를 배양하기 위한 시설이다. 훗날 바람직하게 성장한 인재는 지역사회와 함께 살아가면서 지역에 공헌하므로 우수한 인재발굴을 위하여 어린이집과 지역사회의 협력이 필요하다.

5) 영유아보육 프로그램의 실천적용

특정 영유아보육 프로그램은 지역주민의 협조를 통해서 영유아의 바람직한 성장 발달에 효율적으로 진행되므로 이를 위해서는 지역사회와의 협력이 필요하다.

6) 지역사회기관 운영의 효율성 도모

최근 들어 영유아교육기관이 가정 및 지역사회와 협력을 통해 부모의 양육을 지원해야 한다는 사회적 역할이 더욱 강조되고 있다. 부모와 기관, 지역사회가 모두 양육을 위한 공동체로서 상호존중하고 동반자적 관계로 협력하는 것이다.

02 협력의 효과

1. 효과

최근 핵가족화나 라이프스타일의 변화, 여성취업의 확대, 취업형태의 변화 등을 반영하여 보육수요는 다양화하고 있고, 이 수요의 변화에 대응하기 위한 새로운 보육사업이 점차 정비되고 있다. 보육시설은 필요한 때 이용 가능하고, 이용자의 시점에 서서 서비스를 제공할 수 있도록 체제를 정비할 필요성이 제기되고 있다. 어린이집과 지역사회가 서로 간의 협력을 강화할 때 영유아, 보육교사, 학부모, 지역사회에 미치는 효과는 크다고 생각해 볼 수 있다(윤혜경, 2017).

1) 어린이집 원생에게 미치는 효과

① 영유아의 존재에 대한 사회적 인식의 전환으로 어린이집 원생들을 위한 다양한 시책이 지역사회의 차원에서 마련되고 있다.

② 어린이집과 지역사회 간의 강한 유대감 속에서 앞으로 영유아는 지역사회를 선도하고 이끌어갈 미래의 인재로서 바르게 성장·발달하게 된다.

2) 어린이집 보육교사에게 미치는 효과

① 지역사회 자원의 활용, 학부모의 자녀교육에 대한 관심의 증대 등으로 어린이집 영유아교육의 효율성을 도모할 수 있다.

② 지역사회 인재양성을 위한 최초 사회교육기관으로서 어린이집 보육교사로서 사회적 인식이 재고됨으로써 보육교사를 존경하는 풍토가 조성된다.

3) 지역사회에 미치는 효과

① 지역사회 주민을 대상으로 한 어린이집의 개방과 보육프로그램 투입은 지역주민의 삶의 질이 북돋워진다.
② 지역사회 과제해결을 위한 어린이집의 교육과정 운영은 영유아에게 바른 공공의식과 태도를 길러주고 지역사회의 건전한 생활풍토 조성에 공헌한다.
③ 어린이집의 원장, 원감, 보육교사, 영유아가 지역사회의 다양한 활동에 참여하고, 지역사회 기관 및 사업에 대한 홍보로 지역사회 기관 및 시설운영에 도움을 준다.

우리나라도 최근에 경제상황의 악화가 보육의 세계에도 영향을 주게 되었다. 결혼의 여부, 정규채용 취업의 여부, 아동출산의 여부, 직장복귀의 여부 등 다양성이 우리의 생활 주변에서 확대되고 있다. 이러한 가운데 보육욕구를 충족하기 위해서도 다양한 보육형태를 구축하는 적극적인 자세가 필요하다.

따라서 우리나라의 보육정책 방향도 이를 위해서는 보육시설의 수용역량을 확보하여 두는 것과 함께 다양한 수요에 세밀하게 대응할 수 있는 보육서비스의 선택지를 준비하는 것이 필요하다. 최근 보육정책에서 '공보육 기반 조성, 부모의 육아 부담 경감, 다양한 보육서비스 제공, 아동 중심의 보육환경 조성, 보육서비스 관리체계 강화' 등 이용자의 다양한 수요에 대응하는 보육서비스를 기본방침의 하나로 두고 있다(윤혜경, 2017).

03 협력을 위한 보육교사의 역할

1. 역할

최근 보육의 질에 대한 다양한 논의가 진행되고 있다. 어린이집과 지역사회와의 효율적인 연계와 협력을 위해서는 보육교사와 어린이집이 개방적인 자세와 입장을 취해야 할 것이다.

어린이집과 지역사회와의 협력은 영유아교육의 효과를 극대화하기 위해서 이루어지는 부분이 많기 때문이다. 이를 위해 보육교사의 역할이 기대되는 것이다. 보육교사의 역할을 다음과 같이 제시하고 있다(염지숙 외, 2015).

1) 지역사회에 존재하는 다양한 자원 찾기

어린이집 보육교사는 우선 발로 뛰어다니면서 연계할 수 있는 장소를 찾아보아야 하며, 다양한 연계활동을 모색하기 위해 새로운 정보와 자료수집도 병행해야 한다.

어린이집 원생에게 현장체험학습에 연계가 용이한 기관으로는 병원, 은행, 우체국, 경찰서, 소방서 등과 같은 관공서, 또한 백화점, 마트, 슈퍼마켓, 자동차정비업소, 미용실, 세탁소와 같은 지역 내 시설들이 있다. 또한 지역에서 주관하는 각종 지역행사, 문화행사, 등에 관한 정보와 자료도 적극 발굴하여 연계시켜야 한다.

2) 찾아낸 자원과 관계 맺기

지역사회 내에서 찾아낸 다양한 자원과 긴밀한 관계를 맺어야 한다. 평소 보육교사는 지역사회 자원과 관련이 있는 인사와 친분을 맺고 연계활동을 위한 관계 맺기를 시도해야 한다. 보육교사는 자주 방문하거나 만남으로서 의사소통의 기회를 갖고 어린이집과 지역사회 간 연계의 필요성에 대해 이해시키고 적극적인 협조를 구할 수 있다.

3) 지속적인 협력관계 유지하기

지속적인 협력을 맺기 위한 어린이집과 지역사회는 그 관계를 유지하기 위해서 지역사회 연계활동의 효과를 지역주민과 공유하는 기회를 많이 갖는 것이다. 즉, 연계활동에 참여한 지역자원이 영유아교육활동에 제공됨으로써 지역자원을 제공한 관계 기관이 자긍심이나 성취감을 가질 수 있도록 교육활동 전시회 등을 개최하여 그 성과를 공개하는 일이 필요하다.

4) 지역사회, 연계 확장 및 자원 공유하기

어린이집과 지역사회 기관과의 연계활동이 이루어진 후 성과에 대해 정확히 평가하고 수정, 보완하여 다음 연계 계획을 수립하는 데 활용한다. 또한 연계활동에 참여해왔던 기관 외에 다른 기관에 대한 정보도 수집하여 연계활동에 참여시키는 등 연계활동의 활성화에 주력한다.

어린이집과 지역사회 간의 원활한 연계와 협력을 어린이집이 주도적으로 이끌어 가기 위해서는

① 어린이집의 운동장이나 각종 시설의 개방 및 대여
② 지역주민을 위한 다양한 프로그램 운영
③ 지역사회 내 과제해결을 위한 영유아보육과정 편성 및 운영
④ 지역사회 내 각종 행사에 적극적인 참여
⑤ 지역사회 내 각종 기관, 시설의 활용 등 어린이집과 지역사회 간의 협력 및 연계활동상황 등에 대하여 홍보활동을 주도적으로 추진해야 한다.

04 협력방안

1. 방안

보육은 장시간에 걸쳐서 어린 나이부터 시작되는 경우가 많으므로, 어린이집은 가정 및 기관에 못지않게 영유아의 발달에 영향을 미치게 된다.

어린이집과 부모, 지역사회가 성공적인 협력을 통해 영유아교육의 효율성과 지역사회의 성장·발전을 도모하기 위하여 상호 협력해야 한다.

영유아가 어린이집에 등원하는 순간부터 따뜻하고 안정감 있는 인계가 이루어져야 하고, 일과 속에서 이루어지는 지역사회와의 다양한 활동과 변화, 기분, 건강상태에 대해 부모와 지역사회가 상호 의사소통해야 하고, 다시 부모의 품으로 돌아갈 때까지의 모든 과정이 순조롭게 이루어지는 것이 필요하다.

가정과 지역사회 기관의 연속성과 지속성을 위한 다양한 연계 프로그램의 협력이 보육의 기본이고 출발이라고 할 수 있다(염지숙 외, 2015).

1) 어린이집에서 지역사회에 대한 협력

어린이집이 지역사회의 발전을 위하여 협력할 수 있는 내용들을 살펴보면 다음과 같다.

(1) 어린이집 개방

어린이집을 완전 개방하여 지역사회 주민의 회의장소로 제공함은 물론 유원장의 놀이장을 지역 영유아나 초등학교 저학년 학생들에게 개방하고 야간에 지역주민의 주차장으로 활용할 수 있도록 개방한다.

(2) 다양한 프로그램 운영

어린이집에서는 주민 중심 프로그램과 유아 중심 프로그램 등을 다양하게 운영할 수 있다.

① 주민 중심 프로그램 운영

보육교사들은 어린이집에서 주민을 대상으로 한 다양한 프로그램을 운영하여 지역사회 주민에게 사회생활에 필요한 다양한 정보와 기능을 제공할 수 있다.

어린이집에서 주민 중심 프로그램 개설이 용이한 점은 부모교육이나 영유아교육행사 시 학부모나 지역주민의 참여가 자연스럽게 이루어지기 때문이다.

② 영유아 중심 프로그램 운영

어린이집에서 영유아 중심 프로그램은 영유아 보육활동의 일환으로 영유아에게 유익한 교육적 경험을 제공하기 위해 운영하는 프로그램이다.

예를 들면 지역사회 기관과 관련된 노인복지센터나 양로원을 방문하여 영유아들에게 노인공경 프로그램을 적용하여 어르신들에게 음식을 접대하고 노래와 춤 등으로 효행을 베푸는 프로그램으로, 영유아에게는 효행의 실천적 경험을 제공하고 노인들에게 조손 결연을 통한 인성교육으로 진행할 수 있다.

(3) 지역사회 내 과제해결

어린이집이 속해 있는 지역에서는 시급히 해결해야 할 과제가 많이 있다. 그 과제는 물론 지역사회가 안고 있는 정신적 · 심리적인 것으로, 예를 들면 지역주민이 교통도덕을 지키지 않는다면 교통도덕의 문제를 근본적인 영유아 보육과정에 계획하여 지도함으로써 교통도덕의식을 내면화시키고 교통도덕 준수생활태도를 확산시켜 지역주민의 교통도덕실천생활태도를 계도하고 바람직하게 형성시켜 줄 수 있다. 이런 의미에서 어린이집을 보면 지역사회가 안고 있는 시급한 과제를 영유아 보육과정에 반영·지도함으로써 지역사회가 안고 있는 과제해결을 통해 지역사회 발전의 선도적 역할을 수행하게 된다.

(4) 지역사회기관 시설 활용안내

지역에 있는 어린이집에서는 학부모와 대면할 기회가 많기 때문에 학부모에게 지역의 관공서에서 이루어지는 사업에 대한 홍보를 하여 관공서 업무처리에 협조하도록 할 수 있다. 예를 들면, '지금 보건소에서 65세 이상 노인들에게 폐렴 예방주사를 접종하고 있으니 ○월 ○시까지 접종토록 하시요'와 같은 홍보물을 전달할 수 있다.

또 어떤 어린이집의 영유아가 '난청'인 것 같으면 '△△이비인후과에 가서 검사를 받으시오'하는 요령으로 지도하여 지역사회 내의 기관이나 시설 활용을 안내할 수도 있다.

(5) 전문가 모임참여

각 지역사회에 있어서 관공서나 시설마다 그들 나름의 위원회, 협의회, 후원회, 지도위원 등 다양한 전문조직을 운영하고 있다. 따라서 어린이집 원장이나 보육교사가 전문조직에 참여하여 활동함으로써 지역사회 기관의 운영을 돕고 어린이집을 홍보하는 기회를 마련할 수 있다.

2) 지역사회에서 어린이집에 대한 협력

지역사회의 기관에서 어린이집에 대한 협력으로는 지역사회 자원을 활용하여 효율적으로 영유아 지도를 할 수 있고 어린이집 원장이나 보육교사들이 지역사회의 전문가 모임에 참석하여 활동하는 일 등이다.

(1) 지역사회 자원 활용학습

지역사회는 '모두가 가르치고 모두가 배우는 사회'이다. 또한 지역사회에는 인적 · 물적 · 사회적 · 문화적 · 자연적 자원 등 교육력이 풍부한 사회로서 이러한 자원들을 영유아교육에 적절히 활용함으로써 지역사회에 대한 이해는 물론 영유아의 사회화에 도움이 된다. 지역사회 자료 활용학습에는 견학, 지역사회인사 초빙학습, 지역사회기관 자료 활용학습, 지역사회 시설활용 현장 체험학습 등이 있다.

① 견학

어린이집에서의 견학이란 영유아가 직접 보고, 듣고, 느끼는 등 오감을 통하여 관찰, 자료수집, 추론, 결정할 수 있는 교육활동 기회를 제공하고 영유아로 하여금 환경에 친근감과 과학적인 탐구태도를 갖고 사회현상을 바르게 이해하여 그가 속한 사회의 구성원으로서 생활하는 데 필요한 지식, 가치, 태도, 기술을 형성해가는 직접적이고 일차적인 교육체험 활동이다.

② 지역사회인사 초빙학습

지역사회 인사를 어린이집으로 초빙하여 지역사회의 역사나 풍속에 관한 이야기를 듣기도 하고 직업에 관한 내용을 듣거나 보는 것도 영유아 사회교육을 위한 유용한 방법이며, 영유아에게 생명력 있는 산교육이 된다.

어린이집에 초빙할 수 있는 인사는 다음과 같다.

- 지역사회 봉사자: 청소부, 소방관, 경찰관, 우편배달부 등
- 특별한 기술을 가진 사람: 직공, 도공, 공예가, 화가, 서예가 등
- 특별한 직업인: 의사, 간호사, 법조인, 서비스업 종사자(미용사, 이용사 등) 등
- 특별한 취미를 가진 사람: 수석 채집가, 식물 채집가, 박제 수집가, 곤충 채집가 등
- 기타: 할아버지, 할머니, 등산가. 여행가, 운동선수, 외국인 등

③ 지역사회 자료 활용학습

지역사회에 있는 관공서, 소방서, 은행, 우체국, 경찰서, 병원 등에는 각 기관의 현황, 조직, 역할, 임무, 홍보에 관한 각종 활동모습을 게시하거나 사진, 도표, 기타 자료들이 늘 지역사회 각 기관에 전시·비치해 놓고 있는바 이러한 자료들을 어린이집으로 가져와 영유아교육자료로 활용한다.

④ 지역사회 시설활용 현장체험학습

지역사회에는 학생회관, 수련원, 주차장, 백화점, 박물관 등 영유아의 체험학습시설이 많다. 이러한 시설들은 영유아의 직접 현장체험학습장으로 활용할 수 있다.

(2) 지역사회 내 기관 및 시설에서의 협력

지역사회 내 각 기관이나 시설에서 어린이집에 대한 협력내용은 다양하다. 예를 들면, 지역사회 보건소에서 영유아에게 영양교육, 위생교육을 해 주고, 소방서에서 소방훈련을 해 주며, 치과병원에서 자매결연을 맺고 주기적으로 구강검사를 해 주는 일 등 지역사회 내의 기관과 시설에서 영유아교육에 협력하는 내용은 아주 다양하다.

CHAPTER 13

보육교사의 인성교육 평가 및 강화

01 보육교사의 인성교육 평가

02 보육교사의 인성평가 도구

03 보육교사의 인성교육 방향

04 보육교사의 인성교육 강화

01 보육교사의 인성교육 평가

1. 인성교육 평가

보육 관련 일선 현장에서 영유아에게 가장 많은 영향을 주는 환경요인이 바로 보육교사이다.

교육을 '인간행동의 계획적인 변화'라고 규정한다면 '인간행동을 계획적으로 변화시킬 수 있는 사람이' 보육교사이다. 바로 어린이집 영유아를 대상으로 돌보는 교직에 종사하는 보육교사는 그 어느 직종보다도 인격(인성)을 원만히 갖추어야 한다.

어린이집에서 보육교사가 갖추어야 할 자질에서 인성교육이 보다 교육적 실천 노력의 질이 개선되고 활성화되기 위해서는 지속적으로 과학적이고, 체계적인 평가를 통한 피드백을 강화해 나가야 할 것이다.

인성은 성격과 같은 고유 행동 특성을 나타내기도 하지만, 사회변화, 도덕성, 직무에 달리 요구되는 특성, 창의성 등이 포함된 광범위한 개념이다.

인성의 개념으로서 심리적 성격, 기질, 성향 등으로 혼용되면서 심리검사도구들을 통해 나온 결과를 인성으로 해석하는 경우가 많다(김정희, 2014).

최근 현장에서 어떤 조직이든 기대하는 목표가 있고 일정기간 조직을 운영한 후에는 조직이 노리는 목표가 어느 정도 실현되었는가를 평가하게 된다.

기업에서도 인성검사를 인재 선발과정에서 활용하고 있으며, 특히 교직에서도 예외는 아니다. 오히려 다른 조직보다도 더 많은 평가를 시행한다. 일부 학자들은 교사인성에 대한 평가는 직접적으로 평가하지 못하고 형식적인 절차라는 점을 지적하고 있다. 또한 인성에 대한 합의된 개념이 아직 부족하고, 인성의 하위요인이 학자마다 다양하기 때문에 개인의 인성을 객관적으로 측정하기에는 제한점과 어려움이 있을 수밖에 없다.

2. 필요성

영유아를 대상으로 어린이집에서 보육교사가 보육목적을 실현하기 위해서 지금까지 교육과정은 보육편성 및 운영, 수업계획, 지도방법, 지도기술, 환경구성, 교재·교구 제작활용, 영유아와의 상호작용 등 교육활동 전반에 관한 평가가 지속적으로 이루어지고 있어 보육교사의 인성에 대한 평가는 상대적으로 소홀히 진행되어 왔다(서미옥, 2007).

영유아교육현장에서는 보육교사들의 인성교육에 대한 신념과 태도, 경험 부족, 교수전략 부족, 충분한 학습기회 부족 등으로 효과적으로 영유아 인성교육을 제대로 실행하지 못하고 있다(계영애 외, 2001). 또한 사회적인 이슈로 보육교사의 인성문제가 지적될 때마다 영유아교육의 공교육에 대한 재고가 논의되고 있다(김희태 외, 2005).

보육교사 일선 교육현장이나 양성기관에서 인성교육에 대한 중요성을 강조되고 있지만, 현 상황에서는 보육교사의 인성이 자격을 부여하는 기준이 되고 있지 않다(이경민, 2000).

보육교사의 인성에 대한 객관적이고 체계적이며 표준화된 평가와 인증이 필요한 것이 사료된다.

3. 교직 적성·인성검사

어린이집 보육교사를 배출하고 있는 대학에 있어서 학과들은 일반 학과들과는 달리 확고한 교육자적인 인격과 자질을 갖추고 교직에 있어서 전문성을 갖추고 있는 전인적 인격을 겸비한 교육자를 양성할 책무성을 갖는다. 이를 위해 대학은 보육교사 양성 프로그램과 교육활동을 지속적으로 개선해 나가야 하며, 신입생 선발과정과 보육교사 양성과정에서 예비 보육교사들의 교직 적성·인성에 대한 평가를 실시하고, 이를 통해 보육교사로서의 자질과 품성을 평가하는 활동을 수행해야 한다(조주연 외, 2004).

보육교사의 교직 적성을 적성과 인성이라는 개념으로 나눌 때 교직 적성은 인지적 영역, 즉 지적능력과 기술을 의미하고, 교육관, 교직관, 가치관 및 신념 등을 의미한다.

보육교사로서 전문적인 적성의 구성 요소을 살펴보면 다음과 같다(김정환 외, 2013 재인용).

① 능력: 창의력, 언어능력, 판단력을 포함하는 전문적이고 유능한 보육교사가 갖추어야 할 지식 영역을 교과내용의 지식, 교수원리에 관한 지식, 보육교사 특성 파악 능력, 교육목표 인식력 등으로 구체화할 수 있다.

② 태도: 개방성과 확고한 교직관 및 신념이 포함되어야 한다.

③ 흥미: 다양성 학습자에 대한 긍정적 관심, 새로운 사실과 정보에 대한 관심과 도전정신과 연구하는 자세가 있어야 한다.

④ 성격: 사려성, 정서적 안정감, 지도성, 객관성, 협동성, 정의감, 예의범절 및 윤리성, 관용성, 명랑성, 자신감, 안정감, 자주성, 진취성, 건전한(합리적) 비판성을 갖추어야 한다.

교직 적성 · 인성검사는 2013년도부터 교원양성기관에서는 재학기간 중 1~2회 이상의 교직 적성 · 인성검사 실시가 의무화되었으며, 교원양성 대학의 입학생, 재학생 모두를 대상으로 학교별 대학의 장이 평가방법 · 시기를 결정하여 실시하도록 하였다(교원자격검정령 제2조).

02 보육교사의 인성평가 도구

1. 보육교사 평가의 준거 및 수집방법

1) 평가 준거

보육교사 평가의 준거는 보육교사들의 사기와 동기유발에 관계가 깊고 영유아 및 어린이집 운영에 많은 영향을 줄 것이다.

보육교사의 평가에서 중요하게 떠오르는 것은 다음과 같은 문제이다.

첫째, 무엇을 평가할 것인가?

둘째, 어떻게 평가할 것인가?

보육교사 평가에서 무엇을 평가할 것인가에 관한 문제는 보육교사가 어린이집에서 원활한 직무수행에 필요한 보육교사의 자질과 역할이 무엇인가에 대한 관심이다.

표 13-1 보육교사의 평가 준거

영역	평가내용
1. 개인적 자질	1) 신체적 건강 2) 정신적 건강 3) 영유아에 대한 사랑 4) 원만한 인간 관계 5) 온정적인 성품
2. 전문적 자질	1) 보육과정 설계자로서의 능력 ① 보육운영계획 수립 ② 연간, 월간, 주간, 일간 보육계획 수립 ③ 기타 보육활동계획 수립 2) 보육과정 운영자로서의 능력 ① 일일 일과계획 및 운영 ② 보육관련 행사운영 3) 교수·학습지도자로서의 능력 ① 5대 영역 지도자 ② 학습조력자 ③ 상호작용자 ④ 활동제공자 ⑤ 상호학습조력자

〈계 속〉

영역	평가내용
2. 전문적 자질	4) 생활지도자로서의 기능 ① 부모의 역할 ② 본보기 ③ 상담 및 조언자 ④ 훈육 ⑤ 대리양육자 ⑥ 대화자 ⑦ 도덕적 귀감자 ⑧ 지지자 ⑨ 촉진자 ⑩ 스트레스 관리자 ⑪ 문제해결자 ⑫ 설득자 5) 보육환경 조성자로서의 기능 ① 흥미영역 설비 ② 공간구성 6) 교수·학습자료 제작, 관리, 활용기능 ① 제작 ② 관리 ③ 활용 7) 상호교류자로서의 기능 ① 동료교사 ② 학부모 ③ 장학지도자 및 행정가 8) 보육활동 평가자로서의 기능 ① 관찰자 ② 평가자
일반소양	1) 교직에 대한 사명감과 소명의식 2) 꾸준한 전문성 계발의지 3) 영유아에 대한 이해 4) 강한 윤리의식

출처: 고정곤 외(2016).

2) 수집방법

보육교사 평가자료 수집방법을 살펴보면 다음과 같다.

교사 자가평가, 동료교사 평가, 상급자에 의한 평가, 학부모 평가, 장학자(행정가)에 의한 평가, 시험제도의 적용, 비반응적 측정, 유아수행능력평가 등이 있으며 모든 평가방법을 적용하는 것은 어렵다. 그러므로 두세 가지 종류의 평가방법을 동시에 실시하여 그 결과를 종합·분석하고 보완하여 공정하고 객관적인 평가가 이루어지도록 해야 할 것이다.

① 교사 자가평가: 교사 자가평가를 통한 자료 수집은 일정한 평가양식에 의하여 교사 자신이 스스로 판단하고 장점, 단점을 확인하는 것으로, 교사자가평가는 주로 교사로서의 자질을 연마하고 교사 자신의 교수–학습방법을 개선하기 위함이다.

② 상급자에 의한 평가: 상급자에 의한 평가는 원장, 장학직, 행정직 등 상급자에 의한 평가이다.

③ 동료교사에 의한 평가: 같은 어린이집에 근무하는 동료 보육교사를 통한 평가를 말한다. 모든 교육활동 내용을 동료교사가 가장 잘 알고 있기 때문에 객관적인 평가가 될 수 있다.

④ 부모에 의한 평가: 부모에 의한 평가방법으로는 교사에 대한 일반적인 인상에 대한 평정척도에 체크하는 방법, 부모가 유아교육기관을 방문하여 관찰 기록하는 방법, 교사와 직접면담을 하고 나서 기록하는 방법 등이다.

⑤ 장학직(행정직)에 의한 평가: 행정직에 의한 평가는 보육행정 관련 부서에서 보육교사를 대상으로 평가한 방법이다.

⑥ 시험제도의 적용: 공립유치원의 경우, 임용고시를 통해 교사를 선발하는 것이 시험제도의 한 예이다.

⑦ 비 반응적 측정: 보육교사의 교체비율, 재직기간, 교사의 재교육 참여 횟수, 영유아의 출석상황 등의 자료를 수집하여 교사의 수행능력을 평가하는 방법이다.

⑧ 유아의 수행능력평가: 유아의 학습능력 향상, 교사와 상호작용하는 영유아 행동관찰, 교사에 대한 유아의 애정적인 반응 등을 관찰하여 그것을 기초로 교사를 평가하는 방법이다.

3) 보육교사평가 시 유의할 점

보육교사의 평가에 있어서 유의할 점을 살펴보면 다음과 같다(고정곤 외, 2016).

① 상급자에 의한 평가 시 상급자는 보육교사의 평정을 공평하고 객관적으로 실시하고 평가받는 보육교사의 긴장과 불안을 해소하기 위해 평가준거 및 양식에 대해 사전에 보육교사와 협의함으로써 어떤 기준에 의해 자신이 평가되는지 알려주어야 한다.

② 상급자와의 관계가 원만하지 못하거나 평가결과에 불만이 생길 때, 동료교사의 평가나 외부평가의 결과를 추가 적용 판단하여 평가결과의 신뢰성을 높여야 한다.

③ 동료교사 평가의 경우, 어린이집 영유아의 실정이나 보육실 내의 제반 상황 그리고 해당교사의 평소 능력이나 자질 등을 잘 알고 있어서 기술적으로 정확하게 평가할 수 있으나 사적인 감정이 개입될 우려가 있다. 반면에 외부평가자는 객관적인 관점을 제시할 수 있으나 내부사정을 잘 몰라 판단의 오류를 범할 수도 있다.

④ 협동적 평가계획을 도입할 수도 있다. 교사의 자기 평가와 상급자의 평가방식이 결과적으로는 통합된 형식이다.

2. 인성평가 도구

보육교사의 역할과 자질을 중심으로 평가 도구를 살펴보면 다음과 같다.

1) KEDI 인성검사

KEDI는 인성을 객관적으로 측정하고자 개발한 검사도구이며, 인성검사 또는 인간의 심리적 구성개념을 측정하는 적성검사 및 지능검사 같이 한 개인의 인성을 정확하게 드러내주지 못한다는 한계를 내포하고 있다.

KEDI 인성검사는 초등학교 5학년부터 고등학교 학생까지 사용할 수 있는 초 · 중 · 고 공용검사로 개발하여 학생의 학교 급이 올라갈수록 인성수준이 어떻게 변화하는가를 알 수 있도록 되어 있다(현주, 2014).

KEDI 인성검사는 10개의 인성덕목(하위영역 요인)을 포함하는 총 70개 문항으로 구성되어 있으며, 10개 하위요인에는 자기존중, 성실, 배려, 소통, (사회적)책임, 예의, 자기조절, 정직 · 용기, 지혜, 정의, 시민성으로 되어 있다.

자신이 해당된다고 생각하는 정도에 따라 '전혀 그렇지 않다' 1점에서 '매우 그렇다' 5점 척도로 구성되어 있다. 인성검사는 정 · 오답이 없기 때문에 문장을 읽고 가장 먼저 떠오르는 생각을 그대로 답을 하되, 한 문항에 2개 이상 답을 표기하거나 무응답하지 않도록 주의한다.

표 13-2 'KEDI 인성검사'의 하위영역 및 문항 수

하위영역	요인	문항 수
자기존중	자기존중, 자기효능	7
성실	인내(끈기), 근면성	8
배려 · 소통	타인이해 및 공감, 친절성, 대인관계 및 의사소통	10
(사회적) 책임	책임성, 협동심, 규칙이행	6
예의	효도, 공경	7
자기조절	자기통제(감정, 충동, 행동) 신중성	6
정직 · 용기	정직성, 솔직성, 용감성	7
지혜	개방성, 판단 및 의사결정능력, 안목	6
정의	공정, 공평, 인권존중	5
시민성	애국심, 타문화 이해, 세계시민의식	8
전체		70

2) 유아교사 인성 자기평가도구

'유아교사 인성 자기평가도구'는 인성 및 영유아교사 인성과 관련된 국내외 문헌 고찰을 통하여 영유아교사 인성의 범주와 요인을 추출하였다(전재선, 2010).

검사의 목적은 예비 영유아교사가 자신의 인성을 스스로 평가할 수 있는 척도를 개발하고 활용하여 교사의 다양한 변인에 따른 인성적 특성을 파악하는 데 있다.

'유아교사 인성 자기평가도구'는 5개 하위영역(인간애, 긍정적 자아개념, 사회관계, 직무수행, 창의 · 인성), 12개의 요인(이타심, 용서, 자기개발, 주도적 자아성취, 자기조절, 의사소통, 공감적 이해, 직무수행태도, 유머, 위트, 사회문제인식, 창의적 성향)에 대한 80개 문항으로 구성되었다.

자신이 해당된다고 생각하는 정도에 따라 '전혀 그렇지 않다' 1점에서 '매우 그렇다' 5점 척도로 구성되어 있다.

표 13-3 '유아교사 인성 자기평가도구'의 하위영역 및 문항 수

하위영역	요인	문항 수
인간애	이타심, 용서	10
긍정적 자아개념	자기개발, 주도적 자아성취	13
사회관계	자기조절, 의사소통, 공감적 이해	20
직무수행	직무수행 태도	13
창의 · 인성	유머, 위트, 사회문제 인식, 창의적 성향	24
전체		80

출처: 전재선(2011).

3) 예비교사 교직 인성평가 도구

'예비교사 교직 인성평가 도구'는 인성 및 인성교육에 관한 문헌고찰, 예비교사 인성계발 교육의 실제 사례에 대한 분석을 토대로 교직 인성의 개념, 구성요소를 추출한 후 교직 인성의 구성요소를 바탕으로 제작하였다(서정혜 외, 2013).

예비 영유아교사의 교직 인성을 진단하기 위해 개발된 평가도구를 통합적 접근은 3개의 하위영역(내적 인성, 사회적 인성, 공동체적 인성)과 9개 하위요인(자기조절, 반성적 실천, 지속적 배움, 존중, 의사소통, 협력, 윤리의식, 정의감, 책임감) 총 26문항이다. 자신이 해당된다고 생각하는 정도에 따라 '전혀 그렇지 않다' 1점에서 '매우 그렇다' 5점 척도로 구성되어 있다.

표 13-4 '예비교사 교직 인성평가 도구'의 하위영역 및 문항 수

하위영역	요인	문항 수
내적 인성	자기조절	2
	반성적 실천	3
	지속적 배움	3
사회적 인성	존중	3
	의사소통	3
	협력	3
공동체적 인성	윤리의식	3
	정의감	3
	책임감	3
전체		26

출처: 서정혜 외(2013).

4) '예비교사의 교직 인성 자기점검 도구'

'예비교사의 교직 인성 자기점검 도구'는 예비교사가 보편적 인성과 함께 교직이라는 특수한 직업을 수행하는 데 필요한 인성을 갖추었는지 스스로 확인해 볼 수 있는 자기점검도구를 개발하고 타당화하는 데 목적을 두었다(김경령 외, 2014).

'예비교사의 교직 인성 자기점검 도구'는 보편적 인성요소, 교직 특수인성요소를 추출하여 개발하였다. 2가지 하위영역(보편적 인성, 교직 인성)과 6가지 하위요인(자기조절, 사회성, 도덕성, 소명의식, 학생에 대한 열정, 교육적 신념)으로 총 32문항이다.

표 13-5 '예비교사의 교직 인성 자기점검도구'의 하위영역 및 문항 수

하위영역	요인	문항 수
보편적 인성	자기조절	3
	사회성	3
	도덕성	8
교직 인성	소명의식	6
	학생에 대한 열정	8
	교육적 신념	4
전체		32

출처: 김경령 외(2014).

5) 보육교사 자가평가

보육교사로서의 활동을 스스로 평가해 보는 것이다. 이는 보육교사가 자신의 교수·활동을 스스로 판단하고 자신의 장점·단점을 확인하여 영유아보육의 질적 수준을 높이는 일이며 보육교사 자신의 발전을 위해서도 필수적인 일이다.

보육교사는 외부관찰자의 평가를 받기에 앞서 자가평가를 통하여 자기 자신에 대한 보완적 기회를 가져야 할 것이다.

표 13-6 교사자질 자가평가표

평가자의 응답 요령은 다음과 같이 5단계 척도로 구성되어 있으며 각각의 문항에 대해 보육교사의 견해와 일치하는 곳에 "√"표 하면 된다.

(보기) '협동심 정도는 어떠한가?'에 대해 자신의 경우 해당되는 곳의 번호에 표시하면 된다. 만약 아주 우수한 경우 ⑤에 √표 한다.

① 아주 부족한 상태(0~20% 수준)
② 부족한 상태(21~40% 수준)
③ 보통(41~60% 수준)
④ 우수한 상태(61~80% 수준)
⑤ 아주 우수한 상태(81~100% 수준)

〈계 속〉

특성		문항	①	②	③	④	⑤
일반적 특성	신체	1. 신체적 건강상태는 어떠한가?					
		2. 활동성 정도는 어떠한가?					
		3. 예의바른 태도의 정도는 어떠한가?					
		4. 바른 자세 정도는 어떠한가?					
	인성	5. 적극성 정도는 어떠한가?					
		6. 정서적 안정감 정도는 어떠한가?					
		7. 자제력 정도는 어떠한가?					
		8. 협동심 정도는 어떠한가?					
		9. 융통성 정도는 어떠한가?					
		10. 성실성 정도는 어떠한가?					
		11. 사려성 정도는 어떠한가?					
		12. 긍정적인 인간관 정도는 어떠한가?					
		13. 공정성 정도는 어떠한가?					
		14. 정직성 정도는 어떠한가?					
		15. 부모, 동료교사와의 원만한 관계 정도는 어떠한가?					
		16. 자신에 대한 긍지 정도는 어떠한가?					
	교양 및 지적 능력	17. 다방면에 걸친 풍부한 지적 능력 정도는 어떠한가?					
		18. 순발력 정도는 어떠한가?					
		19. 유창하고 명료한 언어 사용능력 정도는 어떠한가?					
		20. 창의력 정도는 어떠한가?					
전문적 특성	교직에 대한 태도	21. 교직에 대한 사명감 정도는 어떠한가?					
		22. 교육활동에 대한 열의 정도는 어떠한가?					
		23. 전문성 신장을 위한 노력 정도는 어떠한가?					
		24. 책임감 정도는 어떠한가?					
		25. 유아에 대한 수용적 태도는 어떠한가?					
		26. 교사로서의 적합성 정도는 어떠한가?					
		27. 교직에 대한 신념 정도는 어떠한가?					
		28. 직업윤리 정도는 어떠한가?					
	교육 기술	29. 유아교육과정 재구성 능력 정도는 어떠한가?					
		30. 유아교육과정 실천 능력 정도는 어떠한가?					
		31. 부모와 관계 전문가를 참여시키는 능력 정도는 어떠한가?					

〈계 속〉

특성		문항	①	②	③	④	⑤
전문적 특성	교육 기술	32. 유아교육내용, 유아교육 자료, 교수방법 및 유아발달에 대한 평가 능력 및 활용정도는 어떠한가?					
		33. 활동에 대한 적절한 자극 및 개입 정도는 어떠한가?					
		34. 교재, 교구제작 및 다양한 활용 능력 정도는 어떠한가?					
		35. 유아교육 활동을 다양하고 균형 있게 제공하는 능력은 어떠한가?					
		36. 유아교육 활동을 융통성 있게 운영하는 능력 정도는 어떠한가?					
	전문적 지식	37. 소속기관의 유아교육 철학에 대한 이해 정도는 어떠한가?					
		38. 유아교육과정에 관한 지식 정도는 어떠한가?					
		39. 생활지도 및 상담지식 정도는 어떠한가?					
		40. 개별 유아에 대한 지식 정도는 어떠한가?					
		41. 유아의 발달단계와 특성에 대한 지식 정도는 어떠한가?					
		42. 유아교육 활동을 위한 다양한 교수방법에 대한 지식은 어떠한가?					
		43. 실내·외 환경구성에 대한 지식 정도는 어떠한가?					
		44. 평가에 관한 지식 정도는 어떠한가?					

6) 상급자에 의한 평가

어린이집 원장이나 원감에 의한 평가로서 원내에서 이루어지는 평가결과에 따라 다음 해에 보육교사로서 재계약을 할 것인지에 대한 일차적인 판단자료로서 원내에서 이루어지는 다양한 평가 중에 보육교사의 신상에 직접적으로 영향을 주는 평가유형이다. 따라서 상급자에게 좋은 평가를 받기 위해 보육교사 간의 경쟁이 이루어질 때 원내의 바람직한 인간관계형성에 나쁜 영향을 줄 수도 있다.

상급자에 의한 평가에는 교사근무성적평정과 학급경영평가가 있다. 교사근무성적평정의 결과는 공립유치원이나 공립어린이집의 경우에는 승진후보자 명부작성에 활용되고 있으며, 관계 당국에 보고해야 한다. 또한 학급경영평가는 학급경영 전반에 걸쳐 운영상황과 성과를 종합적으로 평가하는 것으로 1년에 2회 정도 실시하며, 결과는 다음연도에 학급경영계획 수립 자료로 활용한다.

(1) 교사근무성적평정

국·공립 어린이집과 유치원에서만 교사근무성적평정이 이루어진다. 매년 말에 실시한다.

교사근무성적평정요령은 다음과 같다.

① 근무성적평정은 당해 교육공무원의 근무실적, 근무 수행능력 및 근무 수행태도를 평가하여 매년 12월 31일을 기준으로 교육공무원 자기 실적 평가서를 참작하여 평가하며 근무성적의 평정자는 원감, 확인자는 원장이 된다.

② 근무성적의 평정점을 80점 만점으로 하되 평정자의 평정점과 확인자의 평정점을 각각 50%를 환산하여 수(72점 이상) 20%, 우(64점 이상 72점 미만) 40%, 미(56점 이상 64점 미만) 30%, 양(56점 미만) 10%로 하며 평정자와 확인자는 소속 평정대상자의 직위별로, 평정 분포 비율에 맞게 평정한다.

③ 근무성적을 심의·조정을 위하여 근무성적 평정 확인위원회, 근무성적 평정 조정위원회를 운영한다.

④ 근무성적 평가의 결과를 공개하지 아니하고 근무성적평정결과는 전보·포상 등 인사관리와 상여수당 지급, 승진 서열, 상급 자격 연수 대상자 선정 등에 활용한다.

(2) 보육과정 운영평가

보육과정 운영평가는 학급단위로 이루어지기 때문에 일종의 학급경영평가의 일환이다. 매년 학년말이 되면 상부행정기관에서 제시해 준 보육과정에 관한 지침과 당해 어린이집의 실태, 요구, 지역의 특수성 그리고 학부모, 영유아들의 특성과 요구, 기대 등을 고려하여 보육목표를 설정하고 보육목표 구현을 위한 보육과정을 수립한다. 그리고 1년간 보육과정을 운영하면서 1년에 1~2회 정도 당초에 설정한 보육목표가 어떻게 실현되었는가를 확인하기 위하여 보육과정 운영 전반에 걸쳐 평가한다. 그리고 평가 결과 나타난 문제점은 다음 학년도 보육과정 수립에 반영한다.

7) 동료교사에 의한 평가

보육교사는 동료교사로부터 원아 지도에 필요한 정보와 새로운 아이디어를 얻기도 한다. 특히 동료교사에게서 받는 지도 조언은 다른 지위에 있는 교직원에 비하여 원활한 라포(rapport)가 형성되어 심리적 부담 없이 받아들일 수 있다. 그러나 동료교사에 의한 평가는 상급자나 행정직의 위치에 있는 교직원에 의한 평가보다 학급 내에서 일어나는 일에 대하여 정확한 정보를 얻을 수 있다는 장점도 있으나 동료교사 간 나쁜 감정이 유발되지 않도록 노력해야 한다.

동료교사에 의한 평가는 동료교사로 하여금 플랜더(Flanders) 언어 상호작용 분석법 또는 필터(Filter)식 수업분석법을 활용하여 수업을 분석하거나 수업평가표에 의한 교사평가 방법이 있다.

8) 학부모에 의한 평가

학부모에 의한 평가는 어린이집에서 보육교사에 대한 공식적이든 비공식적이든 부단히 이루어지며 평가결과에 따라 다음 학기에 어린이집에 재취원시킬 것인가 여부를 결정하는 자료로 활용될 수도 있다.

원아를 담당하는 보육교사에 대한 체계적인 학부모 평가는 학부모와 어린이집 및 보육교사 사이에 일어날 수 있는 갈등이나 문제를 사전에 예방해 줄 수 있는 기능도 있다.

학부모에 의한 평가방법은 보육교사에 대하여 일반적인 인상에 의한 평정척도에 체크하기, 학부모가 유아교육기관을 방문하여 수업을 직접참관하거나 직접 보육교사를 면담하여 의견을 제시한 방법 등 다양하다.

학부모에 의한 평가에서 참관수칙을 살펴보면 다음과 같다.

① 교실에서 영유아 활동에 방해가 되지 않도록 조용히 참관한다.
② 메모사항은 영유아가 보지 않게 한다.
③ 참관하는 사람끼리 잡담하거나 큰 소리로 웃지 않는다.
④ 영유아들의 활동에 일체 개입하지 않는다.
⑤ 토의하고 싶은 것, 건의사항은 메모해 두었다가 참관이 끝난 후에 협의한다.

9) 장학직(행정직)에 의한 평가

장학직(행정직)에 의한 평가에서 장학지에 의한 평가는 공·사립유치원에 대하여 이루어지며, 행정직은 어린이집에서 평가가 이루어진다.

장학은 영유아 학습을 촉진시키고 어린이집의 보육목적을 달성하고 영유아교육의 효율성을 높이기 위한 평가로 필수적인 지도조언활동이다.

행정직에 의한 평가는 어린이집에 대하여 각종 행정시책에 대한 침투상황, 보육활동에 대한 지도 점검 위주로 이루어진다.

유치원에서 이루어지는 종합평가, 어린이집에서 이루어지는 지도점검이 있다.

03 보육교사의 인성교육 방향

1. 사회적 관심과 요구의 증대

현행 인성교육은 인성교육을 행하는 데 있어 한 인간 전체를 다루면서 장기적인 계획을 세우는 것이 아니라 단시간 내에 가시적인 효과를 낳는 데 집중하고 있으며, 인성교육의 방법에 있어서도 교화의 관점으로 이해하여 외부의 규칙이나 규범을 수동적으로 받아들이는 것으로 이해하는 문제점을 가지고 있다.

우리나라 일선 교육현장에서 인성교육의 확대에 대한 국가적·사회적 요구는 지속적으로 이루어져 왔다. 사회의 급속한 핵가족화 및 1인 가구 증가현상으로 인해 함께 살아가는 인간관계의 형성과 유지에 대한 어려움과 갈등이 늘어나고 학교 폭력의 확대현상이 심각한 사회적인 문제로 제기 되었다. 이에 따라 「학교 폭력 예방 및 대책에 관한 법률」이 제정되었고, 늘어나는 학교 폭력문제를 근본적으로 해결하기 위해서는 학령기부터 실질적인 인성교육 적용이 필요하다는 시대적인 국민의 요청에 의해 2014년 12월 29일에 「인성교육진흥법」이 국회에서 통과되었다(김형재 외, 2016).

「인성교육진흥법」은 '건전하고 올바른 인성을 갖춘 국민을 육성하여 국가사회 발전에 이바지'하는 데 목적을 두고 있다는 측면에서 우리 사회가 예, 효, 정직, 책임, 존중, 배려, 소통, 협동 등의 인성적 가치가 제대로 실천되지 못하고 있을 뿐만 아니라 질서의식, 공동체 의식, 역사의식 등 민주시민으로서 지녀야 할 태도와 자질, 역량이 미흡하다는 것을 현실적으로 나타내고 있는 것이다(한국교원교육학회, 2015). 아울러 생명경시 풍조와 학교 폭력의 역기능을 극복하고 다른 사람과 더불어 살아가는 태도를 기르기 위해 영유아기부터 체계적인 인성교육이 더욱 강화될 필요성이 높아졌다. 또한 학교현장에서 학생들이 교사의 지도에 대해 불응하고 교사에게 욕설과 폭행을 가하는 역기능이 증가하고 있다. 지속적·체계적으로 인성교육을 확대해야 한다는 주장이 확대되고 있는 실정에서 인성교육을 실천하는 보육교사를 위한 인성교육은 새로운 시대에 맞추어 좀 더 확장된 시각으로 재정립해야 하며, 그 기본 방향을 제시하면 다음과 같다.

① 보육교사를 위한 인성교육은 주체적이고 능동적인 사유와 행위를 통하여 자기 삶의 중심을 스스로 세우고 자기 성찰할 수 있는 사람을 길러내는 교육이 되어야 한다.

② 보육교사를 위한 인성교육은 상생의 삶을 살아갈 수 있는 사람을 길러내는 교육이 되어야 한다.
③ 보육교사를 위한 인성교육은 물질문명에 매몰되지 않고 인류의 근본 경험에 속하는 정신성을 삶의 핵심적 계기로 추구할 수 있도록 이끌어주는 교육이 되어야 한다.

최근 인성교육과 관련된 교육에서 국제적인 변화 동향을 보면 UNESCO는 삶과 사회를 위한 학습에서 5가지 학습영역을 강조하고 있다. 이 중 인성 관련 영역을 살펴보면 더불어 살기 위한 학습(사회성 교육)의 중요성을 많이 하고 있다.

① 알기 위한 학습: 진학교육
② 일하기 위한 학습: 취업교육
③ 자아실현을 위한 학습: 자아실현교육
④ 더불어 살기 위한 학습: 사회성 교육
⑤ 지속 가능 발전을 위해 자신과 사회를 변화시키기 위한 학습: 지속 가능 발전 교육

우리 사회는 급속한 사회 변화 및 다문화 사회로 전환되는 현실에서 인성 관련 영역에 해당하는 '더불어 살기 위한 학습'의 중요성이 더욱 부각되고 있다.

04 보육교사의 인성교육 강화

1. 미래사회에 필요한 핵심역량 강화

핵심역량이란 직업수행을 위한 필수 요소 및 능력의 분석을 위해 규정되었으나, 최근 OECD의 연구 프로젝트를 통해 직무 이외 일반적인 생활의 영역에 대한 논의로 발전하고 있다(Rychen, 2003).

OECD에서는 핵심역량을 미래사회에 요구되는 정의로, 그 중요성을 강조하고 있는데, 1977년부터 시작한 DeSeCo(Defining and Selecting Key Competencies) 연구 프로젝트이다. 프로젝트 DeSeCo에서 역량이란 복합적인 사회의 요구를 지식을 활용한 측면뿐만 아니라 태도, 감정, 가치관, 협업 등과 같은 정서적·사회적 요소를 활용하여 성공적으로 충족하는 능력을 의미하고 있다.

DeSeCo 프로젝트에서 핵심역량은 '도구를 상호작용적으로 활용하는 능력', '사회적으로 이질적인 집단에서 상호작용하기', '자율적으로 행동하기'로 요약할 수 있다.

표 13-7 핵심역량이 필요한 이유와 역량의 내용

핵심역량	필요한 이유	역량 내용
도구를 상호작용적으로 활용하는 능력 (using tools interactively)	• 최신 기술을 보유하기 위해 • 자신의 목적에 도구를 맞추기 위해 • 세상과 적극적인 대화를 나누기 위해	• 언어, 심볼, 문서이해능력 • 지식, 정보능력 • 기술능력
이질적인 집단 내에서 소통하는 능력(interacting in heterogeneous groups)	• 다원화된 사회에서 다양성을 다루기 위해 • 공감의 중요성 때문 • 사회적 자본의 중요성 때문	• 다른 사람과 좋은 관계를 갖는 능력 • 협동 팀으로 일하는 능력 • 갈등 관리 및 해결능력
자율적으로 행동하는 능력 (acting autonomously)	• 복합적 세계에서 정체성을 실현하고 목표를 설정하기 위해 • 권리행사와 책임수행을 위해 • 환경을 이해하고 환경이 잘 유지되도록 돕기 위해	• 큰 그림 속에서 행동하는 능력 • 인생설계와 개인적인 프로젝트를 수행하는 능력 • 권리, 흥미, 한계와 필요를 주장하고 방어하는 능력

출처: 김형재 외(2016).

OECD의 DeSeCo 프로젝트에서 제시한 핵심역량의 범주에서 '도구를 상호작용적으로 활용하는 역량' 이외에 '이질적인 집단에서 상호작용하는 역량'과 '자율적으로 행동할 수 있는 역량'이 모두 정서 · 사회적 영역에 해당되는 역량으로 인성적 영역이 기반으로 잡고 있다. 이에 따라 현재뿐만 아니라 앞으로 미래사회를 성공적으로 살아가는 데 필수적인 능력은 인성적 측면의 역량이며, 갈등해소 및 사회적 통합이 요구되는 현 시점에서 중요성이 부각되고 있다. 인성교육은 영유아기부터 길러주기 위해서는 이 인성역량의 습득과 강화가 무엇보다 중요함을 시사하는 것이다(김형재 외, 2016).

2. 미래사회에 필요한 핵심역량 강화의 필요성

현재 우리 사회에서는 인성교육을 개선해야 할 필요성이 강하게 제기되고 있다. 이에 인성교육의 활성화와 인성역량 강화의 필요성을 살펴보면 다음과 같다(김기헌 외, 2010; 천세영, 2012).

① 배려와 자율적 사고 및 행동능력 개선이 요청된다.
② 정서능력과 사회적 상호작용 능력의 개선이 요청된다.
③ 더불어 사는 능력의 개선이 요청된다.
④ 삶의 만족도 및 행복지수를 높이기 위한 노력이 요청된다.

이와 같은 결과를 통해 우리나라 학생들은 긍정적이고 바람직한 성품과 핵심역량의 개발에 어려움을 겪고 있다. 또한 삶에 대한 부정적 인식이 높은 것으로 나타나고 있으므로 미래 한국사회를 이끌어갈 학생들이 바른 인성을 기르고 더불어 살아가고 행복한 삶을 추구할 수 있도록 지속적 · 체계적인 인성교육의 강화가 요구되는 것이다.

3. 실천적 보육교사의 역량 강화

보육교사를 대상으로 하는 인성교육에 있어서 그 방향은 다음과 같다(김재춘, 2013).

① 실천적 인성교육을 위한 지도중점과 방안제시: 기존에 제시된 인성교육 8대 덕목과 관련한 실천적 인성교육 계획안이 수립되어야 하며, 세부적인 지도중점 사항과 지도방안을 마련하고 제시, 보급하는 노력이 요청된다. 즉 영유아교육과정부터 성인교육에 이르기까지 전체 교과목 전반에 걸쳐 타인을 배려하고 소통하며 공감하는 인성교육의 적용이 현실적으로 필요한 것이다.

② 공동체 정신과 협동심을 키우는 수업의 강화: 보육교사가 인성교육의 효과를 교육현장에서 거두기 위해서는 상호 공감하는 학습공동체의 형성과 확대, 주요 인성덕목 중심의 통합적인 수업을 통해 보육교사의 공동체 정신과 협동심을 길러주어야 한다. 즉, 현대교육의 방향은 단순한 지식의 전달과 습득에 초점을 둔 것이 아니라 교육받은 보육교사의 내면적이고 실제적인 변화에 중점을 두기 때문이다.

③ 인성교육 적용 매체의 다양화: 다양한 매체에 기반한 인성교육의 활성화는 정보화시대의 역기능인 인터넷 중독, 사이버 범죄 등을 예방하고 문제점에 노출된 학습자들의 인성을 교화하는 데도 효과적으로 기능할 수 있다.

4. 보육교사의 역량강화 방안 제언

인성교육은 기존의 단편적인 교과 또는 지식적 발달영역 중심의 교육으로는 습득되기 어려우며 보다 통합적이고 융합적인 교육방법과 실천영역의 적용이 요구된다(나귀옥, 2013).

① 인성은 기존의 단편적인 교과 또는 지식 위주의 발달영역 중심의 교육으로는 습득되기 어려우며 보다 통합적이고 융합적인 교육방법과 실천 위주의 인성교육 활동 적용이 요구된다.
② 인성교육은 교육현장에서도 모든 교과와 인성요소가 교육활동 안에서 통합적으로 적용되며, 보육교사의 흥미와 요구에 맞는 적절한 교수방법과 내용이 융통성 있게 운영되는 통합적 접근이 요구된다.
③ 인성요소의 실천과 적용을 위해서는 교원양성과정에서부터 현직 보육교사의 직무 연수 및 승급교육에 이르기까지 체계적이고 종합적인 인성교육 연수 및 지원이 요청된다.

참고문헌

강유정 외(2018). **보육교사인성론**. 서울: 동문사.

강현미(2016). 영아교사의 행복플로리시 역량 증진 프로그램 개발 및 적용. 부산대학교 대학원 박사학위논문.

강혜숙(2002). 교사의 성격특성과 유아의 자아개념과의 관계. 대구대학교 대학원 석사학위논문.

계영애 외(2001). 유아 인성교육을 위한 인성적 덕목과 교수 전략에 대한 교사들의 인식 연구. 유아교육학논집, 5(1), 55-75.

고정곤 외(2016). **보육교사론**. 경기: 양성원.

공인숙 외(2017). **보육교사인성론**. 서울: 학지사.

교육과학기술부(2011). 유치원 기본과정 내실화를 위한 인성교육 프로그램.

교육과학기술부(2012). 실천적 인성교육이 반영된 교육과정 개발 방향 연구.

교육부(2014). 인성 덕목을 활용한 융합형 인성교육 프로그램개발연구.

권영례 외(2015). **영유아교사론**. 경기: 양서원.

김경령 외(2014). 예비교사의 교직인성 자기점검도구 개발 연구. 한국교원교육연구, 31(1).

김미라(2011). 전통 유아예절교육의 현대적 활성화 방안 연구: 격몽요결의 입지와 실천위주 교육을 중심으로. 미래유아교육학회지, 18(2), 201-222.

김미영(2016). **아동복지론**. 경기: 양성원.

김선희 외(2010). 교사가 지각한 유아교육기관 원장의 변화 지향적지도성과 교사의 직무성과 간의 관계 연구. 한국유아교육 보훅행정연구, 14(3), 199-223.

김승옥(2007). 교사자질에 대한 예비유아교사들의 자기평가 및 동료평가에 관한 인식. 변형 영유아교육연구, 11 Vol. 1. No. 1., 101-120.

김영옥(2014). **유아인성교육의 이론과 실제**. 경기: 공동체.

김옥인(2013). 창의 · 인성교육으로서 소통에 기반한 전통회화 프로그램 연구. 조형교육, 48, 49-78.

김은설 외(2009). 보육시설종사자의 전문성 제고 방안. 보건복지부 육아정책연구소.

김은설 외(2010). 보육시설장, 교사윤리강령 개발연구. 한국보육시설연합회, 유아정책연구 수탁보고 2010-10.

김은주 외(2008). **유아교사교육 – 생태적 접근**. 경기: 공동체

김정환 외(2013). 교직 적성 · 인성 검사도구 개발 연구. 교육과학기술부.

김정희(2014). 예비유아교사의 인성특성 및 유아인성교육에 대한 인식. 원광대학교 대학원 석사학위논문.

김종두(2011). **효의 패러다임과 현대적 개념**. 서울: 명문당.

김형재 외(2016) **영유아교사 인성론**. 서울: 창지사.

김희태 외(2005). 유치원 교사가 인식한 현장문제에 관한 연구. 과학논집, 31.

노상오(2007). 효 교육의 실태와 실천 방안. 효학연구, 제4호.

노선화(2014). 그림책을 활용한 배려 교육활동이 유아의 친사회적 행동 및 마음이론 에 미치는 영향. 원광대학교 교육대학원 석사학위논문.

류동훈(2004). **교사론**. 서울: 창지사.

문용린 외(2010). 배려와 나눔을 실천하는 창의인재육성을 위한 창의 · 인성교육 활성화방안 연구, 정책연구, 2009-019.

문용린 외(2010). 창의 · 인성교육의 총론. 인하대학교 교육연구소, 10, 21-29.

민성혜 외(2013). **보육교사론**. 경기: 양서원.

박선혜 외(2013). **보육교사론**. 경기: 공동체.

박창언(2014). 인성교육중심 수업강화를 위한 교수 · 학습자료 개발 – 초 · 중 · 고 기본인성덕목 생활화 교재. 미간행원고.

보건복지부(1997). 보육사업안내.

보건복지부(2009). 보건복지백서.

보건복지부(2012). 보건복지백서.

보건복지부(2013). 보육사업안내.

보건복지부(2014). 보육사업안내.
보건복지부(2015). 보육사업안내.
보건복지부(2016). 보건복지백서.
보육교사 자격기준 변경안내(2018). 보건복지부·(재) 한국보육진흥원.
보육통계(2017). 보건복지부.
서미옥(2007). 유아교사와 예비교사의 공감적 이해 및 도덕 판단력. 교육연구논총, 28(2), 70-98.
서울대학교교육연구소(2011). **교육학 용어사전**. 서울: 하우동설
서정혜 외(2013). 예비교사 교직 인성 평가 도구 개발 및 타당화. 교육과학연구, 44(1).
송명자(1995). 정직성의 본질과 정직성 교육에 대한 고찰. 한국청소년 연구 21, 33-46.
송옥란(2005). 유아 교사의 관심사와 교사의 교육적 책무성 수준의. 경희대학교 교육대학원 석사학위논문.
신성자(1998). 유치원 전통예절 교육 프로그램 개발에 관한 연구. 동아대학교 교육대학원 석사학위논문.
신재흡 외(2006) **유아교사론**. 경기: 양서원
신재흡(2017). **인성을 기반으로 한 보육교사론**. 서울: 동문사.
신헌재 외(2002). 국어교육과 협동학습. 한국초등국어교육, vol. 15.
안미숙(2000). 초등학교 학습부진아를 위한 놀이중심의 자아개념 증진 프로그램 개발. 계명대학교 대학원 석사학위논문.
염지숙 외(2015). **유아교사론**. 경기: 양서원.
영유아 보육사업안내(2018). 보건복지부.
유희정 외(2006). 일본보육정책 동향. 육아정책개발센터.
육아정책개발센터(2008). 보육프로그램개발. 여성가족부.
윤남순(2007). 건전한 성품을 가꾸는 인성교육의 방향. 전라남도 교육과학연구원.
윤종건 외(1998). **교사론**. 경기: 창지사.
윤중건 외(1998), **교사론**. 경기: 정민사.

윤혜경(2017). **보육학개론**. 경기: 창지사.

윤혜경(2017). **보육학개론**. 서울: 동문사.

이경노 외(2010). 어린이집 예절교육이 일상생활 습관형성에 미치는 영향. 복지행정연구, 26.

이경민(2010). 유아교사 인성교육 세미나. 미간행.

이광우 외(2009). 미래 한국인의 핵심역량 증진을 위한 초중등학교 비전 연구(3). 서울: 한국교육과정평가원.

이두영(2009). 교사의 발달단계에 따른 멘토링 실태 및 요구 분석. 한국교원대학교 교육대학원 석사학위논문.

이명준 외(2011). 교과교육과 창의적 체험활동을 통한 인성교육 활성화 방안. 교육부.

이문구(2006). 교사의 발달단계에 따른 멘토링 실태 및 요구 분석. 한국교원대학교 교육대학원 석사학위논문.

이병환 외(2012). **교육행정 및 교육경영**. 서울: 태영출판사.

이순형 외(2005). **영유아보육 · 교육프로그램의 이해**. 서울: 학지사.

이순형 외(2015). **보육교사론**. 경기: 양서원.

이윤식(1999). 교사 발달의 관점에서 본 장학. 한국교원교육연구, 16(2), 1-27.

이은상 외(2013). **보육교사론**. 경기: 공동체

이은화 외(1995). **유아교사론**. 경기: 양서원.

이은화 외(2007). **유아교사론**. 경기: 양서원.

인성교육범국민실천연합(2012). '인성이 진정한 실력이다' 대한민국 인성교육비전에 실린 표를 인용.

장재찬(2014). 힐링을 위한 문학교육 1 – 문학, 힐밍, 그리고 문학교육: 치유를 위한 문학교수 수 학습방볍. 한국문학교육학, 43, 35-62.

전병식(2004). 학교장의 책무성 평가지료 개발. 건국대학교 대학원 박사학위논문.

전상희(2012). 유아교사 자질에 대한 학부모 선호도. 건국대학교 교육대학원 석사학위논문.

전재선(2011). 유아교사 인성 자기평가도구 개발 및 타당화 연구. 성균관대

학교 대학원 박사학위논문.

정귀옥(2002). 유아교사들의 유아예절교육에 대한 연구. 진주산업대학교 벤처 경영대학원 석사학위논문.

정범오(2004). **한국의 내일을 묻는다: 국력, 국격, 교육**. 서울: 나남출판.

정부24 (http://www.gov.kr)

정정란(2016). 보육교사의 성격특성과 직무만족 및 스트레스 대처방식과의 관계. 한국보육학회, 16(4), 51~75.

정창우 외(2013). 학교급별 인성교육 실태 및 활성화 방안. 교육부.

조주연 외(2004). 교직 적성 · 인성 검사도구 개발. 교육인적자원부.

지은림(2013). 인성지수 개발 연구. 교육부.

최수아(2005). 직장보육시설 보육교사의 역할수행에 관한 교사 및 학부모의 인식조사 연구. 이화여자대학교 교육대학원 석사학위논문.

최수태(2014). 효도이 놀라운 효과. 한국심리학회지, 13(2), 293-310.

최윤아(2015). 공립유치원 교사의 발달단계에 따른 직무스트레스와 심리적 소진의 차이에 관한 연구. 중앙대학교 교육대학원 석사학위논문.

최준환(2009). 인성교육의 문제점 및 창의 인성교육의 이론적 고찰. 창의력교육연구, 9(2), 89-112.

한국교원교육학회(2015). 인성교육을 위한 교원역량의 실태와 과제(제67차 춘계학술대회자료집).

한국보육진흥원 홈페이지 (http://www.kcpi.or.kr)

한국보육진흥원(2016). 어린이집 평가인증 안내. 보건복지부.

허정혜(2004). 유치원 교사의 성격 특성과 교사의 역할 수행과의 관계. 한국교원대학교 대학원 석사학위논문.

현주(2014). 2014한국교육개발원 초등교원인성교육연수자료집. 한국교육개발원.

황경식 외(2004). **사회윤리의 제문제**. 경기: 서광사.

황해익(2015). **보육교사론**. 경기: 정민사.

Katz, L. G.(1972). evelopmental stages of preschool teacher. *Elementary*

School Joumal, 73, 50-54.

Lickona, T.(1996). Eleven principles of effective character education. *Journal of Moral Education, 25*(1), 93-110.

WHO(2004). Promoting mental health: Concepts, emerging evidence, practice.

Wilson, S. C.(1986). *Infants and Toddlers: Curriculum and Teaching*. Albany. New York: Delmar Pulishers.

찾아보기

저자소개

김우호

대구가톨릭대학교 사회복지학과 사회복지학 박사
경운대학교 초빙교수
저서 보육교사인성론, 실천기술론 외 다수

정정란

대구대학교 대학원 유아교육전공(교육학 박사)
현 진주보건대학교 사회복지계열 유아보육전공 교수
저서 보육과정, 유아발달, 인간행동과 사회환경 외 다수

전대성

단국대학교 행정학 박사
현 경북전문대학교 사회복지과 교수
전 경북전문대학교 교학처장, 기획처장 역임

박영주

대구가톨릭대학교 사회복지학 박사수료
현 영남외국어대학 사회복지과 교수
저서 보육학개론 외 다수

이용환

현 혜전대학교 사회복지과 교수(학과장)
저서 사회복지개론, 사회복지법제론외 다수

보육교사인성론

초판 1쇄 인쇄 / 2019년 2월 10일
초판 1쇄 발행 / 2019년 2월 15일

공저자 / 김우호 · 정정란 · 전대성
박영주 · 이용환
발행인 / 이 중 수
발행처 / 동 문 사

서울특별시 서대문구 홍제원 1길 12
(홍제동 137-8)
Tel : 02)736-3718(대), 736-3710, 3720
Fax : 02)736-3719
등록번호 : 1974.04.27 제9-17호
가격 : 19,000원

ISBN : 979-11-6328-054-5(93370)
E-mail : dong736@naver.com
www.dongmunsa.com